たった1秒で見た目が変わる！

Excel & Word の

資料をスマートに見せる本

MASATAKA NAKAYAMA

中山真敬

JN247737

宝島社

わかりやすいほどシンプル
──説得力ある文章ほど一目瞭然だ！

　恥ずかしながら、私には自慢できることが1つあります。それは、コンペ（競争）において、10連勝以上したという実績です。

　コンペに勝つために意識したポイントは、「企画書は、見た目が一番大切！」ということ。

　この本は、企画書の見た目を一瞬でスマートに見せるポイント＆コツを、惜しむことなく大公開するノウハウ本です。

　会社案内制作でも企画提案でもそうですが、会社で、ある題目をやろうと決定が下ると、知り合いの関係者たちに連絡がいきます。そうして、「一番優れた内容を提案したところに、受注させることにするから」ということになるわけです。これがコンペです。

　通常は2、3社ですが、多いときには、10社コンペということさえあります。コンペに参加する者たちは、なんとか受注を上げようと必死なのです。こうした中、私は、幸運にもコンペに勝ち続けることができました。ある協力会社さんによれば、「伝説の中山真敬」とさえ言われたこともあるそうです。

　この本を読み、要所を実行に移せば、あなたの企画書の突破力が、飛躍的に高まることをお約束いたします。

1つ目のポイント、それは、「要するに〜」をハッキリさせること。

　新入社員などによく見受けられますが、「それでですね、それでですね……」と延々と話を続け、結局は何が言いたいのかハッキリしない、という人に、あなたも会ったことがありませんか。

　ビジネスはとかく時間に追われます。テキパキ仕事をして、さっさと切り上げたいもの。要は、「時間は宝物。早く済ませられるものは、さっさと切り上げたい」のです。ダラダラ時間ばかり食ってしまうのは、イライラの元でしかありません。

　たとえば、メールで、仕事のオファーがあなたに舞い込んだとします。「いくつか、質問があります」とも言わず、「納期はいつまでですか」「相手に取材などを行う機会はあるのでしょうか」といった質問をいくつも投げかけたとしたら、どうなるでしょう。せめて、「前向きに検討したいと思います」と先に書いておけば、それだけでひとまず受注の意思を示せるのではないでしょうか。

　2つ目のポイントは、メリハリのある文章に仕上げること。

　会社案内や報告書など、タイトルなど短めな文章を、なるべく大

きくシンプルに、目立つように書きたいことがよくあると思います。ところが、文字サイズを大きくしたからといって「即、目立ちまくり！」ということにはなりません。

　報告書の表紙を印刷してみても、「なぜかバランスが悪い」「下のほうの余白がやたら広くて格好が悪い」ということに気づいてしまうのです。

　そうなると、またやり直し。

　何回か試してみて、なんとか満足できる配置にできた時点でようやく完成——こんな経験は、誰にでもあるのではないでしょうか。これは非効率としか言いようがありません。

　しかし、ご心配には及びません。ぱっと見、一発でバランスよく見せるコツがあるのです。

　そのコツがなんと「Ctrl」キー——いかにも簡単そのものです。

　バランスが1回でわからないのには、大きな原因があります。それは、標準の倍率表示では1ページ分が画面に収まりきらないから。「木を見て森を見ず」ではありませんが、全体のバランスを見ないで、それでいきなり「改行の回数を決めろ」なんて言われても、無理な話なのです。

　そこで、マウスを画面の好きなところに置き、「Ctrl」キーを押しながら、マウスホイールを回してみましょう。

　これで、画面の表示倍率が自由自在に変更できます。

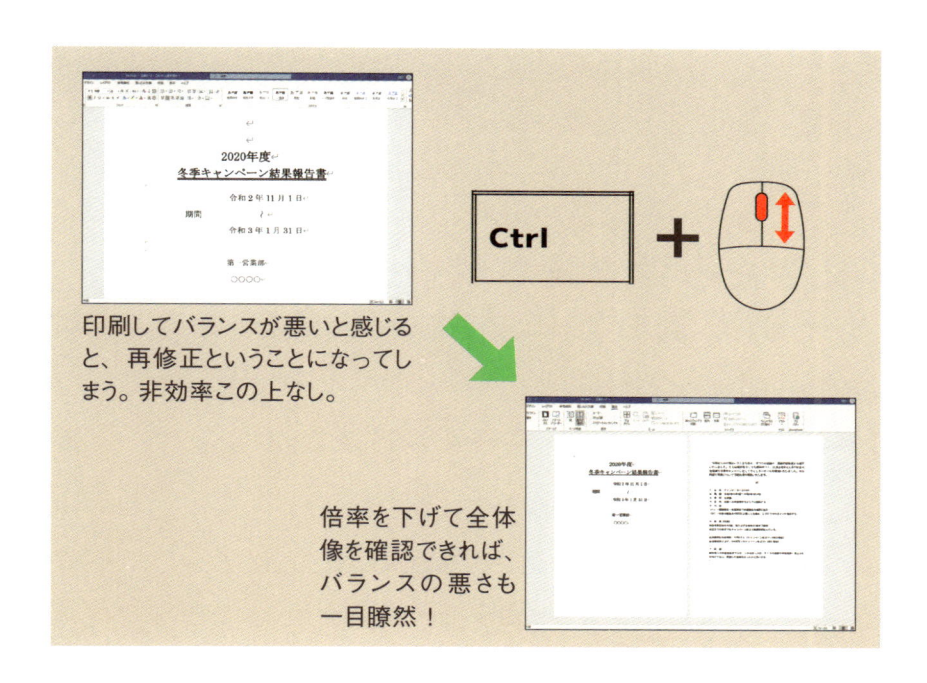

印刷してバランスが悪いと感じると、再修正ということになってしまう。非効率この上なし。

Ctrl ＋

倍率を下げて全体像を確認できれば、バランスの悪さも一目瞭然！

　この方法なら、タイトルが画面のセンターあたりにきれいに収まっているかも簡単に確認できます。一部だけ見てやり直すということからさよならできます。

　この本の執筆にあたり、「要するに〜」「メリハリ」を第一に考えました。この本を読めば、いちいち「なるほど！」という納得感が身にしみて得られるはずです。後日、みなさんの中から、「プレゼンの達人」と言われる人材が登場してくれたら、筆者としてこれ以上の喜びはありません。

目次

2章

百聞は一見にしかず！ Excelの達人になれる最速のコツ

セルに収まりきらない文字の処理で 書類作成のセンスが問われる

リストをデータとして活用できるようにする

3章

Excelでグラフの達人になれる とっておきのワザ ……… 115

4章

Excel方眼紙とはもうサヨナラ！ Wordで見やすい文書を作るコツ

STAFF

装丁	小口翔平＋三沢稜 (tobufune)
本文デザイン・DTP	横山保子 (Lapito Design Studio)
編集・構成	斉藤健太、佐藤裕二、林賢吾 (株式会社ファミリーマガジン) 岡田泰子、苅部祐彦、荻田美加、幕田けいた
企画・編集	九内俊彦

1章

「文字だらけで読む気も失せる!」を一瞬で読む気にさせる方法

WordやExcelで文書や表を作成するコツを学ぶ前に、あなたは文書作成の基礎やofficeソフトの基本操作が完璧と言いきれますか？自己流で無理やり解決していることはありませんか？　まずは本章で基礎を学び、正しい操作方法を覚えておきましょう。

「メリハリをつける」一番確実な方法とは

　報告書でも営業資料でも、相手に理解してもらえなければ、どれだけ言葉を尽くして文書を作ったとしてもまったくの無駄骨になってしまいます。また、資料を読む側からしても、A4用紙に文字がぎっしり詰まっているような書類を見せられたら、誰だってうんざりすることでしょう。

　重要なポイントがつかみづらい文書は、作る人にとっても読む人にとっても労力ばかりがかかって報われないものになりかねません。

　では、どうしたら読みやすい文書になるでしょう。これは読む側に立って考えるのが一番です。キーワードがすぐに目に入り、概略がつかみやすい文書であれば、誰でも短時間で理解できます。

　ここでは、そんなメリハリのきいた文書がすぐに作れる確実な方法を紹介していきます。

平坦な文字の羅列は読む気にならない！

　文字がずらずらと並んでいる文書は、ビジネス文書としては落第点。なぜなら伝えたい事柄が相手の目に入りづらいからです。

　ここで思い出していただきたいのが、実用書やビジネス書には、押さえるべきポイントを太字にしたり下線をつけたりしているものが多いことです。これは忙しいビジネスパーソンに、その本のエッセンスを素早く正確に伝えるための手法です。

　仕事で作る資料にこの手法を活用しない手はありません。読んでほしい部分、絶対に見せたい数字などを強調するだけで、単調な文書が要点のわかりやすい文書に変身してしまうのです。

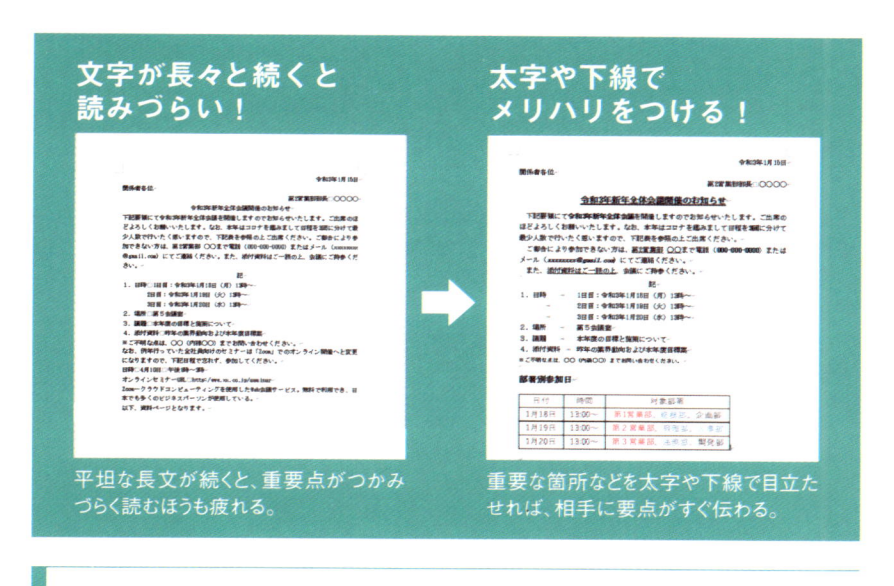

文字が長々と続くと読みづらい！

平坦な長文が続くと、重要点がつかみづらく読むほうも疲れる。

太字や下線でメリハリをつける！

重要な箇所などを太字や下線で目立たせれば、相手に要点がすぐ伝わる。

太字にすれば、ダラダラ文も確実に目立つ！

文書の中のキーワードや強調したい文字列などを太字にするだけでも、重要点を目立たせ、内容をわかりやすくすることができます。太字にする方法は、「ホーム」タブにある「太字」ボタンを使ってもかまいませんが、ショートカットキーなら1秒で完了します。太字にするショートカットキーは「Ctrl」キー＋「B」キーです。

なお、「B」は英語で「太字の」という意味の「Bold」の頭文字を表しています。対象の文字列を選択し、ショートカットキーを押しましょう。

太字を使うときの注意点は太字を増やしすぎないことです。資料を作成していると、あれもこれもと欲張って太字にしがちですが、そうすると、今度は太字が多すぎて重要点が絞れないどころか、全体的にうるさい文書になってしまいます。太字にする文字列は本当に重要な内容に厳選しなければいけないと肝に銘じましょう。太字の分量のチェックは、表示倍率を下げてページ全体を見えるようにするとわかりやすくなります。表示倍率を変える方法は27ページで紹介しますので、参考にしてください。

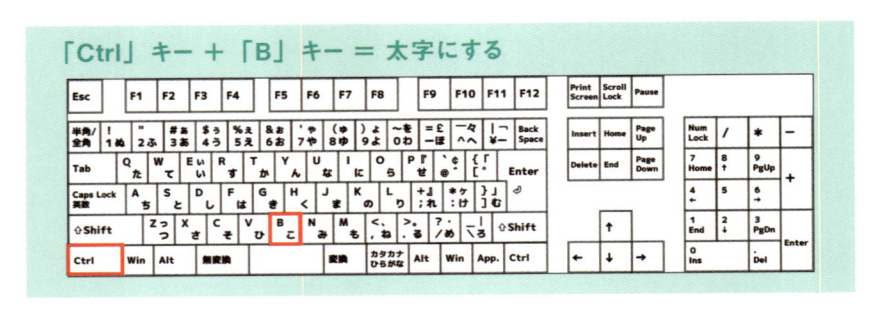

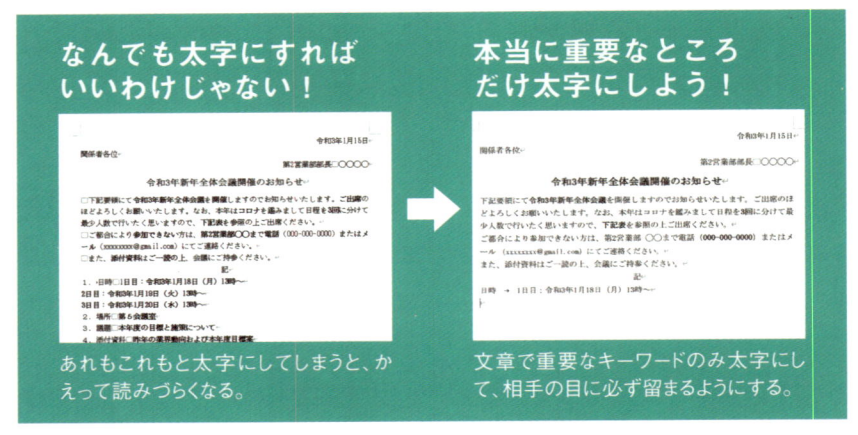

あれもこれもと太字にしてしまうと、かえって読みづらくなる。

文章で重要なキーワードのみ太字にして、相手の目に必ず留まるようにする。

　なお、Excel で「Ctrl」キー＋「B」キーを押すと、セルを選択している場合はセル全体の文字が太字になり、セルの中の文字列を部分的に選択している場合は、その文字列だけが太字になります。

　さらに、Word や PowerPoint で入力しながら文字を太字にすると、基本的には太字の書式が引き継がれて、以降の文字も太字になるので注意しましょう。これは次に紹介する下線や斜体も同じです。

下線をつけて重要ポイントを伝えよう！

　太字は、どちらかというと語句の強調に適しています。これに対して、１～２行くらいの文章を強調したいときは下線が向いています。

　下線のショートカットキーは「Ctrl」キー＋「U」キーです。「U」は

英語の「下線」という意味の「Underline」の頭文字です。文字列を選択し、このショートカットキーを押すと下線がつきます。下線も太字と同じようにつけすぎないようにするのが、読みやすくするコツです。また、Excelでは、太字と同じようにセルの中の文字列を選択して一部にだけ下線をつけることもできます。

「Ctrl」キー ＋ 「U」キー ＝ 下線を引く

文章を強調したいときは下線を引く！

第2営業部部長　○○○○

令和3年新年全体会議開催のお知らせ

下記要領にて令和3年新年全体会議を開催しますのでお知らせいたします。ご出席のほどよろしくお願いいたします。なお、本年はコロナを鑑みまして日程を3回に分けて最少人数で行いたく思いますので、下記表を参照の上ご出席ください。ご都合により参加できない方は、第2営業部 ○○まで電話（000-000-0000）またはメール（xxxxxxxx@gmail.com）にてご連絡ください。また、添付資料はご一読の上、会議にご持参くだ

1～2行の文章を強調したい場合は太字よりも下線が効果的。

下線の線種でイメージがガラッと変わる

　ショートカットキーで引けるのは一重下線でしたが、Excelは一重下線と二重下線が選べ、WordやPowerPointは10種類以上の線種が選べます。どの線種にするかは、どのくらい強調したいのか、下線をつける文章の量はどれくらいか、そして、文書全体のレイアウトとのバランスはどうかなどを考えながら選びます。たとえば下線を点線にすると、

一重下線と比べてかなり柔らかい感じになりますし、二重下線にすると強調の度合いが高まります。

　しかし、さまざまな下線があると、どれが重要なのかがわかりづらくなるため、1つの文書やスライドの中で、いくつもの線種を使うのは得策ではありません。

　下線の種類を指定する方法は2つ。「ホーム」タブにある「下線」ボタンを使う方法と、「フォント」のダイアログボックスを表示して選ぶ方法です。PowerPointでは後者の操作のみが可能です。

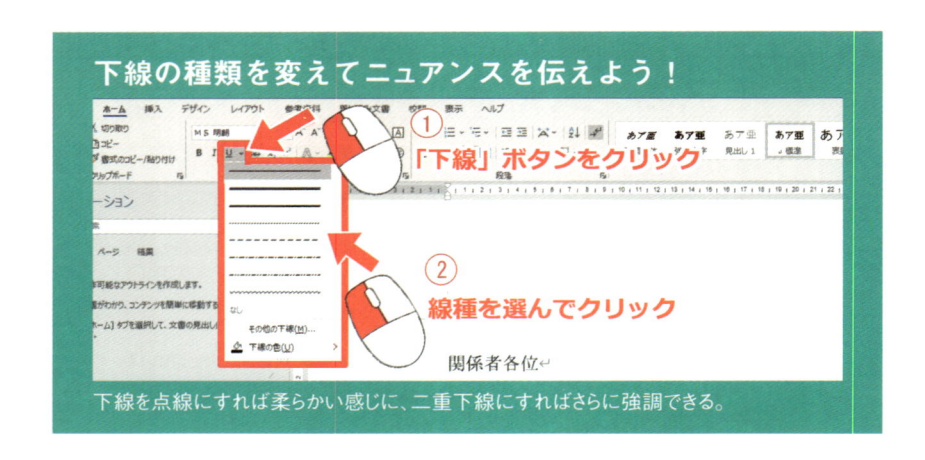

この操作はキーボードだけでも行えます。「Alt」キーを押してから「H」キーを押し、最後に「3」キーと順番にキーを押してください。「3」キーを押すと線種が表示され、矢印キーで線を選んで、「Enter」キーを押せば下線がつきます。この方法ならマウスを使わずに済みます。

　次に、「フォント」のダイアログボックスで設定する方法です。こちらのほうが選べる線種が多くなります。まず「フォント」ダイアログボックスの出し方ですが、これには「Ctrl」キー＋「Shift」キー＋「F」キーを使います。「F」は「Font」の頭文字と覚えましょう。アプリによって画面が少し違うものの、いずれも「下線」の欄をクリックしてから線を選んで、「OK」をクリックすると下線が引けます。あらかじめ、対象の文字列の選択を忘れないようにしましょう。

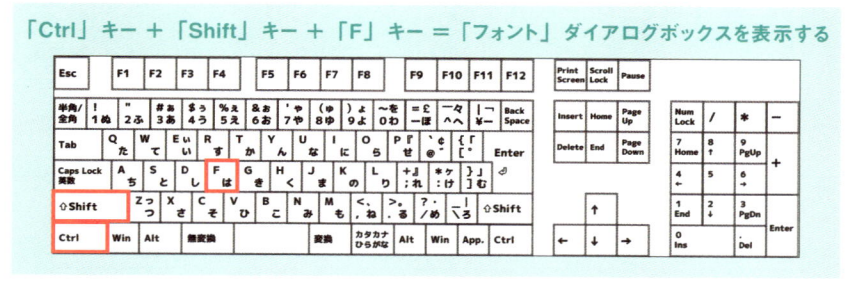

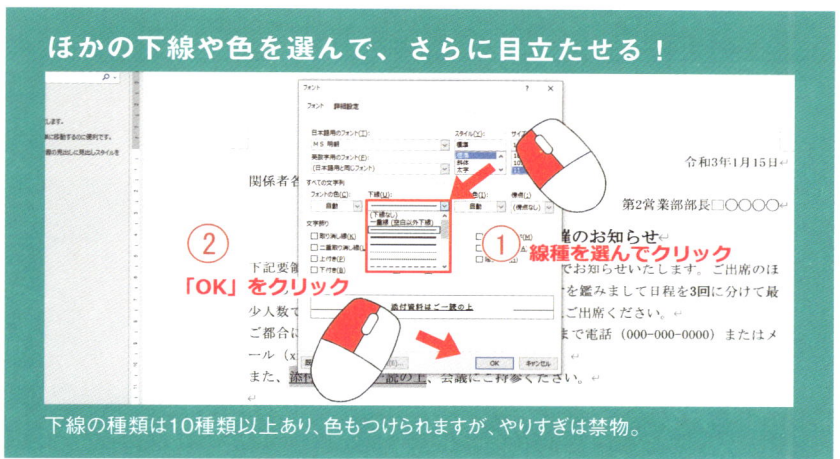

下線の種類は10種類以上あり、色もつけられますが、やりすぎは禁物。

「フォント」ダイアログボックスでは下線の色を変えることもできます。下線をつけてから「下線の色」欄をクリックして色を指定してください。とはいっても文字を読むのに邪魔になるような濃い色を使うのはNG。Wordの「フォント」ダイアログボックスでは、「プレビュー」欄で選択した線種や色の下線がついた状態を確認できます。

まだある！下線を引く方法

Wordには、このほかにもキーボードを使って下線を引く方法があります。マウスで設定するよりも時短になるので、覚えておきましょう。

まず、二重下線を引く方法です。一重下線より強調したいときなどに

使います。下線を引く文字列を選択したら、「Ctrl」キー＋「Shift」キー＋「D」キーを押してください。「D」は「二重の」という意味の「Double」の頭文字と覚えるといいです。

「Ctrl」キー ＋ 「Shift」キー ＋ 「D」キー ＝ 二重下線を引く

二重下線ならショートカットキーで一発！

令和3年1月15

係者各位←

第2営業部部長□○○○

令和3年新年全体会議開催のお知らせ←

記要領にて **令和3年新年全体会議** を開催しますのでお知らせいたします。ご出席の
よろしくお願いいたします。なお、本年はコロナを鑑みまして日程を3回に分けて
人数で行いたく思いますので、下記表を参照の上ご出席ください。←

令和3年1月1

関係者各位←

第2営業部部長□○○○

令和3年新年全体会議開催のお知らせ←

記要領にて **令和3年新年全体会議** を開催しますのでお知らせいたします。ご出席の
よろしくお願いいたします。なお、本年はコロナを鑑みまして日程を3回に分けて
人数で行いたく思いますので、下記表を参照の上ご出席ください。←

「Ctrl」キー+「Shift」キー+「D」キーを押せば、二重下線を一発で引くことができる。

　ところで、文書のタイトルなどで文字列の間に空白を入れることがありませんか。たとえば「営業成績報告書　　上半期」のような場合です。この文字列に下線を引くときに、「Ctrl」キー＋「U」キーを押すと「営」

から「期」まで、空白も含めて下線がつきます。これでもよいのですが、場合によっては空白部分を除いて「営業成績報告書」と「上半期」の文字だけに下線をつけたいということもあるかもしれません。こんなときに役立つ、とっておきのショートカットがあります。「Ctrl」キー＋「Shift」キー＋「W」キーです。空白も含めて文字を選択したあと、このキーを押すと文字がある部分にだけ下線がつきます。

「Ctrl」キー ＋ 「Shift」キー ＋ 「W」キー ＝ 文字だけに下線を引く

空白が間にあっても簡単に下線が引ける！

令和3年新年全体会議開催のお知らせ

下記要領にて令和3年新年全体会議を開催しますのでお知らせいたします。ご出席のほどよろしくお願いいたします。なお、本年はコロナを鑑みまして日程を3回に分けて最少人数で行いたく思いますので、下記表を参照の上ご出席ください。
ご都合により参加できない方は、第2営業部・〇〇まで電話（000-000-0000）またはメール（xxxxxxxx@gmail.com）にてご連絡ください。
また、添付資料はご一読の上、会議にご持参ください。

令和3年新年全体会議開催のお知らせ

下記要領にて令和3年新年全体会議を開催しますのでお知らせいたします。ご出席のほどよろしくお願いいたします。なお、本年はコロナを鑑みまして日程を3回に分けて最少人数で行いたく思いますので、下記表を参照の上ご出席ください。
ご都合により参加できない方は、第2営業部・〇〇まで電話（000-000-0000）またはメール（xxxxxxxx@gmail.com）にてご連絡ください。
また、添付資料はご一読の上、会議にご持参ください。

空白のある文字列を選んで、「Ctrl」キー＋「Shift」キー＋「W」キー。空白をよけて下線を引くことができる。

用途を絞って斜体を効果的に使おう！

　文書にメリハリをつける方法として、文字列を斜体にするというものもあります。ただ、太字や下線と比べて目立ち方が弱いという欠点があり、斜体は見逃されてしまうことが多いでしょう。

　したがって、斜体にする文字列は太字よりさらに厳選する必要があります。たとえば企業の URL、担当者のメールアドレスのようにネットに関連した文字列だけを斜体にした文書を想像してください。パッと見ただけで「斜体はネット関連」と判別できて、必要なときにすぐに目を向けられます。つまり見やすく役に立つ文書になるわけです。このように、斜体は使い方を心得てこそ効果のある文字修飾です。

　文字列を斜体にするには「Ctrl」キー＋「I」キーを押します。「I」は「斜体の」という意味の「Italic」の頭文字です。

「Ctrl」キー ＋ 「I」キー ＝ 斜体にする

斜体はここぞというときに使おう

令和3年新年全体会議開催のお知らせ

下記要領にて令和3年新年全体会議を開催しますのでお知らせいたします。ご出席のほどよろしくお願いいたします。なお、本年はコロナを鑑みまして日程を3回に分けて最少人数で行いたく思いますので、下記表を参照の上ご出席ください。

ご都合により参加できない方は、第2営業部 ○○まで電話（000-000-0000）またはメール（*xxxxxxxx@gmail.com*）にてご連絡ください。

また、添付資料はご一読の上、会議にご持参ください。

URLやメールアドレスなど、一定のルールを決めてから文字列を斜体にしよう。

文字修飾は重ねたり戻したりできる

太字、下線、斜体のような文字修飾は重ねられます。極端にいえば太字で斜体、下線つきということも可能です。そこまですると、やりすぎになって逆効果になるので、絶対におすすめしませんが。それでも、文書のタイトルなど特に強調したい内容は、太字にするだけよりは、太字に下線をつけるというように強調を重ねたほうが印象的になります。

文字修飾を重ねるのはとても簡単です。文字を選択して、それぞれのキーを押すだけです。文字を選択して「Ctrl」キー＋「B」キーを押せば太字になります。そのまま続けて「Ctrl」キー＋「U」キーを押すと下線もつきます。

このように、文字にさまざまな修飾をしてみたものの、これで本当にメリハリがついたのか考え直してみたいときもあるはずですね。太字や下線、斜体は、設定時と同じキーを押せば元に戻せます。太字を設定した文字列を選択して「Ctrl」キー＋「B」キー、下線を設定した文字列を選択して「Ctrl」キー＋「U」キー、斜体を設定した文字列を選択して「Ctrl」キー＋「I」キーを押せば、「標準」の状態になります。

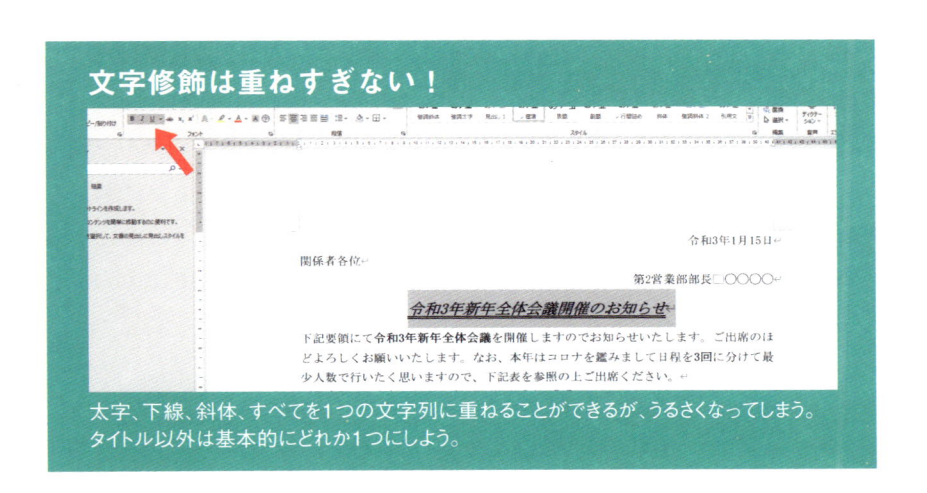

文字修飾は重ねすぎない！

太字、下線、斜体、すべてを1つの文字列に重ねることができるが、うるさくなってしまう。タイトル以外は基本的にどれか1つにしよう。

文書のバランスをサッとつかめるようにする最速の方法

　文書は内容が正確であるだけでなく、読みやすく、形が整ったものであることが大切です。たとえば、送り状のような A4 用紙 1 枚の文書で、用紙の上部 7 ～ 8 行ほどしか使っていないことはありませんか。
「伝えたい内容は入っているから大丈夫。バランスよくレイアウトするなんて時間がかかるだけじゃないか」と思うかもしれません。しかし、人は案外、見た目で印象を左右されるもの。上部にかたよった文書を作っていては「気配りが足りないな」と思われるかもしれません。
　こんなとき、サッと文書全体を見渡す方法を知っておくだけで、文字の配置が一気に整えやすくなります。

文書の一部だけを見てもバランスはとりにくい

　文書のレイアウトが面倒だと感じる一番の原因は、Word の文書作成画面では用紙の一部しか見えないことにあります。全体が見えないのに、見出しと本文の間をどれくらい離したらいいか決められるはずはありません。空白行を 2 ～ 3 行入れたら印刷プレビューを見て、「まだ、上にずり上がっている」となり、空白行を増やしてまた印刷プレビュー、という操作を繰り返している人も少なくないはず。これでは時間がかかりますし、途中で「体裁なんか整えなくたって、内容は間違いないのだから、上に寄っていてもいいだろう」と思うのもしかたありません。
　また、複数ページにわたる文書でも、入力中の一部しか見えていないと全体でどれくらい入力したのかがわかりづらく、想定したより長くなったり、短くなったりすることもあるでしょう。

このような、ページ全体を見られない、複数ページが見られないという問題を解決してくれる時短ワザがあります。それがキーボードとマウスを組み合わせて画面表示を自由自在に拡大・縮小する方法です。

「Ctrl」キー＋マウスホイールだけで、全体を一気に俯瞰できる！

Word で文書のバランスを確認するには、少なくとも A4 用紙 1 枚分を画面に表示する必要があります。画面の表示を拡大・縮小したいときの、とっておきのワザが「Ctrl」キー＋マウスホイールです。マウスホイールを画面のスクロールに使っている人も多いでしょうが、「Ctrl」キーと組み合わせると画面の拡大・縮小ができます。しかも、このワザは Word、Excel、PowerPoint、そしてブラウザーで共通して使えます。

やり方は、「Ctrl」キーを押しながら、マウスホイールを回すだけ。「Ctrl」キーを押しながら向こうに回すと拡大、手前に回すと縮小です。これなら画面を見ながら手軽に拡大や縮小ができます。たとえば、送り状のような A4 用紙 1 枚分の文書では、用紙全体が表示されるように画面を縮小すれば、バランスを見ながらタイトルと本文の間隔を決められるのです。

文書のバランスを見るには印刷プレビューを使うという人も多いでしょうが、印刷プレビューを見て文章の位置を変えたいと思ったら、作成画面に戻らなくてはなりません。これに対して縮小表示では文書そのものを見ていますから、その場で段落を離したり、文字位置を変えたりといった編集もできます。プレビューと作成画面の間を行き来する手間が省けるという意味でも使い勝手がいい方法なのです。

また、複数ページの文書では、縮小率を上げれば 2 〜 3 ページ分を 1 つの画面に表示することも可能です。これなら 3 ページ先にカーソルを移動するのも簡単。スクロール回数が減り、操作時間も短縮できます。

これとは逆に、文書の一部分をもっとはっきり見たいというときは、「Ctrl」キー＋マウスホイールを向こうに回して表示を拡大します。こ

ちらは、縮小した表示を元に戻したいときや Excel で表の数字をよく
見たいようなときに役立つ操作です。

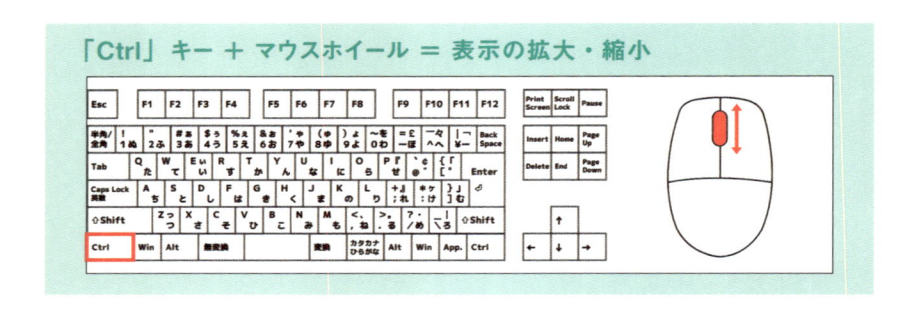

ウェブでも表示を拡大・縮小しよう

　画面に全体が入りきらない、という悩みが一番多いのは、実はウェブ
ページです。資料作りにウェブを参照することも多いので、ブラウザー
で表示を拡大・縮小する手早い方法も覚えておきましょう。

　すでに説明したように、「Ctrl」キー＋マウスホイールは Microsoft
Edge や Google Chrome のようなブラウザーでも使えます。ただ、ブ
ラウザーには拡大・縮小に使えるキー操作もあります。

　ブラウザーで表示を拡大するには「Ctrl」キー＋「＋」キー、縮小す
るには「Ctrl」キー＋「－」キーを使います。拡大はプラス、縮小はマ
イナスですから直観的に操作しやすいですね。

　この方法と「Ctrl」キー＋マウスホイールを使う方法では１つだけ違
いがあります。ウェブ上の地図の拡大・縮小についてです。「Ctrl」キー
＋マウスホイールでは、マウスが地図の上にあると、地図の縮尺の拡大・
縮小になります。一方、「＋」（「－」）キーを使う方法では、マウスがど
こにあっても、地図も含めてページ全体が拡大・縮小されます。地図が
含まれたページでは、ちょっと気にしてみてください。

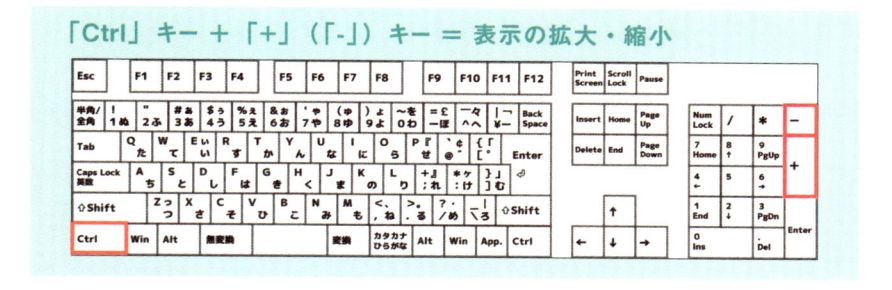

「Ctrl」キー ＋ 「+」（「-」）キー ＝ 表示の拡大・縮小

中途半端な表示を100％に戻すには

　話を「Ctrl」キー＋マウスホイールに戻します。「Ctrl」キーを押しながらマウスホイールを回せば、拡大も縮小も自在にできます。元の状態（100％）に戻したければ、この操作をしながらステータスバーにある表示倍率を見て「100％」にしてください。ブラウザーの場合はもっと簡単で「Ctrl」キー＋「0」キーを押すと100％の表示になります。

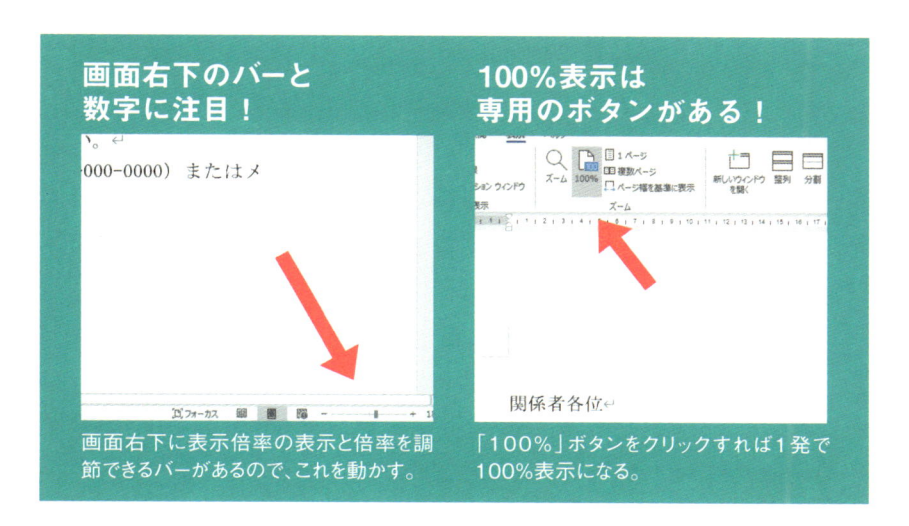

画面右下のバーと数字に注目！

画面右下に表示倍率の表示と倍率を調節できるバーがあるので、これを動かす。

100％表示は専用のボタンがある！

「100％」ボタンをクリックすれば1発で100％表示になる。

　ぴったり「100％」にならないときは、「表示」タブを開いて「100％」ボタンをクリックすれば、即座に元の表示に戻せます。

キャッチコピーが一目でわかる最速ワザ

　文字が隙間なく並んでいる文書は読みにくいものです。区切りなく続いている文章を読んでいると、まったく頭に入ってこなかったり、気づかないうちに何行か飛ばして読んでいたり、というのは誰にでもあること。文書の区切りが少なそうだったら、適度に段落を変えたり、段落の間を離したりしてみましょう。たったそれだけで、同じ文章がぐっと相手に伝わりやすくなります。

文章が長々と続いていると大事なところも流されてしまう

　メールの文章は、内容の節目ごとに空白行を入れて1文を短くし、伝えたいことを相手の目につきやすくするというのが一般的です。メールでは、ほとんどの人がそういう文章を書いているでしょう。

　ところが、Wordで文章を入力するとなると、改行することも忘れて長々と続けがちです。これでは、大事なところを見落とされてしまいます。そこで、文章を適度に改行し段落を分けることで、見た目にもリズム感を出して読みやすさをアップします。

　詳しくは4章で解説しますが、文章を段落に分けるには「Enter」キーを押すだけです。「Enter」キーは改行するキーだと考えがちですが、厳密に言うと段落を区切るキーです。どこで改行するかに決まりはありません。別の話になったかな、という箇所で改行してみましょう。

　複数ページになる文書では、改ページの入れ方も大切です。1つのテーマが終わったら、ページを変えて次のテーマに入るようにします。ページが改まると、読む側も頭を切り替えられるというものです。

間隔を空けて段落を目立たせる

　さて、文章を「Enter」キーで区切ると、確かに読みやすくはなりますが、メールでよくやるように、段落の間に空白行も入れたほうがわかりやすいし、外観もよいと思いませんか。

　前の段落と間隔を空けたいときは、対象の段落にカーソルを置いて、「Ctrl」キー＋「0」キーを押します。これだけで段落の前に自動的に1行分の空白が入ります。さらに、次に「Enter」キーを押したときも1行分の空白が入ります。この方法は「Enter」キーでの改行と異なり、文章を編集しても空白行が動くことはありません。元に戻したいときは、もう一度同じキーを押します。

　段落の前後に入れる空白行は、Wordの「レイアウト」タブにある「間隔」の「前」または「後」の欄で指定することもできます。段落にカーソルを置いてから間隔を空ける行数を決めてください。

「Ctrl」キー ＋ 「0」キー ＝ 段落の間に空白を入れる

「Ctrl」キー＋「Enter」キーで
内容の切れ目をわかりやすく！

　今度は、効率よい改ページの方法も紹介しましょう。

　改ページは「Ctrl」キー＋「Enter」キーで行います。たった1回このキーを押すだけで、カーソルが次のページにパッと移動します。

改ページをやめたくなったら、ページの先頭にカーソルを置いて「BackSpace」キーを押せば元のページに戻せます。

「Ctrl」キー ＋ 「Enter」キー ＝ 改ページする

段落の途中でページが変わらないようにする

　段落の途中でページをまたがないようにしたほうが、段落ごとのまとまりがわかりやすい文書にできます。

　段落の途中でページが変わらないようにするには、ページの終わり近くになったときに「Ctrl」キー＋「Enter」キーで改ページしてから段落を始めるという方法がありそうですが、これは面倒で効率も下がりそうです。入力している位置をいつも気にしていなければなりませんから。

　Wordにはページをまたぐときに段落を区切らないようにする機能があります。通常はオフになっているのですが、これをオンにすれば、入力に専念していても段落の間でページをまたぐことがなくなります。見た目のよい文書を作るのには心強い味方といえる機能の1つです。

　改ページの設定は「段落」ダイアログボックスで行います。「段落」ダイアログボックスは「Alt」キー、「O」キー、「P」キーを順番に押すと表示できます。「改ページと改行」タブを開いて、「段落を分割しない」をオンにして「Enter」キーを押せば設定完了です。この設定をすると、ページに収まりきらない段落は、自動的に次のページに送られるようになります。

文章の文字を一番
見やすくする最速ワザ

　文書の文字列を太字や斜体、下線つきにして目立たせる方法はすでに解説しましたが、そもそも使っている文字のサイズが小さすぎたり、大きすぎたりしたら読みづらくなります。また、文字のサイズを変えることで文字そのものを目に入りやすくすることもあるでしょう。ここでは、文字サイズを最速で変える方法を紹介します。

文字の拡大・縮小を自由自在に操る

　文書でも表でもタイトルの文字を大きくするのは、よく行われています。文字サイズを自由に変えると文書の表現力が高まるのは、みなさんもよく知っていることでしょう。

　問題は文字サイズを変える方法です。文字を選択して「ホーム」タブを開き、「フォントサイズ」欄の「下向き三角形」をクリックしてサイズを選ぶ。これが一般的なサイズを変える手順です。もちろん正しいのですが、ずいぶん手間がかかっているのがわかります。入力中なら、キーボードからマウスに手を移動するのも効率よくありません。

　実は文字のサイズもキーボードだけで変更できるのです。文字サイズを大きくするのに使うのは「Ctrl」キー＋「Shift」キー＋「＞」キー、文字サイズを小さくするのは「Ctrl」キー＋「Shift」キー＋「＜」キーです。「＞」と「＜」は「Shift」キーを押しながら入力する記号なので、「Ctrl」キー＋「＞」、「Ctrl」キー＋「＜」と覚えてもいいですね。「大きく」と「小さく」が記号から連想できて覚えやすいキーです。このショートカットキーは Word のほかに PowerPoint でも使えます。

Wordの文書で「10.5」ポイントの文字を選択して「Ctrl」キー＋「Shift」キー＋「＞」キーを1回押すと「11」ポイントになり、押すたびに「12」「14」「16」のように「ホーム」タブの「フォントサイズ」欄に表示されるサイズに合わせて大きくなります。これとは逆に「10.5」ポイントの文字を選択して「Ctrl」キー＋「Shift」キー＋「＜」キーを1回押すと「10」ポイントになり、押すたびに「9」「8」とサイズが小さくなります。「フォントサイズ」欄で選べるのは「8」までですが、このショートカットキーでは、「フォントサイズ」欄のサイズより小さくもできます。

　さて、文字サイズは行間とも関係があります。標準（Wordでは10.5ポイント）より小さくしても行間は狭くなりませんが、サイズを大きくすると行間も広がります。ですから、文章の中の一部の文字だけを大きくすると、見栄えが悪くなります。文字サイズを大きくするのは文書のタイトルのように1行まるごと変えられる場合のほうが適しています。

「Ctrl」キー＋「Shift」キー＋「＜」（「＞」）キー ＝ 文字サイズを大きく（小さく）する

1ポイントずつ変えたいときは

　「Ctrl」キー＋「Shift」キー＋「＞」（「＜」）は、「フォントサイズ」欄に表示されるサイズに従ってひと回りずつ大きく（小さく）するというのが特徴です。一般的には、これだけ覚えていれば、文字サイズの変更に困ることはありません。

　ただ、「フォントサイズ」欄で選べないだけに、1ポイントずつ変えてみたい人もいるかもしれませんので、その方法も紹介します。

Word で文字のサイズを 1 ポイントずつ変えるショートカットキーは「Ctrl」キー＋「]」キーと「Ctrl」キー＋「[」キーです。これもカッコの向きからなんとなく推測できますが、大きくするのが「Ctrl」キー＋「]」キーで、小さくするのが「Ctrl」キー＋「[」キーです。

初めからやり直すのも簡単！

文書のレイアウトを、もう一度、初めからやり直そう、となることもあります。やり直すのはよいとしても、ひとつひとつ修正していては、日が暮れてしまいます。

ここで使いたいのが「Ctrl」キー＋「Space」キーです。これは、フォントの種類、サイズ、文字色などの文字書式を標準に戻すショートカットキーです。サイズを変更した文字列を選択して「Ctrl」キー＋「Space」キーを押すと標準のサイズになります。文書の中で、文字色や太字などサイズ以外の文字書式を設定していなければ、「Ctrl」キー＋「A」キーで文書全体を選択し、このキーで一気に標準に戻すという使い方もあります。

このショートカットキーは PowerPoint でも使えますが、スライドに入力した文字量に応じて自動的に文字サイズが小さくなっていた場合は、サイズが標準より小さくなります。

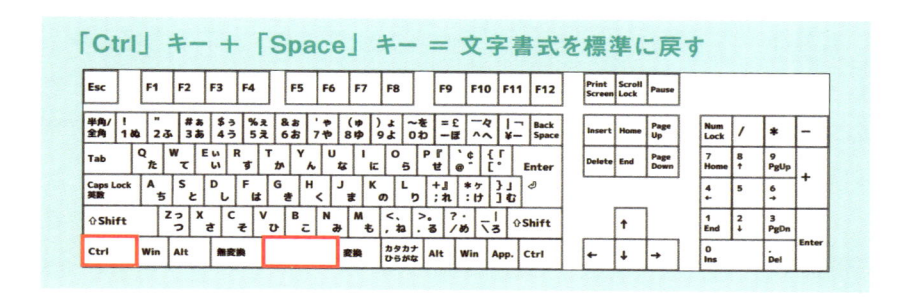

「Ctrl」キー ＋ 「Space」キー ＝ 文字書式を標準に戻す

行頭の文字を
ピタリと揃えるワザ

　段落の始めは 1 文字下げるのが文章を書くときの決まりです。これを Word で行うときは「空白を 1 つ入れればよいのでは」と考えがちですし、そうしている人も少なくないでしょう。でも、Word の機能を生かして効率よく文章の形を整えるという観点からしたら、段落の始めに空白を入れるのは避けるべきです。文書の中に余分な空白が入っていると、文章を書き直したり、レイアウトを変えたりするなどの編集をしたときに空白が移動して思わぬ位置に空白が入り、それを修正するのに時間がかかって能率が悪いからです。

　また、会社の住所などを入力していて、「電話」「Fax」のように、全角文字と半角英数の文字が混ざると、その次にいくつか空白を入れて文字を入力したとき、次のように開始位置が揃わないこともあります。これも空白で位置を揃えようとするために起こるトラブルです。

電話　　　　03-0000-0000
Fax　　　　03-0000-0000

　このほか、文書の中の一部分だけ左（右）側にスペースを空けようとして四苦八苦したことはありませんか。余白を変えると文書全体の左右のスペースが変わってしまうし、テキストボックス（文字や画像などを文書内に配置するための領域）を入れるのもやっかいです。

　ここでお話ししたような「困った」は、Word の文字位置を指定する機能を使えば簡単に解決できます。これには「タブ」と「インデント」の 2 つがあります。

「タブ」は上下の行での文字位置揃え機能

前ページの「電話　03-0000-0000」と「Fax　03-0000-0000」のように入力するときは、番号の先頭文字である「0」の位置を上下の行で揃えたいですよね。

そこで上下の行で文字の開始位置を揃えるのに使うのが「タブ」です。

よく使うタブは4種類で、「左揃えタブ」「右揃えタブ」「中央揃えタブ」「小数点揃えタブ」です。名前の通り、文字列の左端、右端、中央、そして数字を小数点の位置で揃えるものです。

タブを使うためのポイントは次の4つです。

1. タブマーカーで文字を揃える位置を指定する
2. 「Tab」キーでカーソルを移動する（矢印キーはNG）
3. 行内に複数のタブを設定できる（タブの種類が違ってもOK）
4. 文字を揃える位置はいつでも変えられる

ルーラーを表示して、位置を正確に！

タブやインデントの設定では、「ルーラー」を使ってほかの文字とのバランスを見ながら文字位置を決められます。ルーラーは用紙の上と左に表示される物差しで、行内の文字位置、ページ内の行位置の確認や上下左右の余白を変えるのに使います。通常は非表示になっているので、タブやインデントの説明に入る前にルーラーを表示しましょう。

「表示」タブを開いて「ルーラー」をオンにしてください。文書の画面の上と左に目盛りが表示されたはずです。上の目盛りを水平ルーラーと呼び、左の目盛りを垂直ルーラーと呼びます。

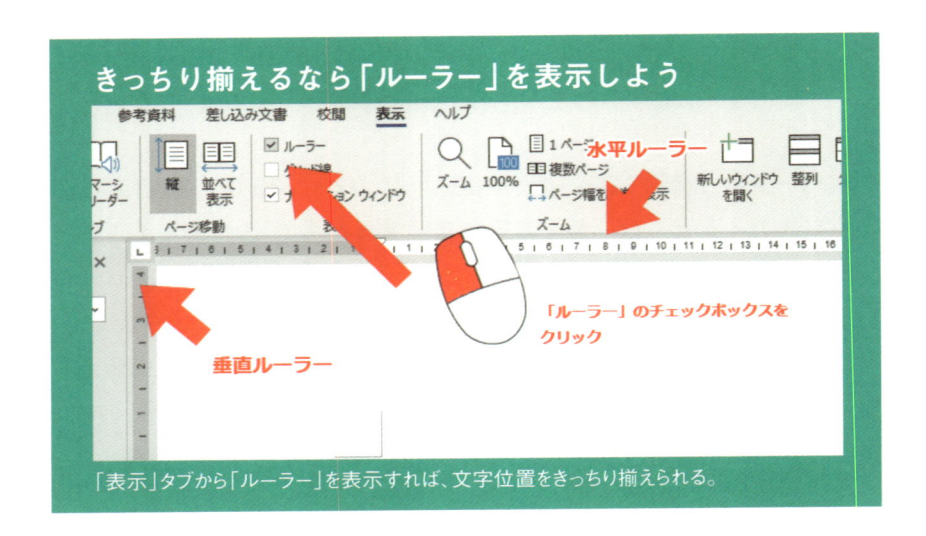

きっちり揃えるなら「ルーラー」を表示しよう

「表示」タブから「ルーラー」を表示すれば、文字位置をきっちり揃えられる。

タブで文字位置を揃えるコツ

タブは次の2つのステップで使います。

❶ タブマーカーで文字位置を指定する
❷ 「Tab」キーを押してカーソルを移動し、文字を入力する

　特に注意が必要なのは2番目の「Tab」キーを使うことです。「矢印」キーでカーソルを移動するとタブの機能が働きません。逆に言えば、タブを設定した行でも「矢印」キーでカーソルを移動すればタブを無視して自由に文字を配置できるということです。

　では、さっそくタブマーカーで位置指定をしてみましょう。垂直ルーラーの上端を見てください。「L」のような小さなボタンがありますね。タブの種類を切り替えるボタンです。クリックするとマークが変わるのがわかるはずです。「L」のようなマークにマウスを合わせると「左揃えタブ」と表示されます。この表示を見ながらタブの種類を選んでいきます。最初は「左揃えタブ」にしてください。

次に、タブで文字揃えをする行にカーソルを置き、ルーラーの任意の場所をクリックすると「左揃えタブ」のマーカーがつきます。ルーラーのクリックを繰り返せば、1行に複数の文字の開始位置を設定できます。

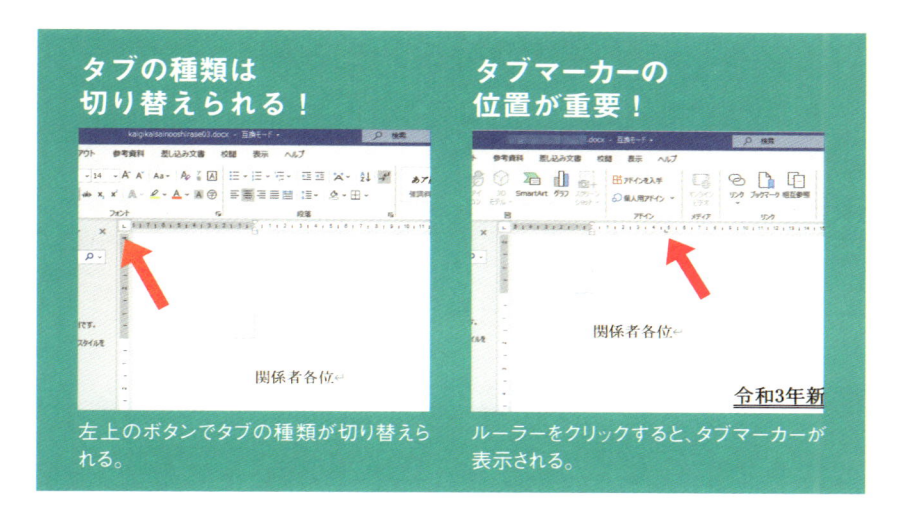

左上のボタンでタブの種類が切り替えられる。

ルーラーをクリックすると、タブマーカーが表示される。

タブを設定した行で、タブマーカーの位置より左にカーソルを置いて「Tab」キーを押してください。すると、タブマーカーの位置までカーソルがサッと移動します。ここで文字を入力します。

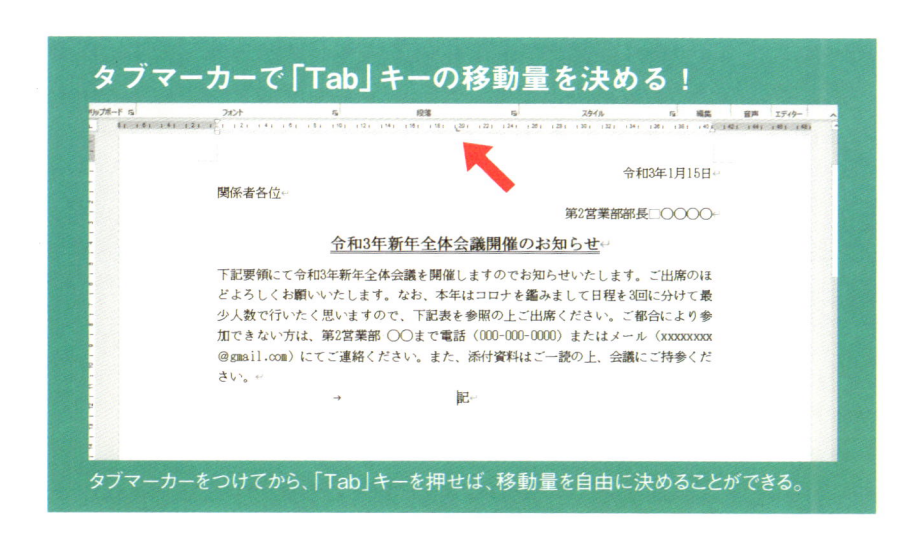

タブマーカーをつけてから、「Tab」キーを押せば、移動量を自由に決めることができる。

最初の行が入力できたら「Enter」キーを押して次の行に移動してみましょう。次の行の行頭にカーソルがある状態で、ルーラーを見てください。タブマーカーが引き継がれていますね。

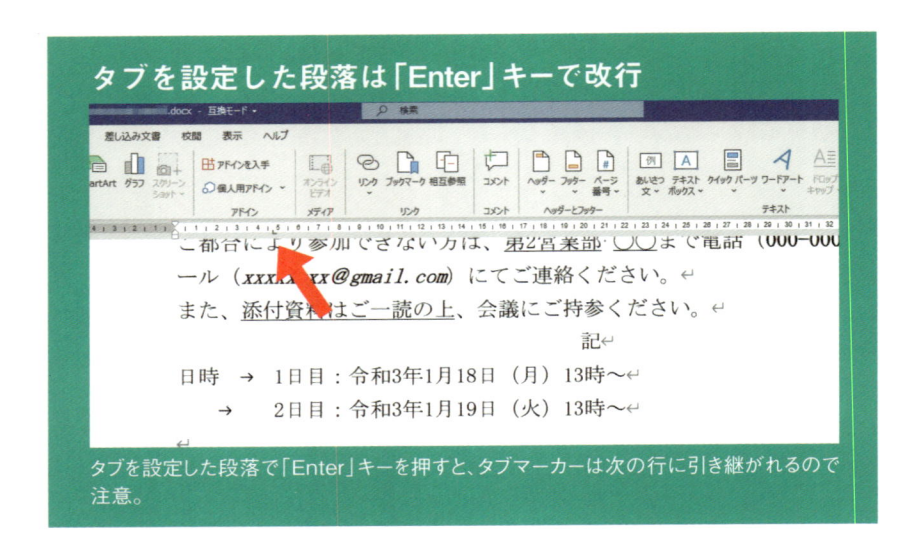

タブを設定した段落は「Enter」キーで改行

タブを設定した段落で「Enter」キーを押すと、タブマーカーは次の行に引き継がれるので注意。

　1行に複数の開始位置を設定してある場合、1つ目の文字の入力が終わったら「Tab」キーを押せば、次の位置にカーソルが移動します。

　ここまで「左揃えタブ」の説明をしてきましたが、「右揃えタブ」、「中央揃えタブ」、「小数点揃えタブ」で位置を揃える方法も同じです。最初に使いたいタブの絵柄を選んでください。あとは位置を指定して「Tab」キーでカーソルを移動し、入力するだけです。

設定変更、設定削除は タブマーカーをドラッグするだけ

　タブマーカーの位置は入力前に目分量で決めることが多いため、文字を入力すると、もっと右（左）がよかったということもあります。

　タブマーカーの位置はルーラー上でドラッグすれば変更できます。タブで位置揃えをして入力した範囲を選択してからマーカーをドラッグす

ると、揃える位置が移動します。この機能があるので、最初にタブマーカーを配置するときは厳密に文字数を数える必要はありません。

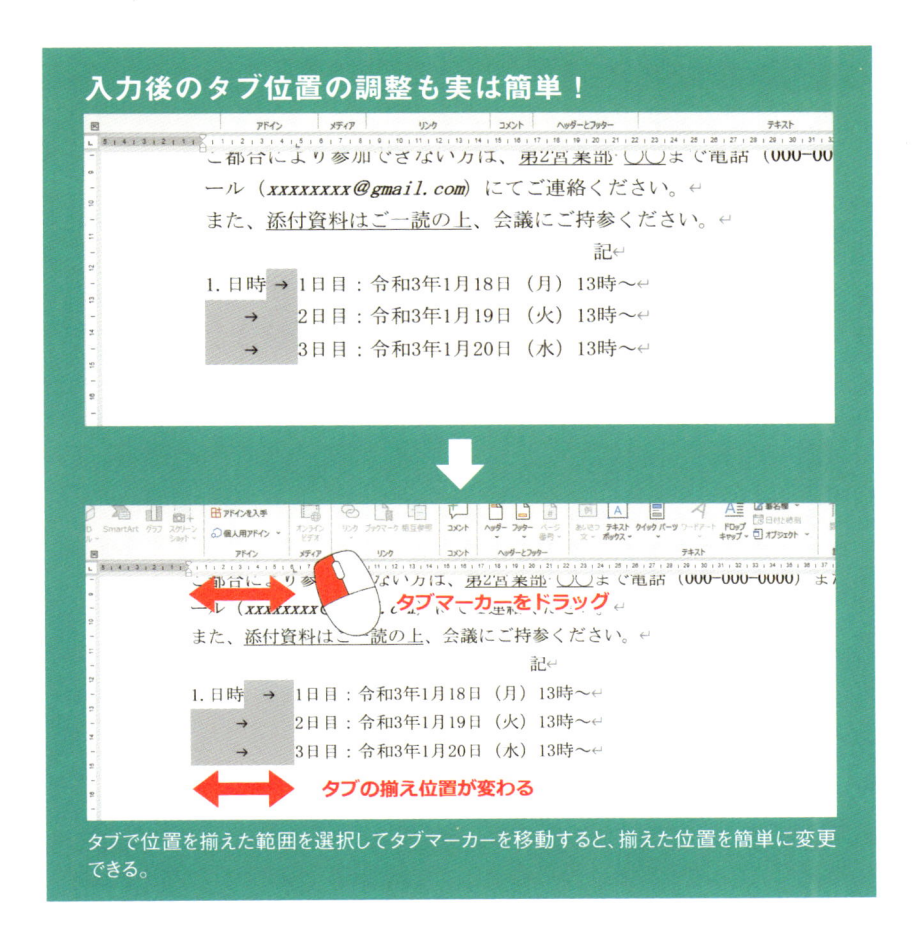

入力後のタブ位置の調整も実は簡単！

タブで位置を揃えた範囲を選択してタブマーカーを移動すると、揃えた位置を簡単に変更できる。

　タブの設定が不要になったら、タブマーカーをルーラーの外にドラッグすれば解除できます。また、「Enter」キーで改行したあと、タブマーカーを外にドラッグすれば、その行以降はタブの設定がなくなります。すでにタブで文字位置を揃えてある行でタブを解除すると、何も設定していない行で「Tab」キーでカーソルを移動させて入力した状態になります。タブの設定が初期設定に戻るのです。

もっと手軽にタブ機能を使うには

　タブで位置揃えをしてから、タブマーカーを削除すると「Tab」キーでカーソルを移動させて入力した状態になるというお話をしましたが、それでは、タブマーカーを設定しなくても「Tab」キーでカーソル移動ができるのか、という疑問が出てきますよね。

　答えは「イエス」です。初期設定では「Tab」キーを押すたびに4文字分カーソルが一気に移動します。タブマーカーが表示されないので、その場で細かい位置指定ができないこと、「左端揃えタブ」のみであること、次に紹介するリーダーの機能を使えないことなどの制限はありますが、「Tab」キーでカーソルを移動して入力するのは、タブマーカーの設定なしに手軽に文字列の左端を揃えられる方法です。

タブで文字位置を揃えると点線でつなぐのも簡単

　文書を作っていると、文字の間を点線でつなぎたいことがあります。たとえば、こんな具合です。

日　時……………………4月10日　午後1時〜3時
オンラインセミナー URL…https://www.××.co.jp/seminar

　こうするには、「4」と「h」の文字位置を上下で揃えることと、「時」と「4」の間、「L」と「h」の間に点線を入れることの2つの操作が必要です。上下の行で文字位置を揃えるためにはタブを使うのでしたね。では、点線はどうしましょう。記号を入力しようと思うかもしれませんが、はたして記号が空いたスペースにうまく入るでしょうか。

　こんなときのために、ぜひ覚えておきたいのがタブの「リーダー」機能です。タブで位置揃えをした文字は設定するだけで点線でつなげるの

です。左の例で説明しましょう。

　「4」と「h」を上下で揃える位置に「左揃えタブ」のマーカーを設定します。次に「Tab」キーでカーソルを移動しながら2行目まで入力し、2行とも選択します。その状態で、ルーラー上のタブマーカーをダブルクリックしてください。このとき余分なタブマーカーが入ってしまったら、ルーラーの外にドラッグして削除しましょう。タブマーカーをダブルクリックすると、「タブ」ダイアログボックスが開きます。「タブ位置」が「4」と「h」を揃えた位置になっているのを確認して、「リーダー」欄で点線を選んで「Enter」キー。これだけで点線が引けます。

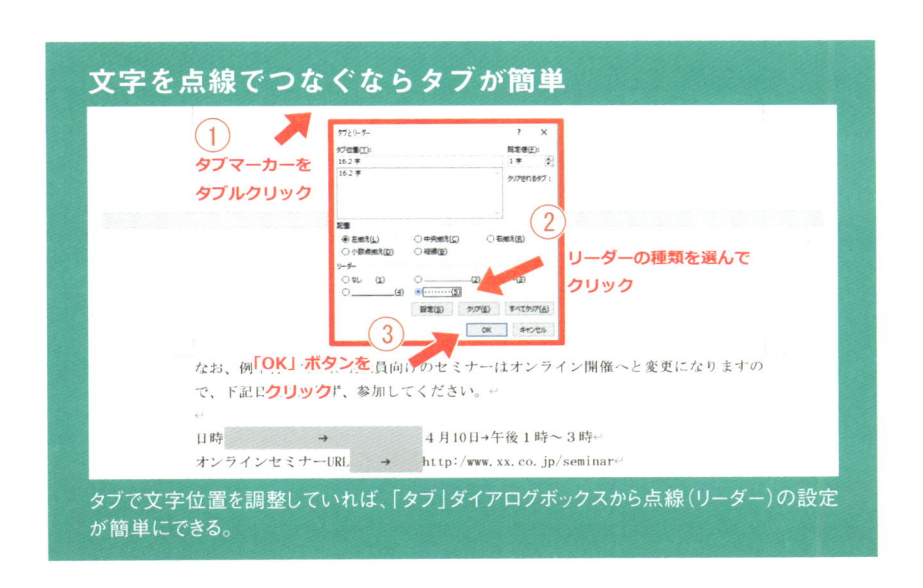

文字を点線でつなぐならタブが簡単

① タブマーカーをタブルクリック

② リーダーの種類を選んでクリック

③ 「OK」ボタンをクリック

タブで文字位置を調整していれば、「タブ」ダイアログボックスから点線（リーダー）の設定が簡単にできる。

段落の位置はインデントで揃えよう

　行の中の文字の位置はタブで揃えました。次は段落の位置です。段落の左端の位置、右端の位置、段落の1行目の行頭の位置などはインデントで揃えます。インデントには「左インデント」「右インデント」「1行目のインデント」「ぶら下げインデント」の4種類があります。

「インデントなんか使わなくても、文章の左端は揃うのが当たり前だろう」と思うかもしれませんね。ルーラーをちょっと見てください。白い部分の左端に上下の五角形と四角形の記号がありませんか。これがインデントマーカーで、インデントが設定されていることを示しています。下向きの五角形は「1行目のインデント」、上向きの五角形は「ぶら下げインデント」、四角形は「左インデント」です。つまり、Wordでは初期設定として左端にインデントが設定してあるのです（「1行目のインデント」と「ぶら下げインデント」については後述します）。

そして、ルーラーの右側にも上向きの五角形があります。これは「右インデント」で段落の右端の位置を示しています。

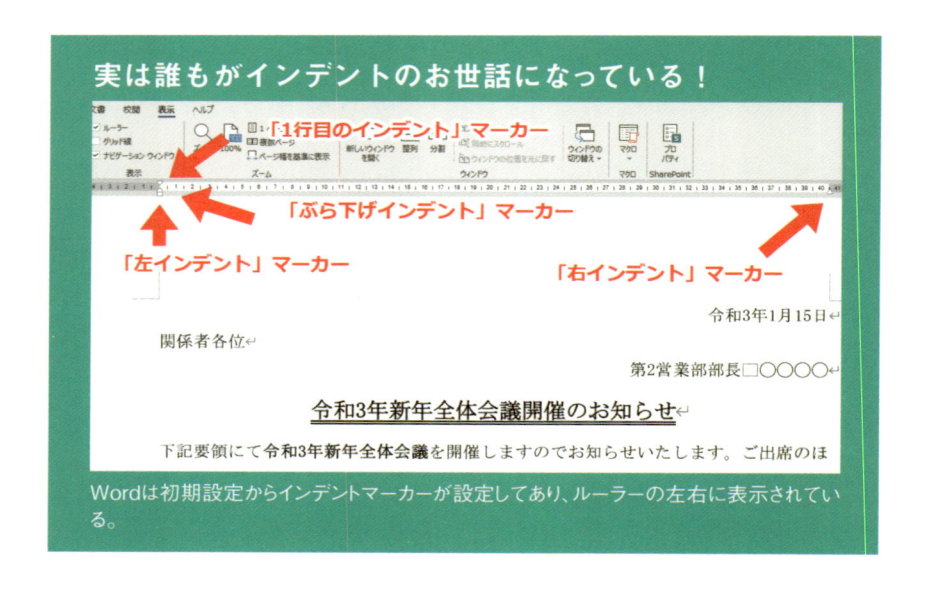

Wordは初期設定からインデントマーカーが設定してあり、ルーラーの左右に表示されている。

このように、Wordを使っている人なら誰でもインデントのお世話になっています。何の設定もせずに、いきなり文字を入力しても文章の左右の端が揃うのはインデントのおかげです。これまでWord任せにしていたインデントの位置を自分で決められるようになれば、レイアウトの自由度が上がります。

「左インデント」を設定して開始位置を決める

　今度は手始めに段落の左端の位置を変えてみましょう。
「左インデント」の設定です。まず、左端の位置を設定する段落にカーソルを置きます。これから入力する場合は空白行の先頭にカーソルを置くだけでOK。「左インデント」はルーラーの左端にある四角形でした。これにマウスを合わせて右にドラッグします。すると上下の五角形のマーカーも一緒に動きますが、そのままでかまいません。すでに文字を入力してある段落なら、マーカーの移動にともなって段落の左端が変わるのがわかるでしょう。これから入力する段落なら、カーソルが左に移動し、文字は「左インデント」の位置から入るようになります。

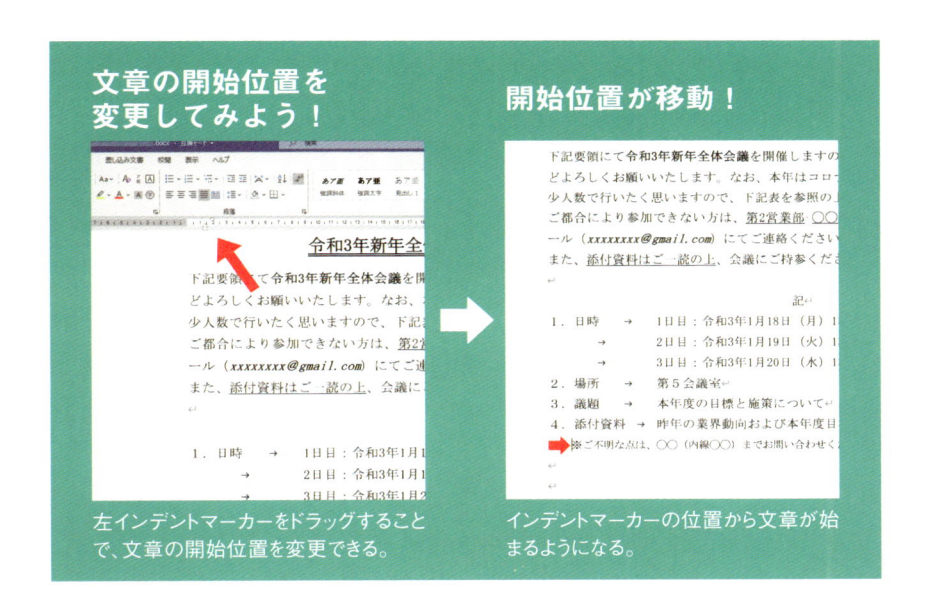

文章の開始位置を変更してみよう！

左インデントマーカーをドラッグすることで、文章の開始位置を変更できる。

開始位置が移動！

インデントマーカーの位置から文章が始まるようになる。

「右インデント」を設定して終わり位置を決める

　続いて「右インデント」の設定です。

1 行の文字数を減らして用紙の右側にスペースを作りたいときに、1 行ごとに改行していませんか。この方法では文字を追加したり削除したりすると右端の位置が変わってしまうので、とても不便です。

　正確に効率よく段落の右端の位置を変えるには、「右インデント」を使います。「右インデント」もマーカーをドラッグするだけで設定できます。

左右のインデントを解除して標準に戻す

　左右のインデントは、インデントマーカーを元の位置までドラッグすると解除できます。元の位置はルーラーの白色と灰色の境です。

　ドラッグでは微妙にズレて戻しにくければ、「レイアウト」タブの「インデント」欄を使ってください。「左」「右」を「0 字」にすると戻せます。

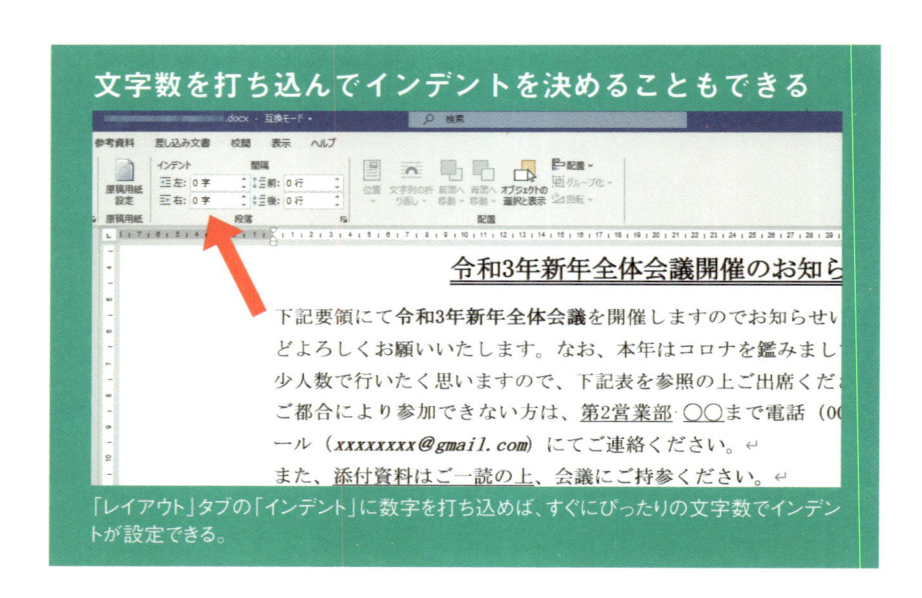

「レイアウト」タブの「インデント」に数字を打ち込めば、すぐにぴったりの文字数でインデントが設定できる。

　インデントは段落ごとの設定なので、前の段落で左右のインデントを変えて、次の段落で設定を戻すというような使い方も可能です。

段落の先頭は「1行目のインデント」で字下げする

段落の先頭は1文字分下げるものですが、空白を使わずに段落の先頭を字下げする方法があります。これにもインデントを使います。今度は「1行目のインデント」です。

「1行目のインデント」のマーカーは、ルーラーの左側にある下向きの五角形です。段落の左端の位置は変えずに字下げだけをする場合は、設定する段落にカーソルを合わせてから、このマーカーを右にドラッグしてください。

1行目の1字下げも必ずインデントで設定しよう

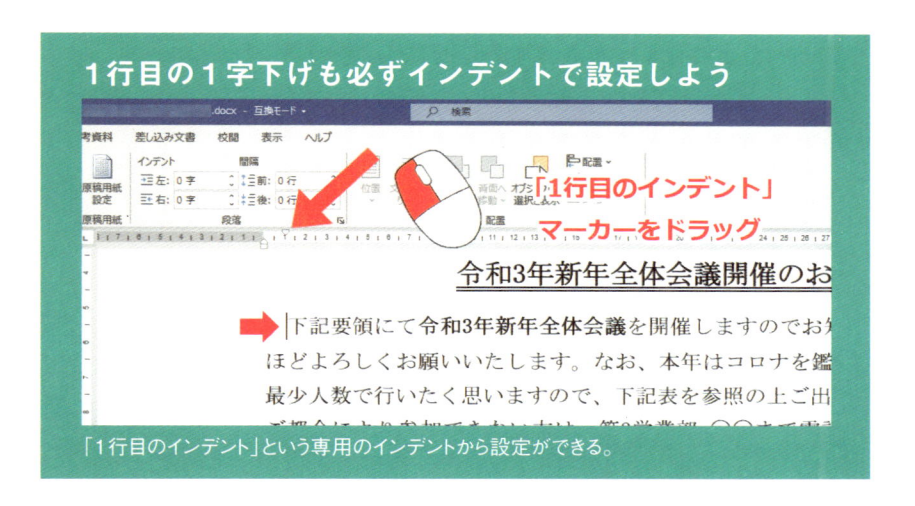

「1行目のインデント」という専用のインデントから設定ができる。

「ぶら下げインデント」で
わかりやすいレイアウトにする

次のようなレイアウトは誰でも見たことがありますよね。

インデント	段落単位で文字位置を指定する機能です。インデントには4つの種類があります。

このように、段落の1行目と2行目以降の左端位置を変えたいときには「ぶら下げインデント」を使います。1行目の行頭は「左インデント」の位置、2行目以降の行頭は「ぶら下げインデント」の位置に揃います。

　「ぶら下げインデント」のマーカーは上向きの五角形です。このマーカーをドラッグすると、四角形の「左インデント」のマーカーも移動します。「1行目のインデント」のマーカーは左端の位置に残りますから、「1行目の行頭は左端から始まることになります。

　文字を入力しながら、「ぶら下げインデント」を設定してみましょう。まず、左端から文字を入力します。47ページの例では「インデント」です。「ト」の次にカーソルがある状態で、「ぶら下げインデント」のマーカーを右にドラッグして2行目以降の行頭位置を決めます。続いて「段落単位で」のような文章を入力すれば2行目以降の行頭が揃います。

　そして「Enter」キーで改行すると、カーソルは「1行目のインデント」の位置に移動し、上の例では「インデント」の「イ」と同じ位置から文字を入力できます。たとえば「右揃え」と入力しましょう。続いて「Tab」キーを押すと「ぶら下げインデント」の設定位置にカーソルが移動するので文章を入力するという具合になります。

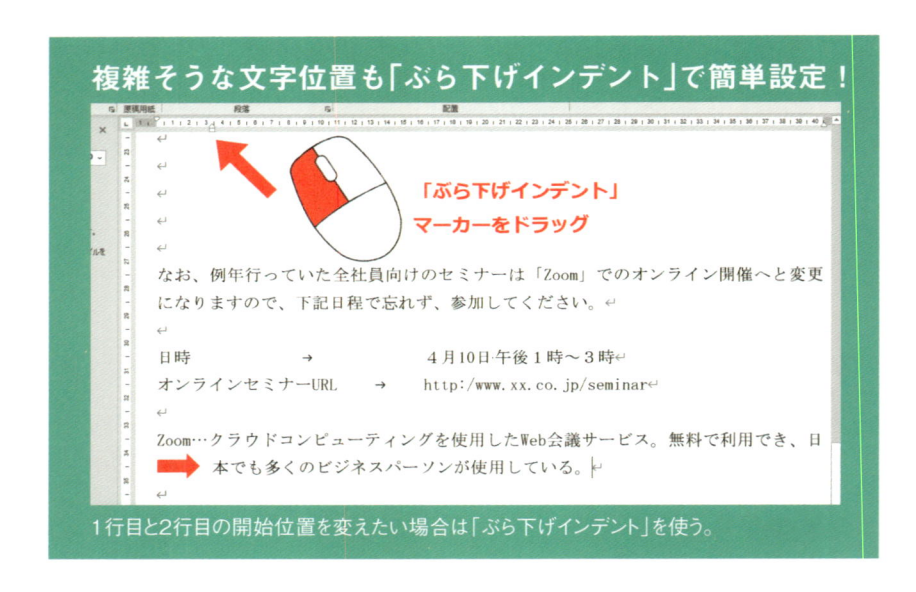

複雑そうな文字位置も「ぶら下げインデント」で簡単設定！

「ぶら下げインデント」
マーカーをドラッグ

なお、例年行っていた全社員向けのセミナーは「Zoom」でのオンライン開催へと変更になりますので、下記日程で忘れず、参加してください。

日時　　　　　　　　→　　　4月10日 午後1時〜3時
オンラインセミナーURL　　→　　http://www.xx.co.jp/seminar

Zoom…クラウドコンピューティングを使用したWeb会議サービス。無料で利用でき、日本でも多くのビジネスパーソンが使用している。

1行目と2行目の開始位置を変えたい場合は「ぶら下げインデント」を使う。

色は「赤」「青」「黒」の3色にとどめるべし！

文書でも表でも、特に強調したい箇所に色をつけることがあります。Word の文書で文字を赤色の太字にしたり、Excel の表でセルを薄い青にするなど色を使って強調するのはよくあることです。しかし、それが本当に効果を発揮しているでしょうか。スマートな資料を作るための色の使い方について考えてみましょう。

資料がカラーかモノクロか意識すべし！

色を使うときに最初に考えなければならないのは、その資料は印刷するのか、色はカラーかモノクロかということです。

資料をまったく印刷しないというケースは少ないかもしれませんが、セミナーや講演などでは資料をダウンロード配布することもあります。この場合は「印刷しない」と考えてもよいでしょうし、印刷しなければディスプレイ上で見るので色をつけてもかまいません。

最終的に印刷する資料を作る場合は、カラー出力かモノクロ出力かに応じて色の使い方を考える必要があります。色をつけた資料をモノクロ出力すると、色がグレーの濃淡に変わったり網掛けになったりします。このため、強調したくて色をつけているのに文字がくすんで見えたり、セルの色が濃すぎて数字が見えなくなるなど、逆効果になりがちだからです。

モノクロ出力する資料は、最初からモノクロで作る、色を使うならグレーの濃淡程度にするというのが原則です。

これに対してカラー出力なら、安心して色を使えると思うかもしれま

せんが、色をつけた資料でも、状況に応じてカラーとモノクロの出力を使い分けることもあります。社内資料用はモノクロ、客先に提出する資料はカラーにするのは多くの組織でやっているでしょう。このような場合に肝心なのは色数を増やしすぎないことです。グレーのグラデーションや網掛けの種類が増えて見づらくなるためです。

カラーで作った表もモノクロだと台無し！

部署別参加日

日付	時間	対象部署
1月18日	13:00〜	第1営業部、総務部、企画部
1月19日	13:00〜	第2営業部、経理部、人事部
1月20日	13:00〜	第3営業部、法務部、開発部

なお、例年行っていた全社員向けのセミナーは「Zoom」でのオンライン開催へ

頑張ってカラフルにした表でもモノクロで出力すると、かえって見づらくなる。

カラフルにしすぎず、最大で3色にとどめる

Excel でよくやりがちなのがセルの色分けです。表を見やすくするつもりで、営業所ごと商品ごとに色を変えるようなことはしていませんか。たとえば商品が 10 種類あったとしましょう。1 つの表の中で識別しやすさを考えながら 10 色を使うのは、かなり至難のワザです。色彩について何も知らない素人ならなおさらでしょう。その結果、10 種類の色は使ったものの、なんだか色ばかりが目立って、内容が頭に入らない、そもそも色がうるさくて見る気がしないような表になってしまったりします。

出力の点からいっても、表の見やすさからいっても、色は使いすぎないほうがよいのです。

それでは、資料を作るのに何色くらい使えばいいのかということになります。1色目として必須なのは「黒」。これは誰も異論がないところでしょう。強調する部分を除き、普通に使う色は「黒」です。文書で文字全体を緑色にするような色使いをするのは、よほどデザイン性が必要な場合だけです。ベースとなる文字や数字は「黒」にしましょう。

次に、文字を強調するのに使う色ですが、これは「赤」と「青」がおすすめです。どちらかといえば赤のほうが目立つことは確かですが、強調するための色としては、どちらを使ってもかまいません。暖色系でまとめたければ赤、クールな雰囲気を出したいときは青のようにしてもよいですし、長所は赤、短所は青のような使い方もあります。

気をつけていただきたいのは、赤も青も Excel のセルにつける色として使ってはいけないことです。色が濃すぎて文字や数字が見づらいからです。赤、青、黒の3色はあくまでも文字色として使ってください。

また、この3色は「色を使いすぎない」という観点からのおすすめの色です。コーポレートカラーを使う、あるいはコーポレートカラーに映える色を使う、プロダクトのテーマカラーを使うなどの考え方もあるでしょう。また、次に紹介するように Excel でセルに淡色を使うことも実際にはあるはずです。いずれの場合でも色数は3つくらいに収めたほうが効果的です。

色には「標準の色」と「テーマの色」がある

Word では文字色を赤や青にするだけでキーワードを目立たせることができます。しかし、Excel の表ではセルに色をつけて目立たせたいと思うこともあるはずです。Excel でセルに色をつけるときには、中の数値や文字が見やすいように淡色を使うのが一般的ですし、おすすめでもあります。

ところで、セルの色でも文字の色でも、色のパレットを表示すると「標準の色」と「テーマの色」に分かれていることに気づいているでしょう

か。「標準の色」はどのテーマでも変わらない色です。一方、「テーマの色」のほうはテーマによって変わる色です。

　Word や Excel では、通常は「Office」というテーマが使われています。PowerPoint を使う人は、スライドのデザインを選ぶことを思い出してください。このときにテーマも同時に選んでいるためにフォントや使える色が決まってきます。テーマはフォントや色、画像の効果の組み合わせであり、テーマに応じて使える色が「テーマの色」です。

　Word や Excel でテーマを変えることはほぼありませんが「テーマの色」はテーマによって変わる可能性があることを覚えておきましょう。たとえば、Excel のグラフを PowerPoint にコピーすると色が変わることがありますね。これはテーマが違うからです。テーマの色は 2010 以前の古いバージョンの Word や Excel と、それ以降とでも異なります。たとえば、Word2010 でオレンジ色だった文字をコピーして Word2019 の文書に貼り付けると緑色になるといった具合です。

　一方、標準の色はどのテーマでも、どのバージョンでも変わらないという長所があります。しかし、こちらの色にも問題はあります。とにかく色が濃いことです。赤と青はおすすめの色といっても、青のセルに赤い文字のような配色はしないほうが無難です。

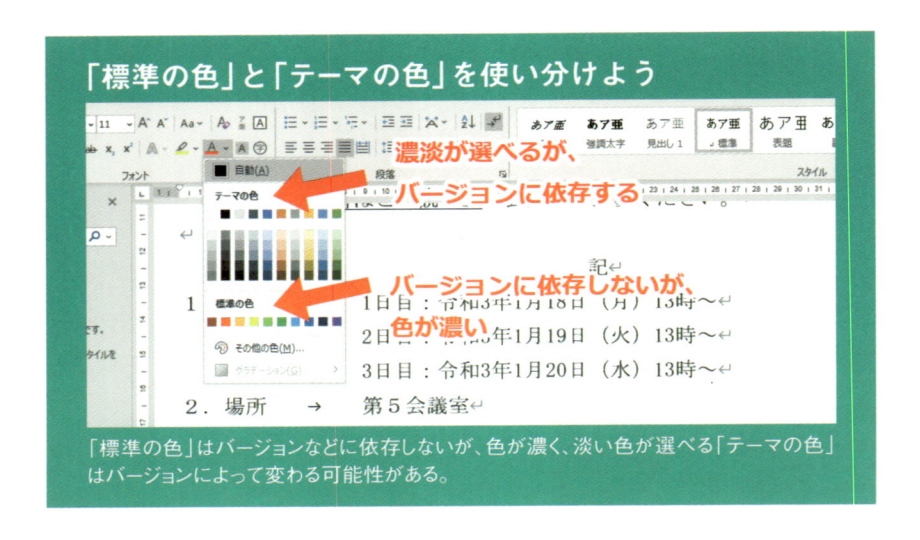

「標準の色」はバージョンなどに依存しないが、色が濃く、淡い色が選べる「テーマの色」はバージョンによって変わる可能性がある。

色の使い方のルールを決めよう

　資料で使う色は、赤、青、黒の3色がおすすめというお話をしました。そしてテーマの色は変わることもあるという説明もしました。これでは、使う色に制限が出そうと感じているかもしれませんが、色は数とルールを決めれば効果的に使えます。思いつきで色をつけるのではなく、Excelの表では、小計、合計の欄は常に淡い緑色にするとか、Wordの文書ではタイトルにコーポレートカラーを使うというようなことです。このようなルールは、個人だけで持つことも有効ですが、部署内で相談してルールを決め、共有すると資料のデザインを統一できます。

　資料のデザインを統一することの利点は2つあります。1つは、どの色を使うかを悩まずに済むことです。「強調文字は青」というルールになっていれば、赤か青かで迷うことなく色をつけられて、結果的には資料を作成する時間の短縮も図れます。

　2つ目は、部署内の誰が見ても資料が理解しやすくなることです。たとえば小計や合計の欄は淡い緑色、と決まっていたら、淡い緑色を目印に数字を追えば、売上や経費などの概要をつかめるようになるので、表を見る時間も短縮できます。

　このように、色の使い方を決めるだけで資料がスマートで見やすくなり、作成するのもラクになるのです。

BEFORE

令和3年1月15日

関係者各位

第2営業部部長□○○○○

令和3年新年全体会議開催のお知らせ

下記要領にて令和3年新年全体会議を開催しますのでお知らせいたします。ご出席のほどよろしくお願いいたします。なお、本年はコロナを鑑みまして日程を3回に分けて最少人数で行いたく思いますので、下記表を参照の上ご出席ください。ご都合により参加できない方は、第2営業部 ○○まで電話（000-000-0000）またはメール（xxxxxxxx@gmail.com）にてご連絡ください。また、添付資料はご一読の上、会議にご持参ください。

□□□□□□□□□□□□□□□□□記

1．日時□1日目：令和3年1月18日（月）13時～
　　　　2日目：令和3年1月19日（火）13時～
　　　　3日目：令和3年1月20日（水）13時～
2．場所□第5会議室
3．議題□本年度の目標と施策について
4．添付資料□昨年の業界動向および本年度目標案
※ご不明な点は、○○（内線○○）までお問い合わせください。

部署別参加日

日付	時間	対象部署
1月18日	13:00～	第1営業部、総務部、企画部
1月19日	13:00～	第2営業部、経理部、人事部
1月20日	13:00～	第3営業部、法務部、開発部

なお、例年行っていた全社員向けのセミナーは「Zoom」でのオンライン開催へと変更になりますので、下記日程で忘れず、参加してください。

日時□4月10日□午後1時～3時

オンラインセミナーURL□http://www.xx.co.jp/seminar

Zoom…クラウドコンピューティングを使用したWeb会議サービス。無料で利用でき、日本でも多くのビジネスパーソンが使用している。

以下、資料となります。

前年度の目標に関しましては業界全体と同様、前年度より30パーセント減少いたしました。主要部門別では、○○部門が25パーセント減、○○部門が15パーセント減、○○部門が35パーセント減となります。対策として仕入れ価格の見直し、工場の稼働時間の見直しなどを行いました。しかしながら、芳しい結果は出ず、業界他社と比べて

**FTER**

令和3年1月15日

関係者各位

第2営業部部長□○○○○

令和3年新年全体会議開催のお知らせ

下記要領にて**令和3年新年全体会議**を開催しますのでお知らせいたします。ご出席のほどよろしくお願いいたします。なお、本年はコロナを鑑みまして日程を**3回**に分けて最少人数で行いたく思いますので、下記表を参照の上ご出席ください。

ご都合により参加できない方は、<u>第2営業部</u>・○○まで電話（**000-000-0000**）または メール（<i>xxxxxxxx@gmail.com</i>）にてご連絡ください。

また、<u>添付資料はご一読の上、会議にご持参ください。</u>

記

1．日時　→　1日目：令和3年1月18日（月）13時～
　　　　→　2日目：令和3年1月19日（火）13時～
　　　　→　3日目：令和3年1月20日（水）13時～
2．場所　→　第5会議室
3．議題　→　本年度の目標と施策について
4．添付資料 → 昨年の業界動向および本年度目標案
※ご不明な点は、○○（内線○○）までお問い合わせください。

部署別参加日

日付	時間	対象部署
1月18日	13:00～	第1営業部、総務部、企画部
1月19日	13:00～	第2営業部、経理部、人事部
1月20日	13:00～	第3営業部、法務部、開発部

なお、例年行っていた全社員向けのセミナーは「Zoom」での**オンライン開催**へと変更になりますので、下記日程で忘れず、参加してください。

●→ 日時□4月10日→ 午後1時～3時
●→ オンラインセミナーURL□<i>http://www.xx.co.jp/seminar</i>

Zoom…クラウドコンピューティングを使用したWeb会議サービス。無料で利用でき、日本でも多くのビジネスパーソンが使用している。

以下、資料ページとなります。

―――――――――――改ページ―――――――――――

POINT

1 強調したい文字列は太字にする
文字列を選んで「Ctrl」キー＋「B」キーを押すと太字になる。

2 文字列に下線をつけて目につきやすくする
文字列を選んで「Ctrl」キー＋「U」キーを押すと一重下線がつく。

3 意味を持たせたい文字列は斜体がおすすめ
文字列を選んで「Ctrl」キー＋「I」キーを押すと斜体になる。

4 長い文章は適度に改行する
区切りのよいところで「Enter」キーを押して改行する。

5 段落の前に空白行を入れると読みやすい
段落をクリック→「Ctrl」キー＋「0」キーを押すと段落前に空白行が入る。

6 内容が大きく変わったらページも変える
「Ctrl」キー＋「Enter」キーを押して、次ページにカーソルを一気に移動。

7 タイトルの文字は大きくして目立たせる
「Ctrl」キー＋「>」キーで大きく、「Ctrl」キー＋「<」キーで小さくなる。

8 左右のインデントで段落の両端を指定する
インデントマーカーをドラッグして左端と右端を設定する。

9 段落の文頭は「1行目のインデント」で字下げする
1行目のインデントマーカーを右へドラッグすると、字下げできる。

10 用語説明には「ぶら下げインデント」を使う
2行目以降の開始位置は、「ぶら下げインデント」で指定できる。

11 色の効果を上げるには、色数を抑える
文字色は「赤」「青」「黒」の3色がおすすめ。

2章

百聞は一見にしかず！
Excelの達人になれる
最速のコツ

Excelをただ枠の中に数値や文字を入れるソフトとは思ってない
でしょうか？　そうであれば、表計算ソフトであるExcelの機能
を１パーセントも使えていません。本章を読めば、今までExcel
を敬遠していた人もその便利さを堪能することができます。

セルに収まりきらない文字の処理で書類作成のセンスが問われる

　Excel は文書作成ソフトとして知られる Word よりもはるかにとっつきにくく、触ったことのない初心者にとっては、ある程度勉強しないとスマートな資料を作るのが難しいソフトです。あまりスマートには見えない資料しか作れなくても、改善方法がわからず、なんとなく「こんな感じでいいか」と、済ませてしまっている人も多いでしょう。

　この章では、Excel 初心者向けに、今すぐ簡単に、資料をよりスマートに見せられるようになる必須テクニックを紹介していきます。

セルから文字がはみ出しているのは不格好

　まず、マスターしてもらいたいテクニックは、初心者にありがちな「セルに収まりきらない文字」の処理です。ファイルのセルを選択すれば見ることができるので、放置している人もいるのではないでしょうか。

　また、Excel 初心者には、「Space」キーで空白を入れて改行し調整する人もいるでしょう。文頭を揃えることができ、見栄えはさほど悪くないのですが、この処理方法にはやはり問題があります。

　セル内の値をコピー＆ペーストして、違うセルに同じ内容を貼り付けた場合、スペースで調整してしまうと、前のセルと新しいセルの幅が異なるときに、再調整が必要になってしまいます。

　また、セルの幅を変えたくなったときにも同様の問題が生じます。セルの幅を変えた瞬間に、空白の位置がズレてしまうからです。

　相当な数の入力を済ませていた場合、再びスペースによる調整が必要になってしまいますが、こんな修整をしないで済む方法が 4 つあります。

セルに文字を収める4つの方法

　まず、1つ目の方法は、「Alt」キー＋「Enter」キーで改行する方法です。これは、セル内の文字の文頭だけを揃えたい場合に有効です。

　実はExcelでは「Alt」キー＋「Enter」キーのショートカットキーを使うことでセル内の文字列を改行することができるのです。当然、コピー＆ペーストした場合でもセル内改行は残ります。ぜひこのテクニックを覚えてください。

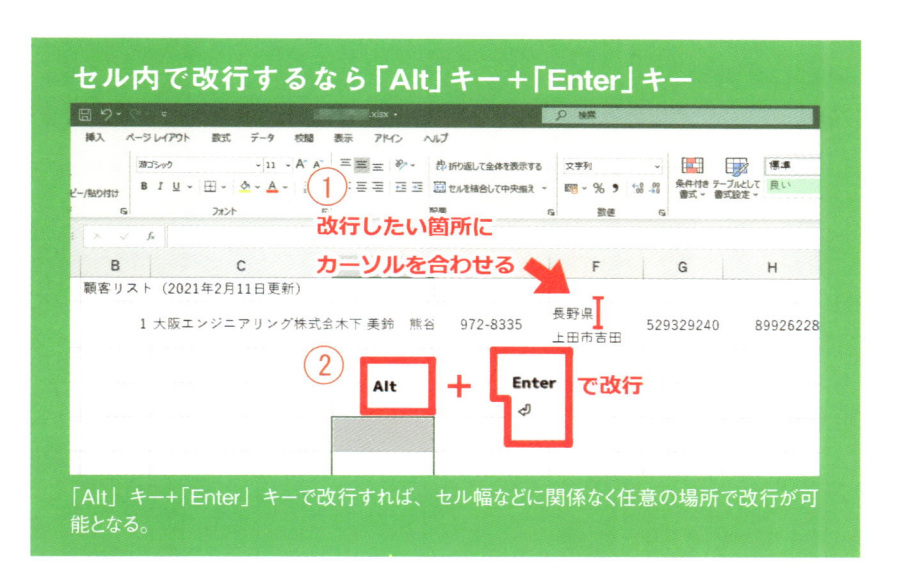

「Alt」キー＋「Enter」キーで改行すれば、セル幅などに関係なく任意の場所で改行が可能となる。

　次は、「折り返して全体を表示する」という機能です。

　たとえば、セル内に入力された「○○県△△市□□町1-2-3-456」という住所が、「市」までしか表示されていない場合、文字列の途中を折り返して表示することができます。

　方法はセルを選択した状態で、「ホーム」タブにある「配置」の「折り返して全体を表示する」というボタンをクリックするだけです。すると、セル内の文字列が折り返され、全体が読める状態になります。ただし、折り返し位置を選ぶことはできません。

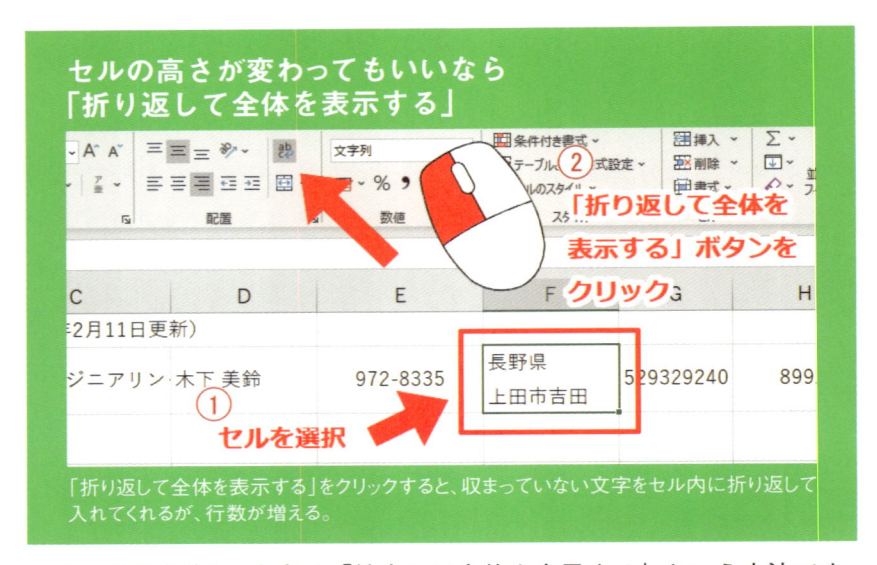

セルの高さが変わってもいいなら
「折り返して全体を表示する」

「折り返して全体を表示する」をクリックすると、収まっていない文字をセル内に折り返して入れてくれるが、行数が増える。

3つ目の方法は、文字を「縮小して全体を表示する」という方法です。

これは、元々の列の幅を変えずに、入力された文字を縮小して、全体を表示する方法です。まず、文字列を縮小したいセルを選択したら、「配置」をクリックします。「セルの書式設定」ダイアログボックスが開きますので、「文字の制御」の「縮小して全体を表示する」というチェックボックスにチェックを入れます。

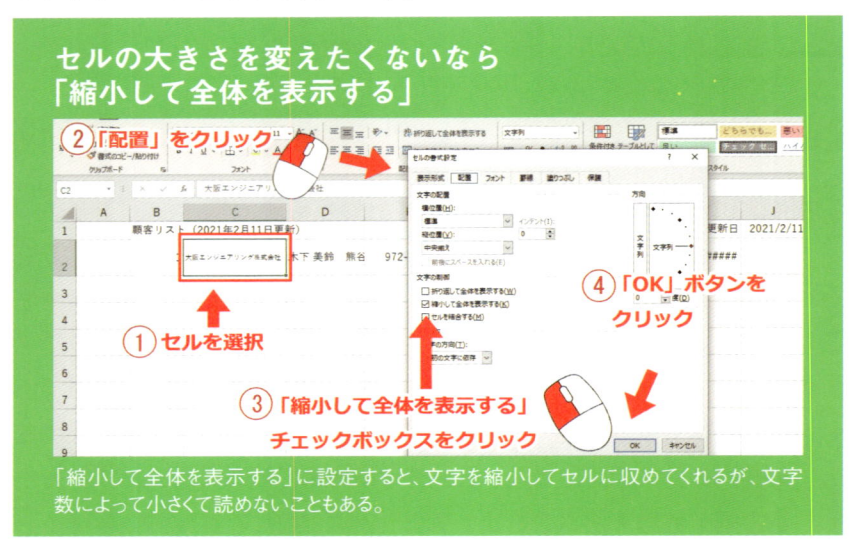

セルの大きさを変えたくないなら
「縮小して全体を表示する」

「縮小して全体を表示する」に設定すると、文字を縮小してセルに収めてくれるが、文字数によって小さくて読めないこともある。

セルに収まるように文字列が縮小されますが、このやり方には1つ問題があります。それは、入力した文字列が長すぎた場合、文字のサイズが小さくなりすぎてしまうことです。

この問題は、2つ目の方法と組み合わせることで解決できます。つまり、まず「縮小して全体を表示する」を適用し、見づらいレベルまで文字が小さくなってしまったセルには「折り返して全体を表示する」を適用すればよいのです。

このように、基本的には文字列の縮小率を上げて文字全体を表示させながら、例外的に文字数が多いセルだけを折り返すことで、資料の見栄えがよくなるだけでなく、作業も効率化されます。

ただ、このテクニックを使う上で気をつけることがあります。それは適用の順番です。「折り返して全体を表示する」を適用したあと、「縮小して全体を表示する」を適用しようとしてもできないのです。

もし、特定のセルにその2つを適用したいのであれば、列全体に対して「縮小して全体を表示する」を適用したあとに、個別のセルに対して「折り返して全体を表示する」を適用してください。

ちなみに、「縮小して全体を表示する」を設定した列全体は、セルの幅を変えると自動的に文字の縮小率も変わるようになっています。

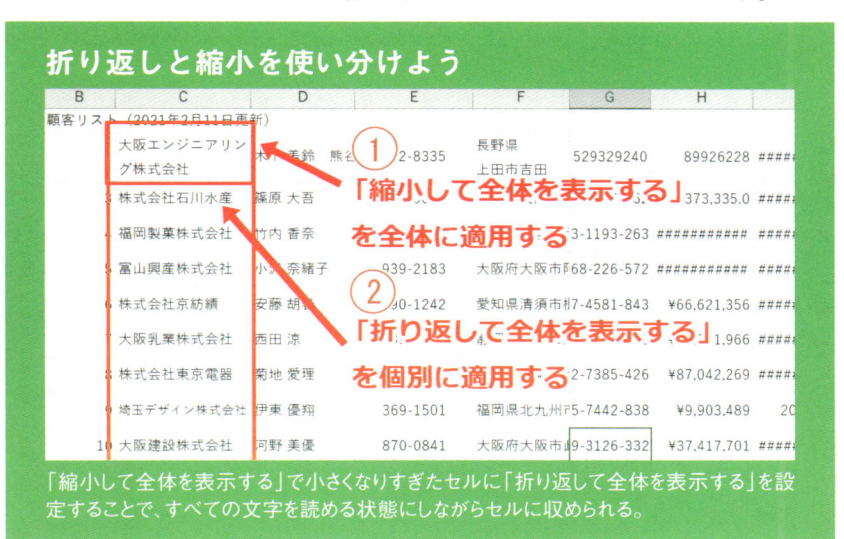

折り返しと縮小を使い分けよう

「縮小して全体を表示する」で小さくなりすぎたセルに「折り返して全体を表示する」を設定することで、すべての文字を読める状態にしながらセルに収められる。

セルに収まりきらない文字を処理する4つ目の方法は、「セルを結合する」です。この方法を使うと、セルの幅と高さを変えることなく、セルに入力されたすべての文字を表示させることができます。

　複数のセルを選択した状態で、「ホーム」タブにある「配置」の「セルを結合して中央揃え」ドロップダウンメニューをクリックし、「セルの結合」を選びます。なお、「セルを結合して中央揃え」をクリックすると、セルが結合され、文字列が結合後のセルの中央に揃います。

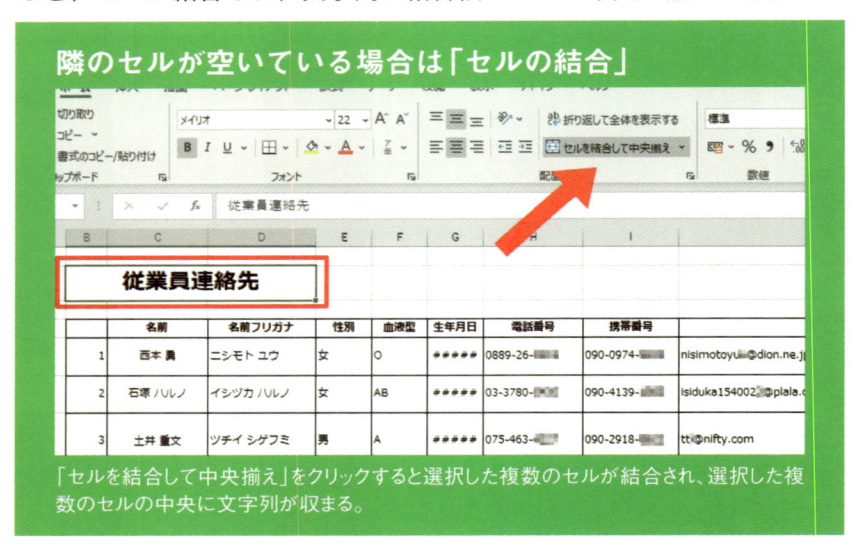

隣のセルが空いている場合は「セルの結合」

「セルを結合して中央揃え」をクリックすると選択した複数のセルが結合され、選択した複数のセルの中央に文字列が収まる。

「＃＃＃＃」と表示されるのはなぜ？

　Excel で入力していると、「＃＃＃＃」と表示されてしまうことがあります。または、「1.235E ＋ 10」のような「数値 E ＋数値」という数字と文字と記号の組み合わさったものが表示される場合もあります。

　この表示エラーの原因は主に2つあります。まず1つ目は、9桁を超える数字を入力し、そのあとセルの幅を狭くした場合です。

　この場合は、基本的にはセルの幅を広げることで回避することができます。列ヘッダーの右端にカーソルを合わせてダブルクリックするだけ

で入力された文字に合わせてセルの幅が自動で変更されます。ちなみに、手動でセルの幅を変えたい場合は、左右矢印マークが出ている状態で、セルの端を任意の場所までドラッグして幅を広げます。

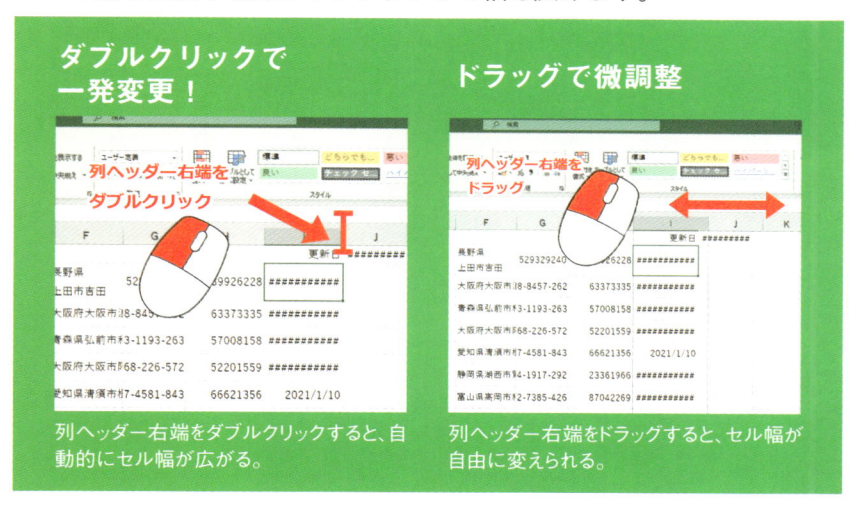

列ヘッダー右端をダブルクリックすると、自動的にセル幅が広がる。

列ヘッダー右端をドラッグすると、セル幅が自由に変えられる。

　ちなみに、「縮小して全体を表示する」でも問題の解決は可能です。ただし、そもそもセルの幅が狭すぎる場合は、文字もかなり小さくなりますので、セルの幅を広げるほうが見栄えがよくなるでしょう。

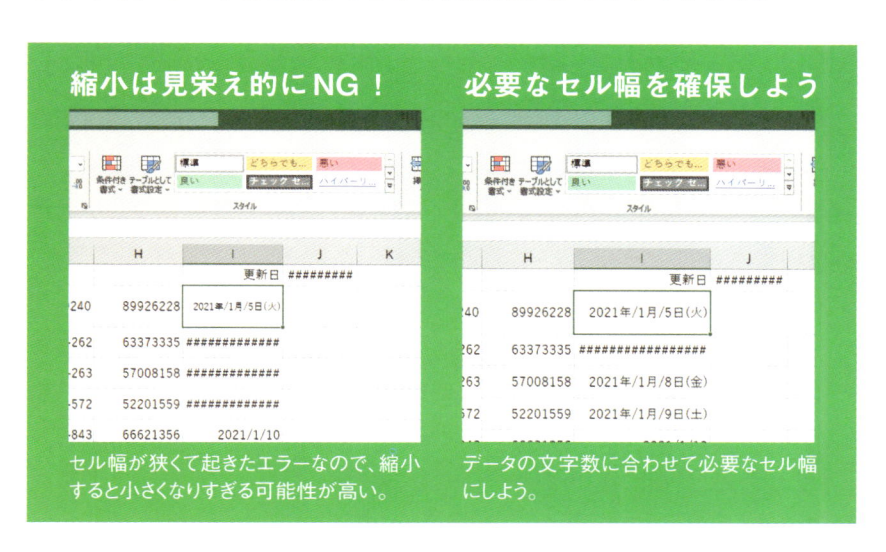

セル幅が狭くて起きたエラーなので、縮小すると小さくなりすぎる可能性が高い。

データの文字数に合わせて必要なセル幅にしよう。

２つ目の原因は、セルに日付や時刻が入力されていて、その数値が「マイナス（負）」の値になっている場合です。日付や時刻がマイナスになることはないですから、１以上の正の値である必要があります。

　入力された数値を確認し、数値を正の値に入力し直してください。

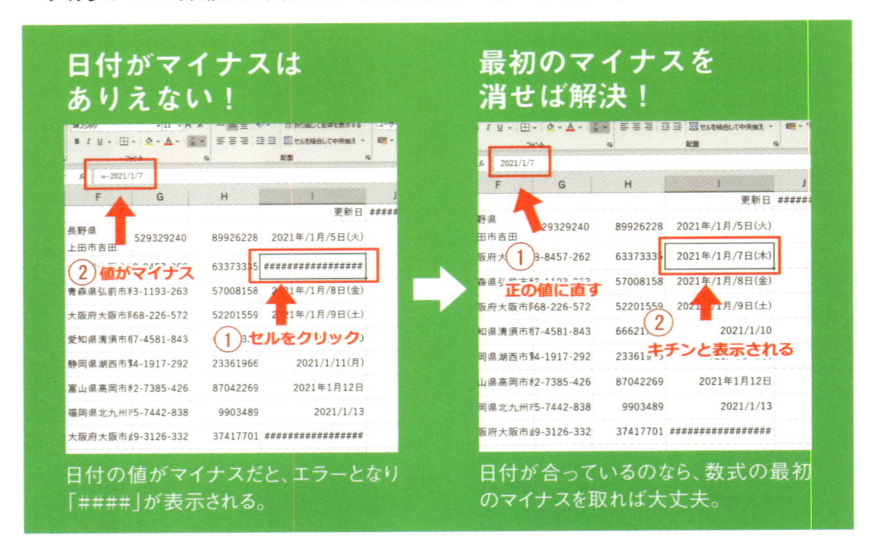

「＃＃＃＃」が表示される原因として最も多いものは、入力されている文字列が長すぎることですが、入力されている数値、または計算の結果がセルの中に収まっていたとしても、数値の表示形式が問題であふれている場合もあります。

　たとえば小数点以下の表示桁数が多い場合です。これは小数点以下の桁数を減らして対処しましょう。該当セルまたは行全体などを選択した状態で、「ホーム」タブから、「配置」の右隣にある「数値」の「小数点以下の表示桁数を減らす」をクリックしてください。こうすることで、小数点以下の桁数が減ってエラーが解消されます。

　また、日付の表示が長く「＃＃＃＃」が表示されてしまうケースもあります。その場合は「数値」の上にある「表示形式」のドロップダウンメニューから、「短い日付形式」を選択しましょう。こうすることで、「2020年12月25日」という形式から「2020/12/25」という形式に変わり、「＃＃＃＃」のエラーが解消されることがあります。

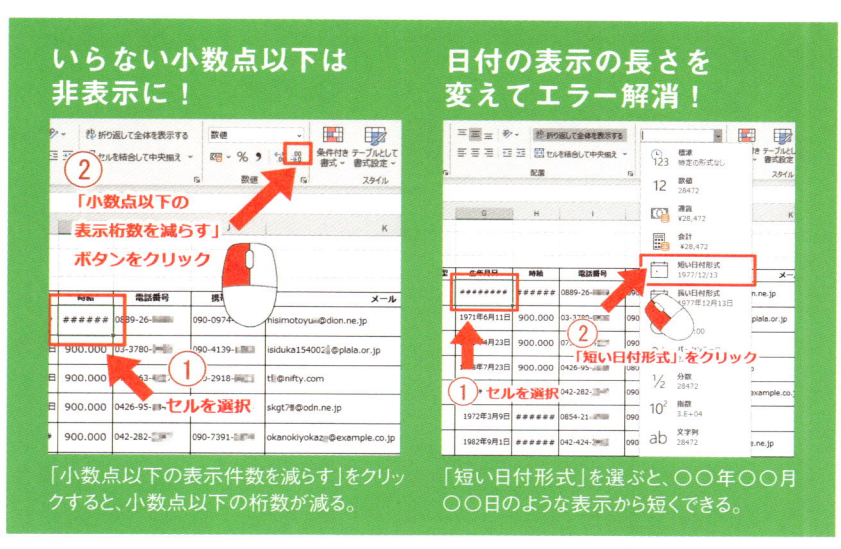

「小数点以下の表示件数を減らす」をクリックすると、小数点以下の桁数が減る。

「短い日付形式」を選ぶと、〇〇年〇〇月〇〇日のような表示から短くできる。

　基本的にはセルの幅を広げることで、「＃＃＃＃」のエラーは解消されますが、原因によってはこうした工夫をすることでセルの幅を変えずに解決することもできます。

　また、「＃＃＃＃」のエラーは、パソコンの画面上だけでなく、Excel文書を印刷した場合にも、「＃＃＃＃」と表示されることがあります。この場合の解決方法は、これまでに紹介した方法と同様です。

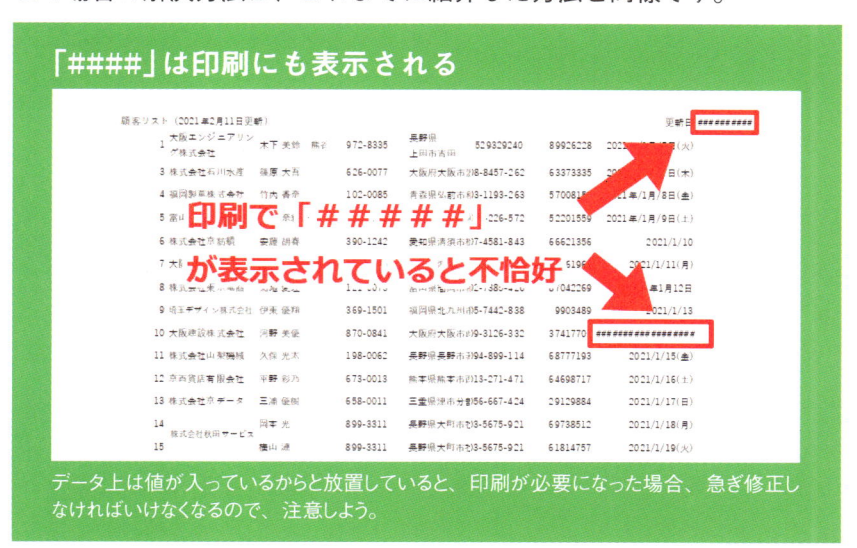

データ上は値が入っているからと放置していると、印刷が必要になった場合、急ぎ修正しなければいけなくなるので、注意しよう。

リストをデータとして活用できるようにする

Excel は、表計算ソフトです。表と聞いて、あなたは何を思い浮かべるでしょうか。ビジネスの現場では、シフト表、出勤簿、勤怠管理表などが真っ先に思い浮かぶでしょうか。もっと身近な日常的なものでは、住所録や家計簿も、いわゆる「表」に分類されます。

Excel は、そういった表を作るためのソフトであるというのが、あまり Excel を使い慣れていない人の認識だと思います。しかし、Excel は、単なる表ではなく「データベース」を作成することができるソフトでもあることをご存じでしょうか。

データベースと聞くと、多くの方は Microsoft が提供しているデータベース管理ソフト「Access」を思い浮かべるかもしれませんが、実は、Excel でもデータベースを作成することができるのです。もちろん、Access はデータベースに特化したソフトですから、Excel よりも大量のデータを保管、処理できるというメリットがありますが、それほど大量のデータでないならば Excel でも十分、データベースを作ることができるのです。

そもそもデータベースとはどんなものなのでしょうか。

データベースとは、「一定の形式で集められた情報が整理されているリスト（一覧表）」のことです。そして、データベースを作れば、さまざまな便利な機能を使うことができるようになります。

たとえば、「並べ替え」です。会社に関するデータベースを作った場合、設立年月日ごとに並べ替えるとか、株式会社と有限会社別に並べ替えるといったことができるようになります。つまり、入力したデータを自分の任意の条件に基づいて、並べ替えることが可能になるわけです。

　さらに、大量に保管された情報の中から、ある条件を満たしている一部のデータだけを取り出してくれる「抽出」も可能になります。その条件のことを Excel では「フィルター」と呼び、文字や日付、数字などを指定することでその条件に合った情報だけを抜き出してくれるのです。

　それに加えて、情報の「検索」や、関数を用いた「集計」、「グラフ作成」などの機能も使うことができるようになります。

　また、Excel には「テーブル」という便利な機能があり、上に挙げたようなデータベースに関するさまざまな機能をスムーズに使えるようになります。なおかつデータの追加もしやすくなったり、膨大な情報が管理されているデータベースをスクロールしても常に項目名が最上部に表示されたり、全体の数値を集計する作業がワンクリックで行えるようになったりします。「テーブル」機能が使えるようになるとデータベースが格段に使いやすくなるのです。

　ところが、もし、あなたが一定の形式で Excel 上に情報を入力して「リスト」を作ったとしても、それが「データベース」として認識されなければ、上に挙げた数々のデータベース機能を使うことができず、「並べ替え」ができなかったり、せっかく関数を入力したのに正しい「集計」がなされなかったりしてしまうのです。

　それでは、せっかくリストを入力したのに意味がありません。意味がないどころか、場合によっては、そのミスが原因でビジネスの現場に問題が発生してしまうこともあります。

　ですから、まず、リストというものは「データベース」として運用することが前提のものであり、Excel においていかにして情報をデータベースとして構築するか、という方法を知ることが大切なのです。

データベースにするための必須条件とは？

　Excel は、ただ何も考えずにリスト（一覧表）さえ作って情報を入力すれば、それをデータベースとして認識してくれるのでしょうか？

答えは「ノー」です。実は、あなたが作ったリストを、Excel がデータベースとして認識するためには、これから紹介するいくつかの条件を満たしていなければならないのです。

そのポイントは、大きく分けて以下の6つです。

① 先頭行に項目を入力する
② 単位は「表示形式」を設定して表示する
③ 空白行や空白列を間に入れない
④ タイトル行とリストは1行空ける
⑤ 1行に1件のデータを入れる
⑥ セル結合は避ける

これら6つの条件を満たしていない表を作ったとしても、Excel はそれを「データベース」としては認識してくれません。

ということは、かなりの労力を費やして情報を入力したのに、Excel に備わっているさまざまなデータベース機能を使うことができない状態になってしまうのです。個人として作成するリストであれ、ビジネスパーソンとして作成するリストであれ、せっかく情報を集積する手間をかけるのであれば、それをデータベースとして活用したいものです。

ここからは、あなたのリストをデータベースに変えるための6つのポイントを1つ1つ見ていきましょう。

先頭行に項目を入力する

さて、リストをデータベースとして Excel に認識してもらうために守らなければならない6つのポイント、その1つ目は「先頭行に項目を入力する」です。

初心者にありがちなミスが、リストを作るときに、最初の行からいきなり情報を入力してしまうこと。情報そのものを1行目から入力して

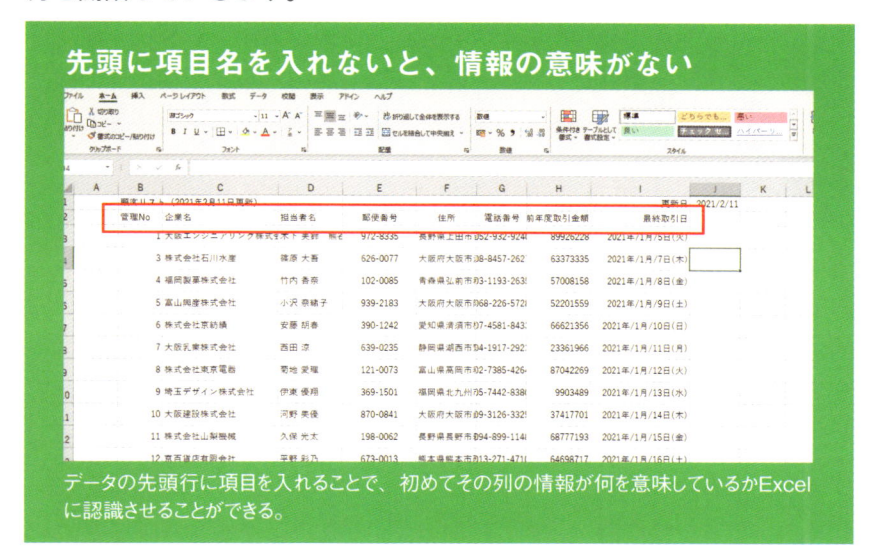

しまうと、Excelはそれをデータベースとしては認識してくれず、データベース機能が使えません。

なぜなら、セルに入力されている情報が、何を意味しているのかをExcelが認識できないと、セルとセルの関係の参照ができませんし、検索や抽出もできないからです。

ですから、まず、リストを作る際には先頭行に、「項目名」を入力してください。その列にどんな情報を入力していくのかというカテゴリーを設定して、その次の行から、情報を入力していくようにしてください。

注意したいのは、セルに項目名を入力して「Enter」キーを押すと、下のセルに改行されてしまいますので、入力が終わったら「Tab」キーを押して、カーソルを右のセルに移動させましょう。

そうして、先頭行に入力が必要な「項目名」を設定したら、情報の入力を開始していきます。

データの先頭行に項目を入れることで、初めてその列の情報が何を意味しているかExcelに認識させることができる。

単位は「表示形式」を設定して表示する

リストをデータベースとしてExcelに認識してもらうために守らな

けれはならない2つ目のポイントは「単位は『表示形式』を設定して表示する」です。

Excelでは、セルに数値を入力するとき、「単位」を表す言葉、たとえば「個」や「番」などを入力してしまうと、その数値を数値として認識してくれません。数値として認識しないということは、当然、正しい集計が行われず、計算結果はすべて「0」になってしまうのです。

これでは、せっかく情報を入力しても意味がありませんので、単位は入力しないようにしましょう。

どうしても「円」などの単位を表示させたい場合には、「ホーム」タブから「数値」の上の部分にある「表示形式」のドロップダウンメニューから表示形式を設定するという方法がありますが、その場合でもセルには単位は入力しないでください。

セルに入力された数値を、Excelが数値としてちゃんと認識してくれているかどうかは、その数値がセルのどの位置に表示されているかを見るとわかります。数値としてちゃんと認識されているならば、その数値は「右揃え」に表示されるようになりますが、数値として認識されていない場合は「左揃え」になっています。

試しに同じセルに「500」と入力した場合と、「500個」と入力した場合を比べてみてください。すると、数値だけを入力した場合は、自動的に右揃えに表示されるのに対し、数値＋単位で入力した場合は、自動的に左揃えになってしまうのがわかると思います。

数値が左揃えになっていたら、それはExcelがセルの値を数値として認識していないというサインですので、作成しているリストを見直してみてください。

また、リスト作成時にその行に対して、手動で「右揃えにする」という設定をした場合はさらに注意が必要です。この場合は、単位を入力してセルの値が数値ではなく文字列と認識されて右揃えになってしまい、大変紛らわしい状態になります。

ですので、基本的にデータベースを作る際には「単位は『表示形式』を設定して表示する」のが絶対的なルールなのだと覚えておいてください。

単位をセルに入力してはダメ

	性別	血液型	生年月日	時給	電話番号	携帯番号	メール
	女	O	1977/12/13	1000.0	088■■■		■@dion.ne.jp
	女	AB	1971/6/11	900.0	03-3780-■■■	090-4139-■■■	isiduka15400■@plala.or.jp
	男	A	1970/4/23	900.0	075-463-■■■	090-2918-■■■	t■@nifty.com
つ	男	B	1978/7/23	900.0	0426-95-■■■	080-8957-■■■	skgt■■@odn.ne.jp
	男	B	1988/12/31	900円	04■■■	90■■■	■■@example.co.jp
	女	O	1972/3/9	1010.0	0854-21-■■■	090-4257-■■	
	男	A	1982/9/1	1010.0	042-424-■■■	090-4052-■■■	ikm19■@example.ne.jp
	男	A	1986/1/15	1050.0	0598-24-■■■	070-8209-■■	
つ	男	B	1981/3/7	900.0	0573-04-■■■	070-8919-■■■	huku■@dion.ne.jp
	女	A	1978/6/5	900.0	083-644-7929		gnvk■@gmail.com

単位なし ←

単位あり ←

単位を数値に入力してしまうと、Excelが数値を正しく認識してくれなくなる。

　しかし、数値の入力には別の問題があります。

　売上管理表などをデータベースとして作成する場合、売上金額の数値の桁が多くなると一目で視認しづらくなるという問題です。「32458323」と入力されているのを見て、一目で3245万8323円と読めるでしょうか。ほとんどの人は一目ではわからないでしょう。

　そのため、データベース化に必須の条件ではないですが、桁数の多い数値を入力するときのテクニックをいくつかここでご紹介します。

　まず、「32458323」を「32,458,323」と「,（カンマ）」つきのいわゆる「桁区切り」で表示したい場合には、該当セルや列を指定して、「ホーム」タブの「数値」にある「,」のマーク、「桁区切りスタイル」をクリックすると、単なる数字の羅列が、桁で区切られた表示になります。

　このときも、「円」という単位を入力してしまうとExcelはその数値を数値として認識してくれなくなりますので注意してください。

　ただ、それでも請求書などを作成しているときに、セルの数値に「¥」を表示させたいという場合もあるかと思います。その場合は、該当セルを選択した状態で、同じく「数値」にある「通貨表示形式」のドロップダウンメニューから、自分が設定したい通貨を選んでください。すると、数値の前に「¥」がキチンと表示されるようになります。なおかつ「,」

で桁区切りしたい場合は、桁区切りも適用することができます。

　また、「32458323」のような、あまりにも桁数の大きな金額では視認性が悪いので、「千円単位」「万円単位」で表示させたい場合もあるでしょう。その場合、どの単位にするかによって微妙にやり方が変わります。「千円単位」で表示させたい場合は、「Ctrl」キーと「1」キーを同時に押して「セルの書式設定」ダイアログボックスを開き、「表示形式」というタブを選びます。次にその他の下部にある「ユーザー設定」から、「種類」というボックスに「#,##0,」と入力してください。

　これで、選択したセルの数値が千円単位で表示されるようになります。「百万円単位」の場合は、末尾に「,」を増やして、「#,##0,,」と入力すると、百万円単位の表示になります。

　「万円単位」と「億円単位」がいいという場合は、万円単位なら、同じボックスに「#,##0 万円」と入力してください。

　これで、セルの数値は「万円」単位で表示されるようになります。端数を表示させる必要がない場合や、正式な数値の横の列に「万円単位」など省略した金額を表示させたい場合、このテクニックは非常に有効です。ただし、何度も繰り返しになりますが、単位を入力してしまうとExcel はそれを数値として認識しなくなりますので注意してください。

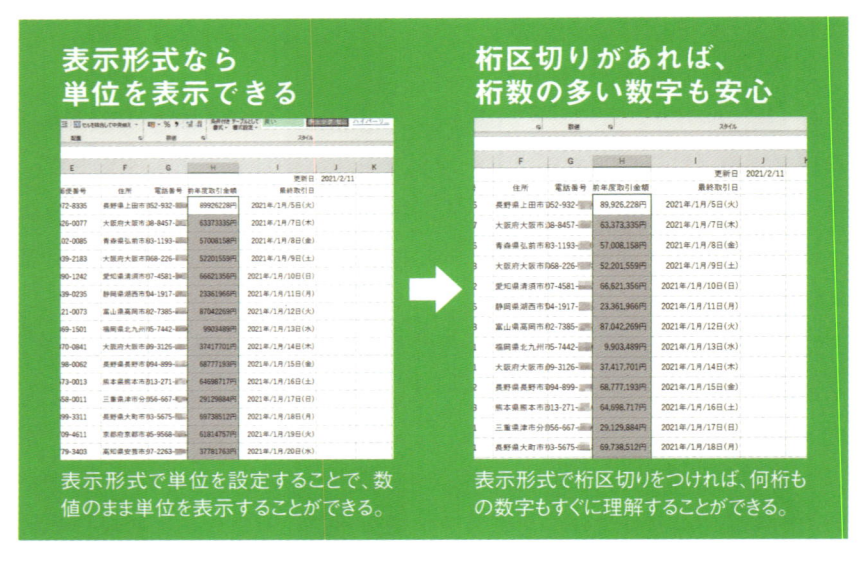

表示形式で単位を設定することで、数値のまま単位を表示することができる。

表示形式で桁区切りをつければ、何桁もの数字もすぐに理解することができる。

空白行や空白列を間に入れない

データベースとしてリストを Excel に認識してもらうために守るべき３つ目のポイントは「空白行や空白列を間に入れない」です。

データベースのデータは、基本的に「連続」している必要があります。

つまり、「行」や「列」に空白があってはいけないということです。なぜなら、Excel はデータに空白部分があってデータが連続していないと、その空白部分でデータベースが終了していると認識してしまうからです。

たとえば、行に連続するように番号を振っている状態でも、空白行を入れると、Excel はデータベースとして認識しません。仮に番号が連続していても、「行」や「列」が連続していなければ、意味がないのです。

それでは、データベースを作成していくなかで、どうしても現時点では入力する内容がないセルがある場合はどうなるでしょうか。実は空白セルがあっても、Excel はちゃんとデータベースとして認識してくれます。すべてのセルにびっしりとデータを入れる必要はないのです。

気をつけるべきは「空白行」と「空白列」だと覚えておいてください。

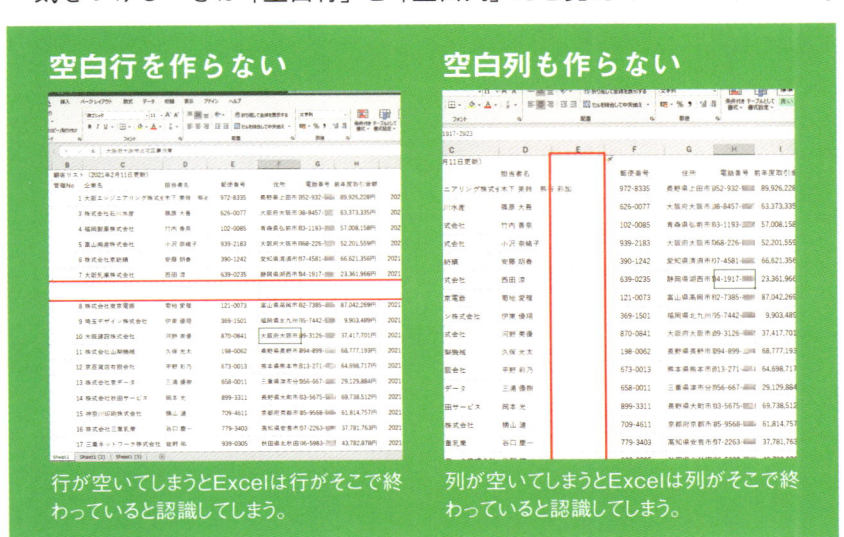

空白行を作らない

行が空いてしまうとExcelは行がそこで終わっていると認識してしまう。

空白列も作らない

列が空いてしまうとExcelは列がそこで終わっていると認識してしまう。

タイトル行とリストは1行空ける

リストをデータベースとして Excel に認識してもらうために守らなければならない、4つ目のポイントは「タイトル行とリストは1行空ける」です。これは、前の「空白行や空白列を間に入れない」というポイントに関連しています。

Excel は、データが連続していないと、データベースとして認識してくれません。そのため、空白行、空白列を入れてしまうとその箇所でデータベースが途切れて終わっていると認識されてしまうわけです。

これと同じ理由で、データベースのタイトルを入力した行と、リストが始まる行との間には、空白の行を入れる必要があります。

なぜなら、タイトル行とリスト行が連続してしまうと、Excel はタイトル行もリストに含まれている（データベースの一部である）と認識してしまうからです。

また、タイトル行だけにとどまらず、データベース以外の情報を挿入したい場合も、行を開けてリストとは離す必要があります。

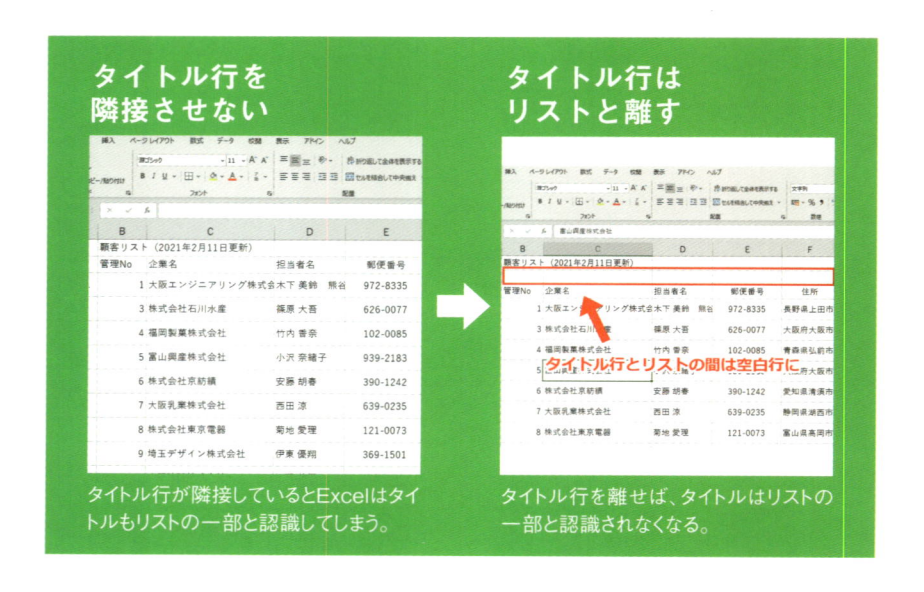

タイトル行が隣接しているとExcelはタイトルもリストの一部と認識してしまう。

タイトル行を離せば、タイトルはリストの一部と認識されなくなる。

1行に1件のデータを入れる

リストをデータベースとしてExcelに認識してもらうために守らなければならない、5つ目のポイントは「1行に1件のデータを入れる」です。

これも、Excelは「連続したデータをデータベースとして認識する」という前項で紹介したルールに関連した条件です。

1行に1件のデータを入れるとはどういうことかというと、1つのセルの中に「2つ」以上のデータを入力してしまうのはNGということです。なぜなら、Excelは1セルに1件のデータしか、データとして認識してくれないからです。

1つの会社に2つの支社がある場合でも、同じセルに支社を2つ入力してしまうと、Excelはまとめて1つのデータとして認識してしまいます。ですから、こういう場合は、支社を2つの行に分けてそれぞれ入力するようにします。

1つのセルに1つのデータ、1行に1件のデータを入力するということを覚えておきましょう。

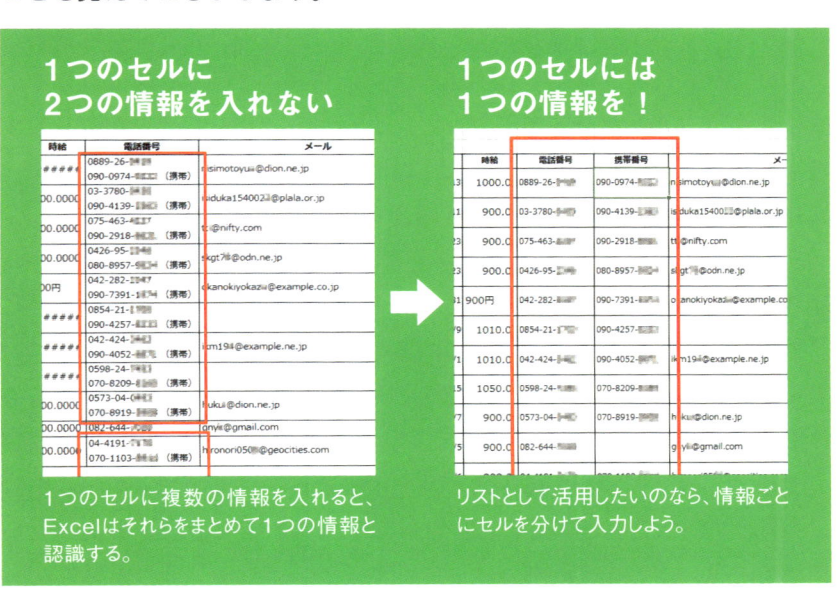

1つのセルに複数の情報を入れると、Excelはそれらをまとめて1つの情報と認識する。

リストとして活用したいのなら、情報ごとにセルを分けて入力しよう。

セル結合は避ける

　セルに収まりきらない文字の処理についての説明では、「セルの結合」というテクニックを紹介しました。

　セルを結合すると、とても手軽に見た目を整えられるために、初心者のうちはどうしても多用したくなります。しかし、リストをデータベース化する場合には、セルの結合を多用することはおすすめできません。なぜなら、いくつかのデメリットがあるからです。

　最大のデメリットは、結合された複数のセルは、それ全体で1つのセルとして認識されてしまうということです。1つのセルとして認識されてしまうと、並べ替え、検索、抽出、集計など、データベース特有の「フィルター」機能を使おうとするときに不具合が出てしまいます。

　また、結合されているセルに対して、別のセルに入力したデータをコピー＆ペーストで貼り付けようとすると、そのデータに付随しているはずの「書式」がなくなってしまいます。この書式がなくなるという不具合は、複数の列にまたがるデータをコピーして、それとは列の数が異なる場所にペーストした場合にも起こります。同様の不具合は、結合されたセルのデータを、その1列左隣のセルにペーストしても起こります。

　つまり、セルを結合してしまうと、データのコピー＆ペーストをしようとするときにエラーが出てしまう確率が非常に高くなるのです。

　そもそも、なぜ初心者はセルを結合したくなるのでしょうか？

　データベース作成時に、初心者がセルの結合を使ってしまう理由は、第1に、重複した情報を入力する手間を省こうとするからです。

　たとえば、連続したセルに同じ内容の情報を入力しなければならないとき、それが面倒なのでセルを結合して1つのセルに入力して省略しようとしてしまうわけです。

　そして、第2に、セルに入力した文字列を「中央に配置したい」場合に、「セルを結合して中央揃え」以外のやり方を知らないために、セルの結合を選んでしまうからです。

実は複数列のセルに入力した文字列を中央に配置する方法は別にあるのです。

まず、文字列を中央に配置したい複数セルをすべて選択します。次に「Ctrl」キー＋「1」キーを押して、「セルの書式設定」を開きます。「配置」タブから「文字の配置」というところにある「横位置」のドロップダウンメニューを「選択範囲内で中央」に設定します。

これで、選択した複数セルの中央に文字が配置されるようになります。

▶「Ctrl」キー ＋ 「1」キー

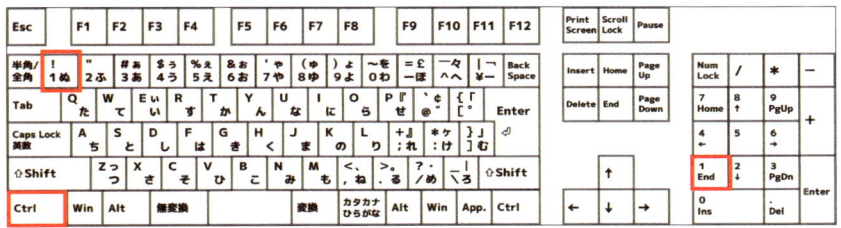

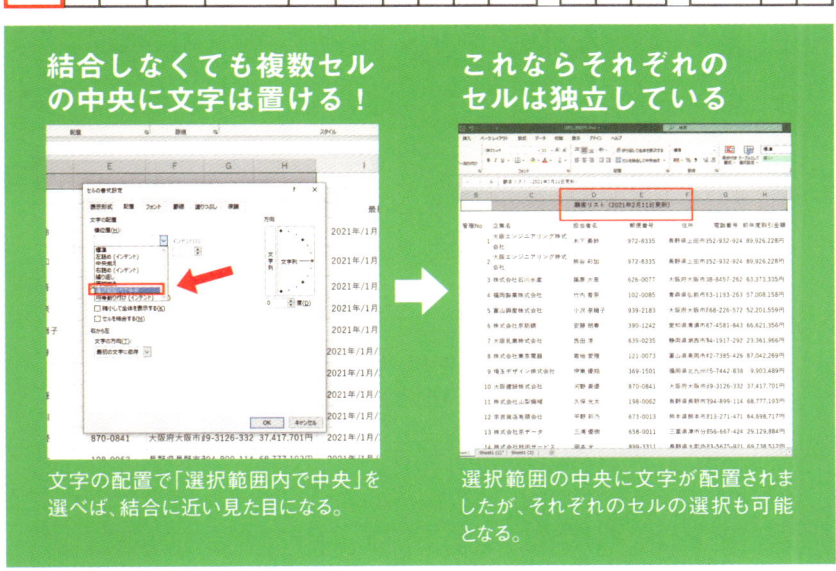

文字の配置で「選択範囲内で中央」を選べば、結合に近い見た目になる。

選択範囲の中央に文字が配置されましたが、それぞれのセルの選択も可能となる。

セルの結合をしてしまうと、Excelは結合されたセルを1つのセルとして認識し、参照するため、データベースとして不完全なものになってしまいます。

Excelのリストは、常に「参照」する可能性があるということを意識して1つ1つのセルに1件のデータを入力する必要があるのです。たとえば、関数で計算して集計しようとするときに、一部のセルだけ結合されてしまっていると、そのセルを1つのセルとして認識してしまうので集計がうまくいかなくなってしまいます。

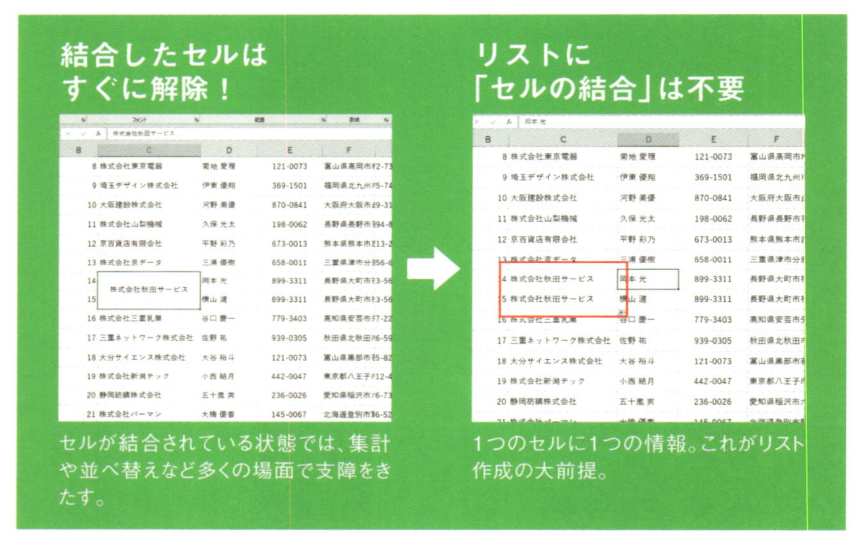

　以上、6つのポイントをしっかり守ってリストを作れば、データベースとして活用できるようになり、Excelに備わっている数多くの便利なデータベース機能を使えるようになるのです。

リストを見やすく
する方法

Excel 初心者が、リスト（一覧表）の作成のイロハを覚えて、ある程度リストの体裁を整え、それを「データベース」にするための必須条件を満たすことができたとしても、それでもまだ自分が作ったリストを人に見せるとなると躊躇するものです。

なぜなら、リストが「見やすくない」からです。ビジネスの現場で作るリストは、たいていの場合、人に見せることを前提に作るものですから、リストはある程度見やすくないといけません。

そして、その見やすさは、「あなたにとって見やすい」という独りよがりなものではダメで、「誰が見ても見やすい」状態を指します。

本項では、誰にとっても見やすいリストにするための最低限の方法をご紹介します。

① 横線だけでも罫線を使う

Excel は、デフォルトの状態でもうっすらと縦と横にセルの境界線が見えていますが、その状態で大量の情報を入力していくと、どうしても見づらくなります。項目と項目の境目がよく見えないからです。

また、印刷するとその境界線すらなくなってしまいます。そのため、罫線を引いて、セル同士、項目同士の境界線をさらにはっきりさせて、リスト全体を見やすくしましょう。

罫線の設定方法は、まず、罫線を引きたいセルや行、列を選択した状態で、「Ctrl」キー＋「1」キーを押して、「セルの書式設定」ダイアログボックスを開きましょう。すると、「罫線」というタブが出てきますので、そこをクリックし、「線のスタイル」や縦・横のどこに罫線を引くのかを指定していきます。

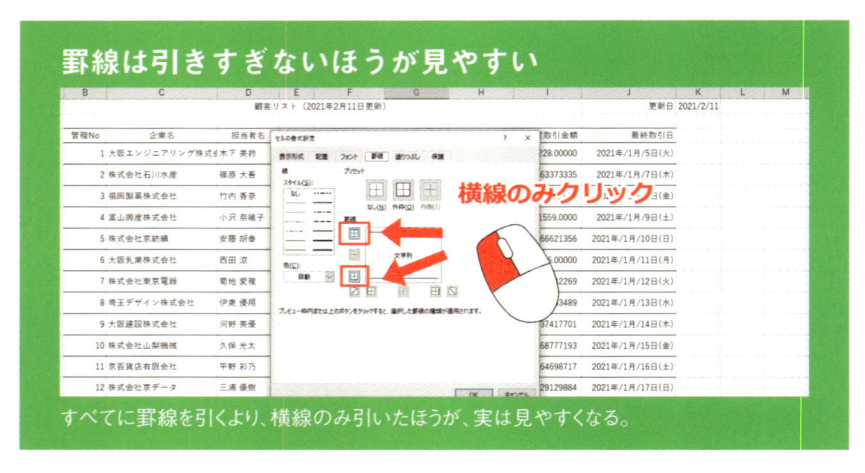

罫線の設定ができるようになりましたが、見やすいリストを作るためには、どのように罫線を引くのがベストなのでしょうか？　外枠、内側のすべてに引いてしまうというのも、罫線がないよりは見やすいのですが、かえって線が多くなって見づらくなることがあります。

そこで、おすすめなのが罫線を横線だけ引く方法です。横線だけを設定してみて、リストが見やすくなったかどうかを確かめてみてください。たいていの場合、それだけでもかなり見やすくなっているはずです。

「罫線」タブには、多くの人が引きたいと思う罫線のパターンがプリセットとして用意されています。ただし、横線のみ罫線を引く場合には、プリセットでは一括で引くことができません。横線のみというプリセットが用意されていないためです。

　横線のみ引く場合は、引きたいセルをすべて選択した状態で、「罫線」の中ほどにある「罫線」という項目の横線ボタンを選んで「OK」をクリックします。これで、横線だけの罫線を引くことができました。

　一部に縦の罫線も引いたほうが見やすくなるようでしたら、別途、縦の罫線を引く設定をするとよいでしょう。

②　最初の列と行は空ける

　罫線を引くなら、併せて気をつけたいのが、最初の列と行を空けるということです。つまりA列と1行目には、何も入力しないほうがいいのです。

　なぜなら、最初の列と行に情報を入力してしまうと、せっかく罫線を引いても見えなくなるからです。ですから、少なくともリストは2列目以降、2行目以降から入力するようにしましょう。

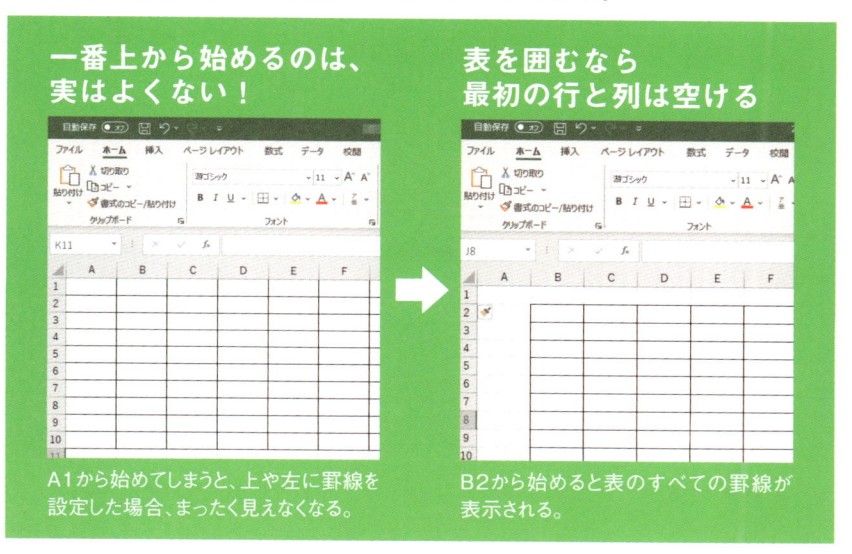

一番上から始めるのは、実はよくない！

A1から始めてしまうと、上や左に罫線を設定した場合、まったく見えなくなる。

表を囲むなら最初の行と列は空ける

B2から始めると表のすべての罫線が表示される。

とはいえ、たいていの場合はリストの「タイトル」を入力するでしょうから、2列目以降、2行目以降（つまりB2のセル）にタイトルを入力し、さらに1行空けてから情報を入力し始めるといいでしょう。

③　項目名の行にだけ背景色をつける

Excel初心者がリストを作るときに、ありがちなのが、リストに背景色をつけないことです。仕事のリストなのだから、あまりカラフルにしたくないのかもしれませんが、ある程度背景色をつけたほうが見やすくなります。

まずは、各項目の部分にだけ背景色をつけてみましょう。そうすることで、それ以下の情報を入力した部分との境目が一目でわかるようになり、とても見やすくなります。

色のつけ方は、まず、色をつけたい行を選択した状態で、「ホーム」タブから「フォント」というところにある、バケツマークを見つけてください。そのボタンの横にドロップダウンメニューの下向き三角形のボタンがありますので、それをクリックし、色を選択します。

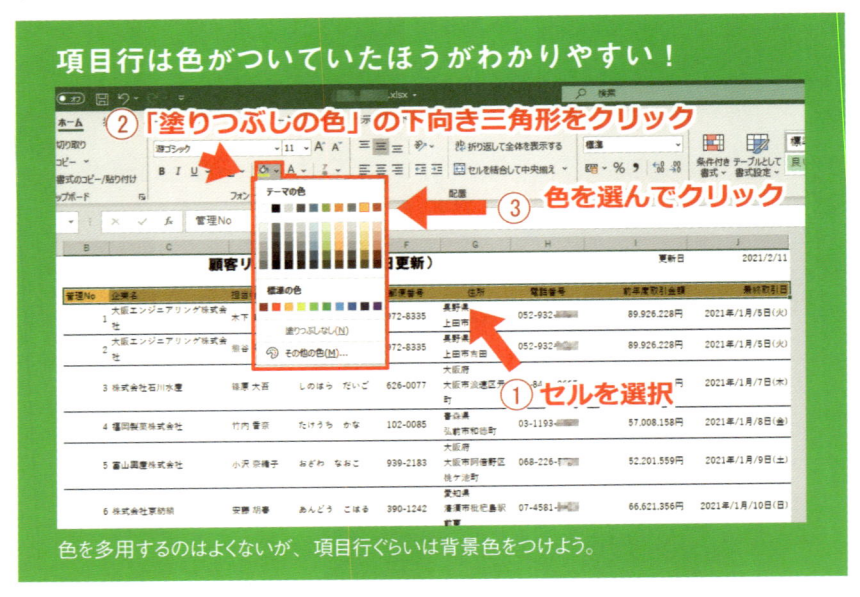

色を多用するのはよくないが、項目行ぐらいは背景色をつけよう。

これで、選択した行に背景色をつけることができるようになります。少なくとも項目と情報部分だけでも色で分けることをおすすめします。もちろん、リストによってはさらに色で強調したいという部分もあるでしょうから、そこは別途、背景色を指定してください。ただし、すべての行と列に色を指定しないほうがいいでしょう。なぜなら、リストをデータベース化して「テーブル」を設定すると、自動で情報部分が1行違いで色分けされるからです。

④ 数値の項目名を右揃えにしてカンマをつける

リストをデータベース化するための必須条件をご紹介したときに、Excelでは数値の入力では単位を入力してはいけないというお話をしました。その理由は、数値に単位をつけ加えてしまうとExcelがそれを数値として認識してくれず、検索、抽出、集計などが正しく行われなくなるからでした。

また、セル内に正しく数値が入力されている場合には、その数字は右揃えになり、文字列など数値になっていない場合は一部の例外を除いて左揃えになってしまうという説明もしました。

数値が正しく入力されている限りは、自動的に右揃えになるわけですから、その数値が何かを表す「項目名」も右揃えにしたほうが、違和感なくスッキリと見やすくなるのです。

ただし、数値が入力されている項目だけでかまいません。それ以外の項目は左揃えになっているのなら、左揃えのままにしているほうが見やすいです。方法は、変更したい行を選択した状態で「ホーム」タブから「配置」を選び、「右揃え」ボタンをクリックするだけです。

また、数値を入力したセルは、ただ数値を入力しただけでは、それが「金額」なのか、それとも別の数値なのか、あるいはそれが金額だとすればいくらなのかが一目見てわかりづらいため、もし金額であるなら「,（カンマ）」をつけることをおすすめします。「,」のつけ方については、71ページを参照してください。

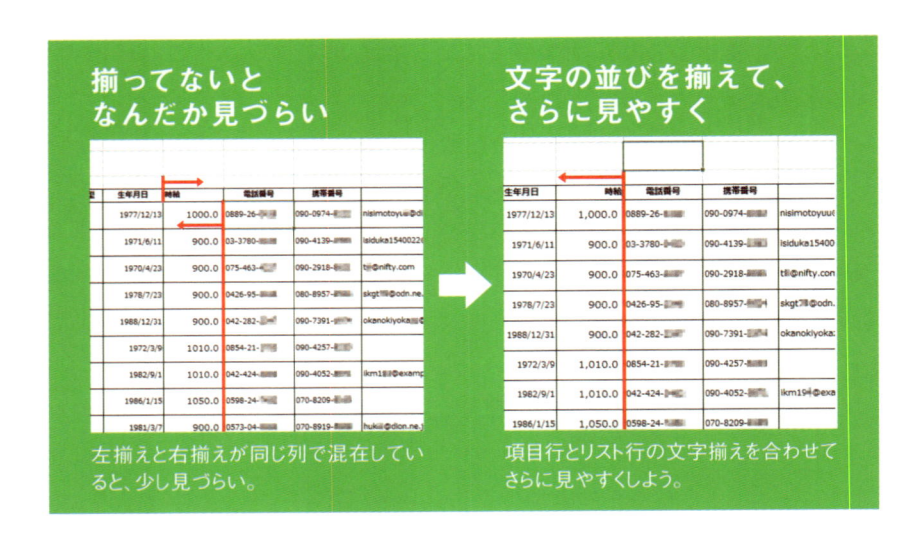

揃ってないと なんだか見づらい

	生年月日	時給	電話番号	携帯番号	
	1977/12/13	1000.0	0889-26-	090-0974-	nisimotoyu@d
	1971/6/11	900.0	03-3780-	090-4139-	isiduka154002
	1970/4/23	900.0	075-463-	090-2918-	tk@nifty.com
	1978/7/23	900.0	0426-95-	080-8957-	skgt7@odn.ne.
	1988/12/31	900.0	042-282-	090-7391-	okanokiyoka@
	1972/3/9	1010.0	0854-21-	090-4257-	
	1982/9/1	1010.0	042-424-	090-4052-	ikm1@examp
	1986/1/15	1050.0	0598-24-	070-8209-	
	1981/3/7	900.0	0573-04-	070-8919-	hukii@dion.ne.

左揃えと右揃えが同じ列で混在していると、少し見づらい。

文字の並びを揃えて、 さらに見やすく

生年月日	時給	電話番号	携帯番号	
1977/12/13	1,000.0	0889-26-	090-0974-	nisimotoyuu
1971/6/11	900.0	03-3780-	090-4139-	isiduka15400
1970/4/23	900.0	075-463-	090-2918-	tk@nifty.con
1978/7/23	900.0	0426-95-	080-8957-	skgt7@odn.
1988/12/31	900.0	042-282-	090-7391-	okanokiyoka：
1972/3/9	1,010.0	0854-21-	090-4257-	
1982/9/1	1,010.0	042-424-	090-4052-	ikm19@exa
1986/1/15	1,050.0	0598-24-	070-8209-	

項目行とリスト行の文字揃えを合わせてさらに見やすくしよう。

⑤ 不要なものを非表示にする

　誰かにあなたのリストを見せる際、特に表示させる必要のないものを非表示にしておけば、スッキリと見やすい印象を与えることができます。たとえば、「目盛線」。Excel の上部にあるリボンの「表示」タブの「目盛線」というチェックボックスからチェックを外してみてください。すると、罫線以外のデフォルトでうっすら表示されているセルの境界線が消えて、全体的に見やすくなります。

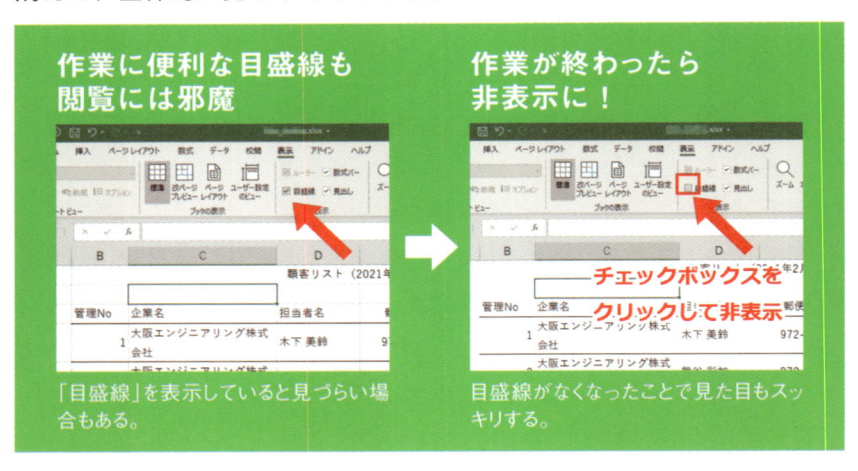

作業に便利な目盛線も 閲覧には邪魔

「目盛線」を表示していると見づらい場合もある。

作業が終わったら 非表示に！

チェックボックスをクリックして非表示

目盛線がなくなったことで見た目もスッキリする。

また、使用していない行と列を非表示にすると、さらにスッキリと見やすくなります。不要な行や列のセルを選択している状態で、「Ctrl」キー＋「Shift」キー＋「矢印」キーを押すと、非表示にしたいセルを一括で選択できますので、そのあと右クリックして「非表示」をクリックすると、選択した範囲が灰色になって見えなくなります。

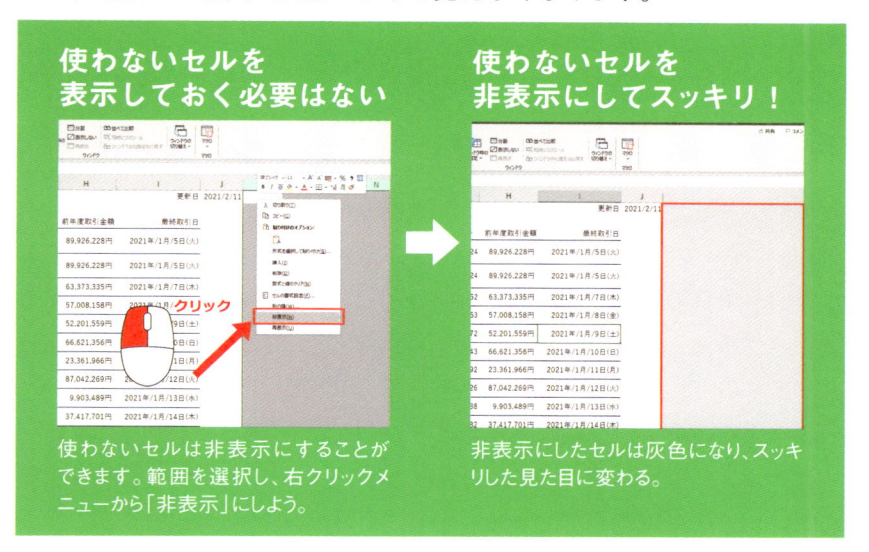

使わないセルを表示しておく必要はない	使わないセルを非表示にしてスッキリ！
使わないセルは非表示にすることができます。範囲を選択し、右クリックメニューから「非表示」にしよう。	非表示にしたセルは灰色になり、スッキリした見た目に変わる。

タイトル行の固定（項目名の常時表示）は リスト作成時の基本マナー

　さて、これまでは人に自分のリストを見せるときに、最低限これだけはクリアしておけば、誰が見ても見やすいリストになるテクニックを紹介してきましたが、さらに見やすいリストにするためにはどうしたらいいかを見ていきましょう。

　Excel で作成するリストには、「タイトル行」というものがあります。タイトル行とは何かというと、「日付」「金額」「売上」など、いわゆる「項目名」が入力されている行のことです。

　このタイトル行は、通常の設定だと最初の行にしか表示されていませんから、リストの情報が多くなって下にスクロールしなければならなく

なると見えなくなります。

　そこで、タイトル行をすべての箇所で表示させたいと思う初心者が犯しがちなミスが、タイトル行を随所に挿入してしまうということです。特に、印刷しないといけない場合、すべてのページにタイトル行を表示させようとして、すべてのページに挿入してしまうケースが多いようです。

　タイトル行の表示については、「印刷する場合」と「表示させたい場合」で、やり方が変わります。

　印刷する全ページの先頭にタイトル行を表示させたい場合は、Excelの上部にある「ページレイアウト」タブから、「印刷タイトル」をクリックし、「ページ設定」の「シート」というタブを開きます。印刷タイトルという項目の「タイトル行」というところの右にある矢印ボタンをクリックすると、タイトル行に設定したい行を Excel 上で選べるようになりますので、項目名が入力されている行を指定してください。

　こうすることで、印刷した場合にすべてのページにタイトル行が印刷されるようになります。念のため「Ctrl」キー＋「P」キーを押して印刷プレビューで確認しておきましょう。

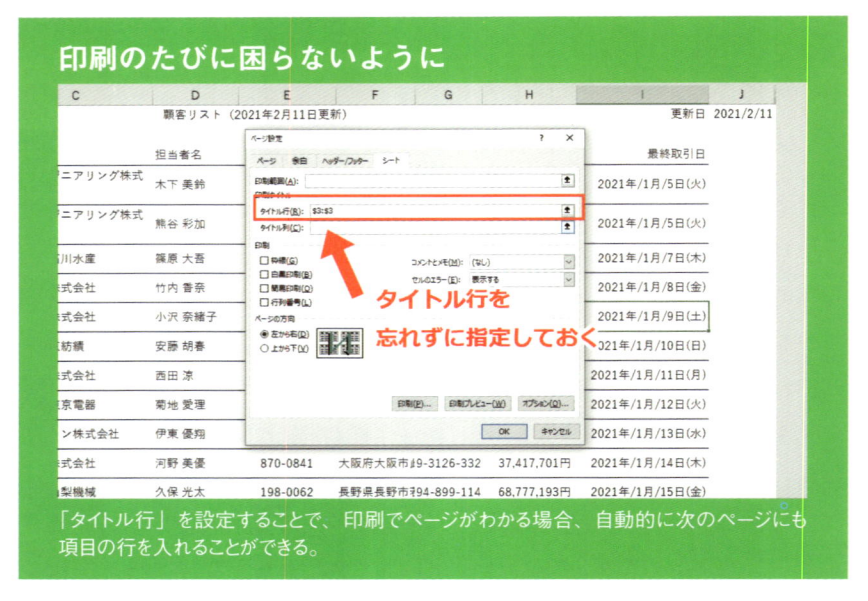

「タイトル行」を設定することで、印刷でページがわかる場合、自動的に次のページにも項目の行を入れることができる。

次に、画面上に常にタイトル行を表示させておきたい場合、リストをデータベース化する条件をクリアした上で「テーブル」機能を有効化することがおすすめです。

テーブル機能を有効化するには、まず、「Ctrl」キー＋「T」キーを押すと「テーブルの作成」というダイアログボックスが表示されますので、そこにある「先頭行をテーブルの見出しとして使用する」というチェックボックスにチェックを入れます。そのあとで「OK」をクリックすると、常にタイトル行が表示されるようになります。

「テーブル」なら便利な機能がいっぱい！

チェックボックスにチェックを入れる

「テーブル」の作成時、「先頭行をテーブルの見出しとして使用する」にチェックを入れれば、どれだけスクロールしても項目行が表示される。

太字処理よりも「太いフォント」が効果的！

印刷といえば、Excel のリストを印刷する際には、文字が見やすいフォントを選ぶことも大事です。1 章では文字列を強調するため太字にする方法を解説しました。太字にすると、確かにそこだけ強調されるので便利のように思えますが、印刷したときに、画数の多い漢字などがつぶれてしまい、見づらくなることがあります。

なぜなら、太字機能は本当に文字を太くしているわけではなく、文字

をずらすことによって太く見せているからです。そのため、印刷しても
きれいに見えるような太字にしたい場合は、フォントごと変えるのがお
すすめです。

　たとえば、ゴシック体のフォントの中でもビジネス用途におすすめな
「メイリオ」というフォントがありますが、メイリオにも太字フォント
が用意されています。たいていのフォントには、太字バージョンが用意
されていますので、安易に「B」で太字にするのではなくその部分だけ
フォントごと太いフォントに変えるようにしましょう。

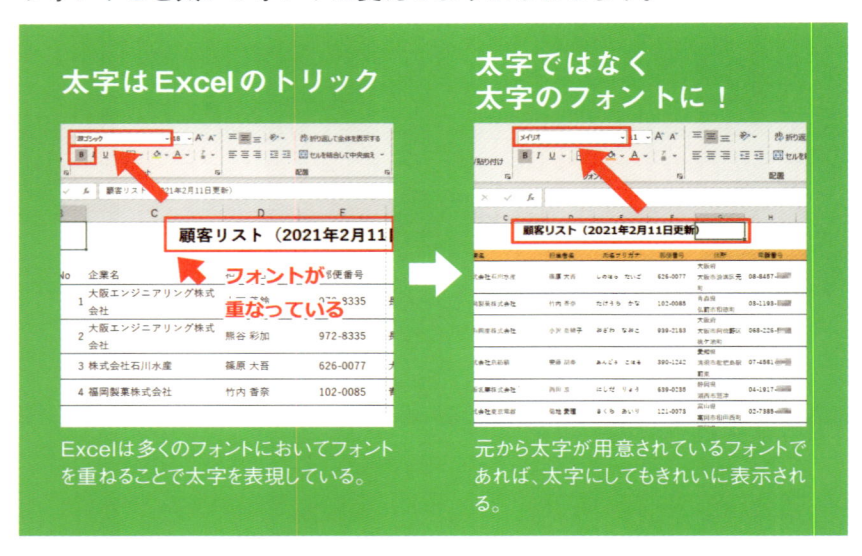

文字色と背景色のバランスよい組み合わせ例

　見やすいリストを作るためには、「配色」もとても大切です。
　配色を決定する上で気をつけなければならないポイントは、「リスト
をカラフルにしすぎない」こと、「シンプルな配色にする」ことです。
　色をつけすぎると、文字が見づらくなるほか、たくさんの色が使われ
ていると、うるさい感じを与えます。また、あまり関連性のない色を多
用すると重要点がわかりにくくなります。

そのため、色を選ぶ場合は、最低限の箇所にだけ色をつけ、なおかつ複数の色を使うのなら「同系統の色を使う」ようにしてください。

また、配色を自分で選ぶのが苦手な場合は、Excel に元々設定されている配色を利用するといいでしょう。

「ページレイアウト」タブから、「テーマ」のところにある「配色」ボタンをクリックし色の組み合わせを選びます。すると、テキスト、図、グラフ、表などの色が選択した配色に変更されます。

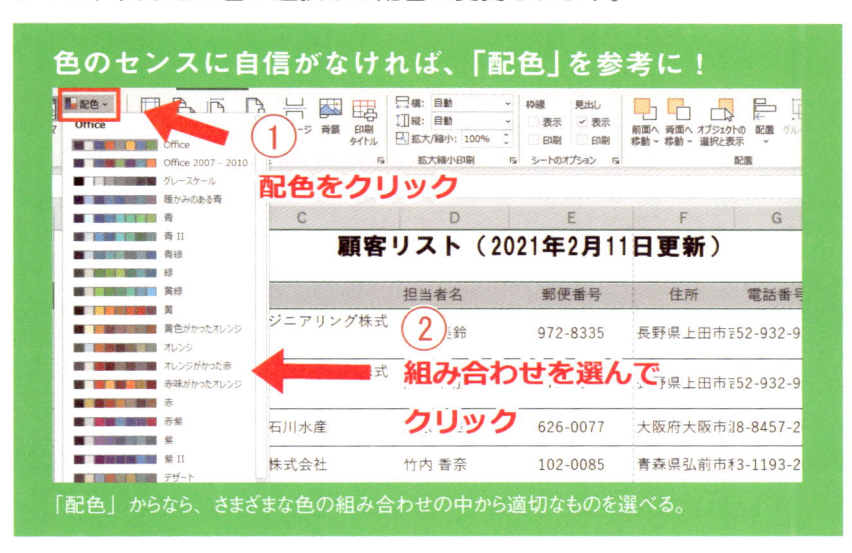

「配色」からなら、さまざまな色の組み合わせの中から適切なものを選べる。

電話番号の項目は書式を「文字列」にしておく

Excel で住所録など個人情報を含むリストを作ったときに、「電話番号」をそのまま入力すると、先頭の「0」が消えます。つまり、「090」で始まる電話番号が「90」になるのです。

なぜ Excel は電話番号をそのまま入力すると先頭の 0 が消えてしまうのでしょうか。それは、Excel はセルの中に入力された数値を「計算」に使うからです。Excel で入力する値には、「数値」と「文字列」があるわけです。

つまり、Excel が電話番号を「数値」として認識したために、先頭の「0」を自動的に省いてしまうのです。そのため、電話番号を表示するには Excel に値を「文字列」として認識してもらう必要があります。

方法は、2つあります。1つ目は電話番号に「-（ハイフン）」を挿入する方法。値が文字列として認識され、電話番号が正しく表示されます。

もう1つの方法は、電話番号が入力されているセルを選択した状態で右クリックし、「セルの書式設定」を選択します。それから「表示形式」のタブから、「分類」の「文字列」を選びます。すると、入力された値が「文字列」として認識されます。

なお、数値として認識されてしまった電話番号を文字列にしても、先頭の0は復活しません。そのため、電話番号を入力する場合は、入力する前に列ごとに「文字列」に指定しておき、無駄手間を省きましょう。

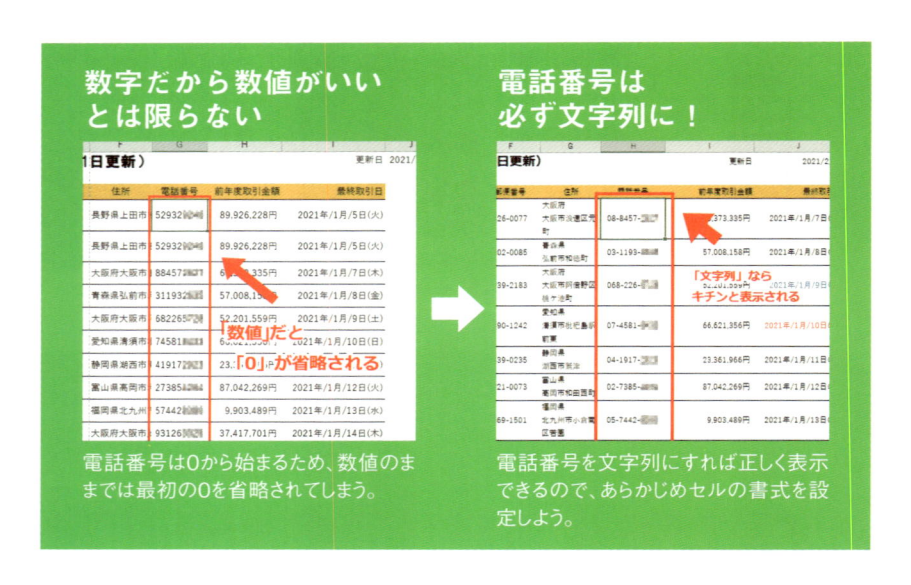

電話番号は0から始まるため、数値のままでは最初の0を省略されてしまう。

電話番号を文字列にすれば正しく表示できるので、あらかじめセルの書式を設定しよう。

誰にでもわかる書式で日付を明確に！

これまで解説した通り、Excel はセルに書式設定があり、セル内に入力した文字を「数値」として認識させたり、「文字列」として認識させ

たりと、場合に応じて変えることができます。計算に使いたい情報なら「数値」として認識してもらわないといけませんし、電話番号などは「文字列」として認識してもらわないといけません。

　それでは、電話番号と同じ数字の「日付」はどうでしょうか。Excelにおける日付はやや特殊です。セルに「2020年12月24日」と入力しても、それが日付として認識されない場合があるのです。なぜなら、そのセルの書式設定が「日付」になっていないと、数値や文字列として認識されることがあるからです。ですから、Excel で日付を入力するときは先に書式設定を変えておくほうがいいのです。

　日付を入力する列を選択したら、右クリックで「セルの書式設定」を選び、「表示形式」の「分類」から、「日付」を選んでください。「種類」というボックスもあり、さまざまな日付の形式から好きなものを選べます。「カレンダーの種類」というところで「グレゴリオ暦」と「和暦」も選ぶことができ、「R2.12.24」のような略式表示も可能です。

　日付の形式を選んだら、その設定の通りにセルに入力すると日付として認識してくれます。または、「2020 ／ 12 ／ 24」とスラッシュで区切って入力しても自動的に「2020年12月24日」と表示されますし、「12 ／ 24」と入力しただけでも「2020年12月24日」と表示されます。

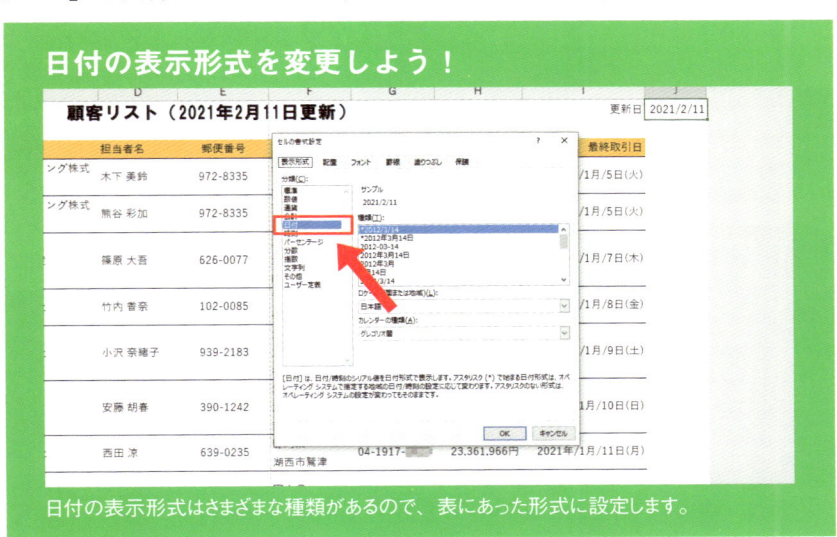

日付の表示形式を変更しよう！

日付の表示形式はさまざまな種類があるので、表にあった形式に設定します。

休日の文字色は条件付き書式で一発変換にしておく

　Excel で日付を入力する場合は、通常のカレンダーと同じように土曜日を「青」、日曜日を「赤」に設定すると、大変見やすくなります。ところが、この設定を 1 つ 1 つのセルに手動で行うと、手間がかかります。

　そこでおすすめしたいのが、「条件付き書式」です。まず、日付を入力した列を選択し、「ホーム」タブの「スタイル」にある「条件付き書式」を選び、「新しいルール」を選びます。ルールの種類を選択するボックスが出てきますので、「数式を使用して、書式設定するセルを決定」を選び、その下の「次の数式を満たす場合に値を書式設定」というボックスに、WEEKDAY 関数を入力します。

　たとえば、A2 のセルを選択している場合、土曜日の設定は、「=WEEKDAY（A2）=7」、日曜日の設定は、「=WEEKDAY（A2）=1」とします。そして、「書式」をクリックし、「塗りつぶし」を選んで色を指定します。これで、土日だけ一括で色を変えることができ、リストがとても見やすくなります。

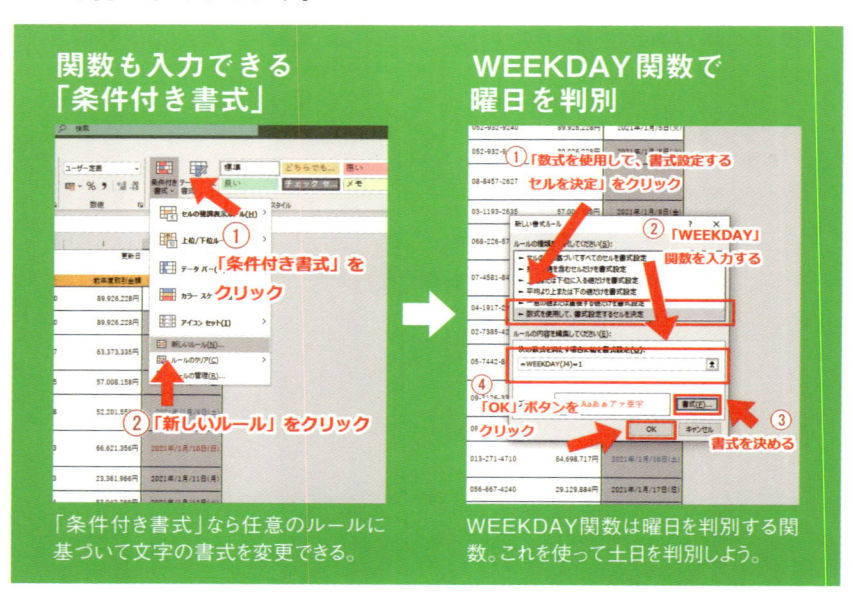

「条件付き書式」なら任意のルールに基づいて文字の書式を変更できる。

WEEKDAY関数は曜日を判別する関数。これを使って土日を判別しよう。

ショートカットキーや
便利な機能で最短入力

Excel 初心者がリストを作成しているところを見ると、マウスを持ってセルにカーソルを合わせ、キーボードで入力をし、またマウスでカーソルを動かしてクリックをし……といった感じに、マウスメインで作業をしている姿をよく見ます。

「なんだ、そんなの当たり前じゃないか」と思うかもしれませんが、Excel を使い慣れた人ほど、極力マウスを使わないようにしているものです。なぜなら、マウスを使わずに「ショートカットキー」をはじめとする便利な機能を使いこなすほうが、素早く、最短の時間でリストを作成できるからなのです。

ここでは、リストを作成するときに覚えておいたほうがいいショートカットキーとその他の便利な機能をご紹介していきます。覚えれば、あなたの作業効率は驚くほど上がるはずです。

まずはショートカットキーを使うための
基本のホームポジションから

ショートカットキーを使いこなせるようになるには、まずは基本となる手指のホームポジションを覚える必要があります。キーボードのホームポジションと聞くと、ほとんどの方は右手の人差し指が「J」キーに来るように置き、左手の人差し指が「F」キーに来るように置いて、親指を「Space」キーに乗せるやり方を思い浮かべると思います。

しかし、それは文書入力時のホームポジションであって、Excel でリスト作成するときには、そのポジションだとあまり意味がありません。

Excel でショートカットキーを使いこなせるようになるには、文書入

力時のポジションとは違うホームポジションを覚えないといけません。

　まず、左手は、人差し指が「F」キーの上にあるものの、どちらかといえば「Ctrl」キー、「Shift」キー、「Alt」キー、「Windows」キーを押すことを意識して置きます。そして、右手は、キーボードの右下にある「矢印」キーのあたりに置きます。Excel のショートカットはほとんどが「Ctrl」キーや「Shift」キーなどを含んだ複合キーなので、Excel でリストを作成する際には、このような配置が最も効率的だからです。

Excelのホームポジション

「Ctrl」キーを多用するのはわかるけど、どうせどちらかの人差し指で打つのだから、文書入力時のホームポジションとあまり変わらないのでは？」と思う人もいるかもしれませんが、そうではありません。

「Ctrl」キーや「Shift」キーは、左手の小指で打つのが正しいやり方なのです。左手の小指で「Ctrl」キーを押しながら、別の指で「C」キーを押したりすることでショートカットキーが完成するわけです。

　また、右手を「矢印」キーのポジションに置くのは、非効率的に思えるかもしれませんが、Excel で入力作業を行うときはセル間の移動が多く、セルとセルの間の移動は「矢印」キーでできるので時短になります。

　とはいえ、初心者からすると、「マウスってそんなに使わないでいられる？」と疑問に思うでしょうから、次からは必須ショートカットキーを具体的に見ていきましょう。

ショートカットキーで文字入力もラクラク

Excel 初心者に、まずおすすめしたいショートカットキーは、「文字入力」に関するものです。どんな初心者でも、基本的に文字を入力することはできるでしょうから、使う頻度が高いためです。

まず、入力している文字を大きくしたり、小さくしたりしたいときのショートカットキーをマスターしましょう。文字の大きさをマウスで変更する場合、「フォント」までカーソルを持っていってフォントサイズを変更しなければいけませんが、「Ctrl」キー＋「Shift」キー＋「P」キーを押すと、フォントサイズの下向き三角形が操作できるようになります。あとは上下の方向キーを押せば、フォントのサイズ変更が可能です。

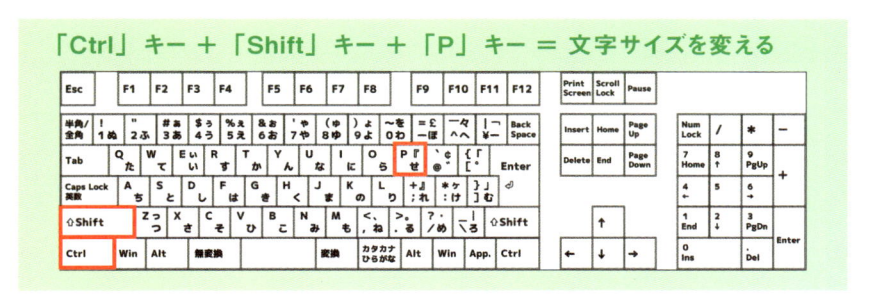

文字列を選択する場合も、わざわざマウスでクリック＆ドラッグする必要はありません。文字列を選択したい場合は、セルを選択した状態で「F2」キーを押し、セルの編集モードにします。選択を開始したい地点にカーソルを「矢印」キーで持っていき、「Ctrl」キー＋「Shift」キー＋「矢印」キーを使うことで選択できます。ただし、行や列を範囲指定する場合は、別のショートカットキーになります。行を選択する場合は、「Shift」キー＋「Space」キー、列を選択する場合は、「Ctrl」キー＋「Space」キーを押すと選択できます。すべての行、すべての列が選択されますので、その行や列の書式を一括で変えたい場合などに有効です。

行や列を選択するためのショートカットはとても便利ですし、マウスを使う頻度が格段に減るので、ぜひ覚えておきましょう。

「Ctrl」キー ＋ 「Shift」キー ＋ 「矢印」キー ＝ 文字列を選択する

「Shift」キー ＋ 「Space」キー ＝ 行を選択する

「Ctrl」キー ＋ 「Space」キー ＝ 列を選択する

ショートカットキーでカーソルを素早く移動

　前項でカーソルを「矢印」キーで動かすようにすれば、作業効率が上がるというお話をしましたが、それでも遠くのセルに移動したいときは、どうしてもマウスを使わないといけないのではないかと思う人は多いかもしれません。ところが、この動作もマウスを使わずに行えるのです。

　まず、現在入力しているセルの右隣のセルや次の入力欄にカーソルを移動させたいときは、「Tab」キーを押すだけです。左隣のセルや、1つ前の入力欄に戻りたい場合は、「Shift」キー＋「Tab」キーで戻るこ

とができます。

　また、上下にカーソルを移動させたい場合は、すぐ下のセルに移動したいのなら「Enter」キーを押せば移動できますし、すぐ上のセルに移動したい場合は「Shift」キー＋「Enter」キーで移動できます。

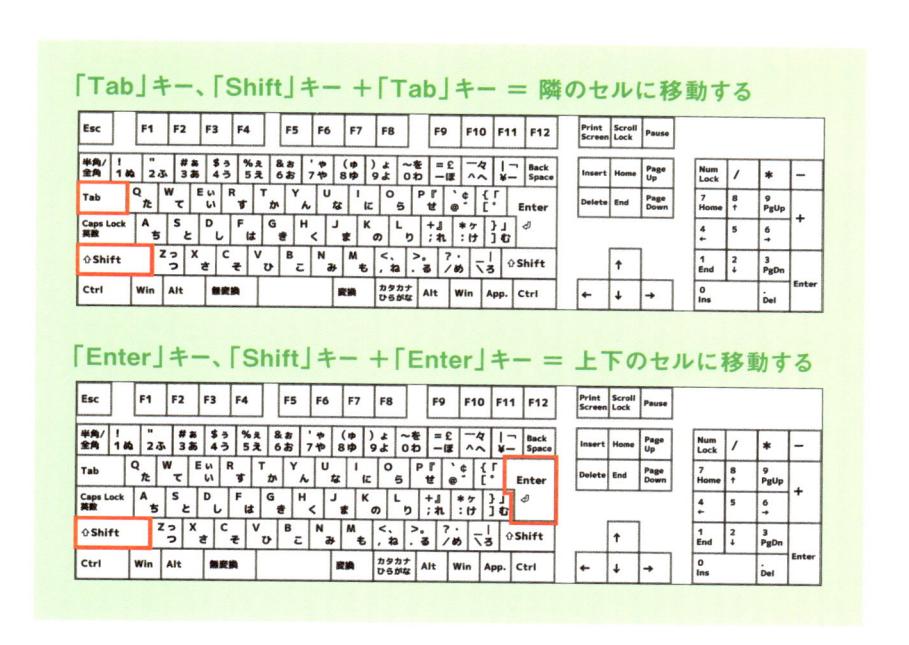

　長い文章を入力したとき、訂正のために行の先頭や末尾にカーソルを移動させたいとき、「Home」キーを使うとカーソルが行の先頭に、「End」キーを使うとカーソルが行の末尾に移動します。

　そして、これをさらに応用して「Ctrl」キー＋「Home」キーを押すと、Excel のリストそのものの先頭にカーソルが移動します。つまり「A1」セルに瞬時に戻ることができるわけです。同様に「Ctrl」キー＋「End」キーを押すと、リストの最も後ろのセルに瞬時に移動できます。これを、Word で使った場合は、文書そのものの先頭と最下端に移動します。

　ちなみに、このショートカットキーと、「Shift」キーを一緒に使うとどうなると思いますか？　「Ctrl」キー＋「Home」キー＋「Shift」キーで、カーソルが最初にあった場所から文書頭までの全範囲を「選択」、「Ctrl」

キー＋「End」キー＋「Shift」キーで、カーソルが最初にあった場所から文書末までの全範囲を「選択」することができます。膨大な範囲を指定したい場合には、このショートカットキーを使うといいでしょう。

　また、移動と言えば「ジャンプ」ダイアログボックスについても覚えておきましょう。「F5」キーを押すと、「ジャンプ」ダイアログボックスが開き、「参照先」という入力欄にセルの番号（A5 など）を入力するだけで、そのセルに一瞬で移動できるというものです。

「Home」キー、「Ctrl」キー ＋「Home」キー、
「Ctrl」キー ＋「Home」キー ＋「Shift」キー ＝ 文書頭まで全選択する

「End」キー、「Ctrl」キー ＋「End」キー、
「Ctrl」キー ＋「End」キー ＋「Shift」キー ＝ 文書末まで全選択する

ファイルの保存、コピー＆ペーストはすべての基本！

　Excel だけにとどまらず、Word など Microsoft のソフトウェアのほとんどに共通している便利なショートカットキーもあります。
　まずは、「ファイルを保存」したいときの「Ctrl」キー＋「S」キーで

す。これは上書き保存になります。パソコンが急に動かなくなったとき
のことを考えて、こまめに左手で「Ctrl」キー＋「S」キーを押すクセ
をつけましょう。ちなみに「S」は、保存を表す「Save」の頭文字です。
　また、「名前をつけてファイルを保存」、つまり上書き保存ではなく、
別名をつけてファイルを保存したい場合は、「Ctrl」キー＋「Shift」キー
＋「S」キーまたは「F12」キーを押してください。「名前を付けて保存」
画面が現れるのでファイル名を入力して保存してください。

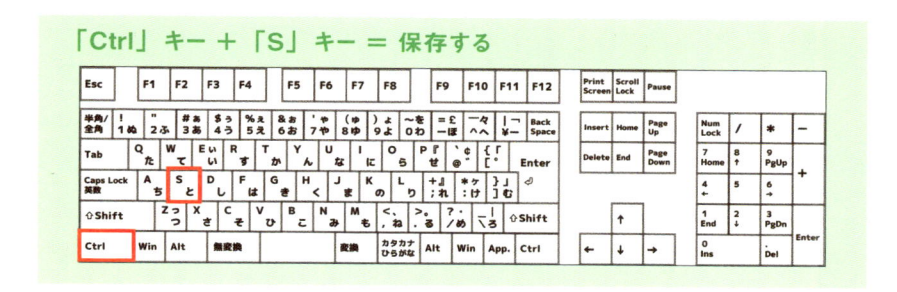

　Microsoftのほぼすべてのソフトに共通のショートカットキーなので
ご存じの方も多いかもしれませんが、入力内容のコピー、貼り付け、切
り取りのショートカットキーは以下の通りです。

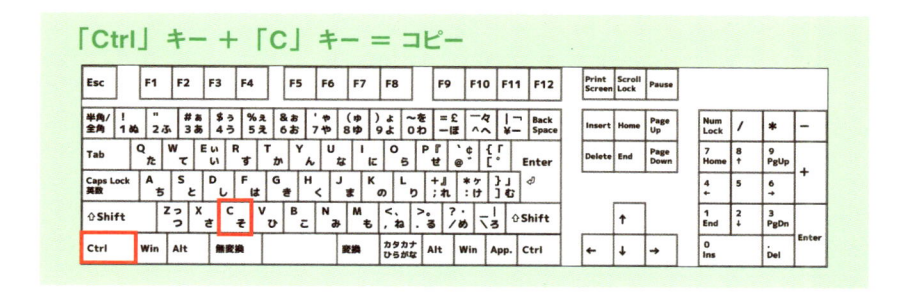

「Ctrl」キー + 「V」キー = 貼り付け

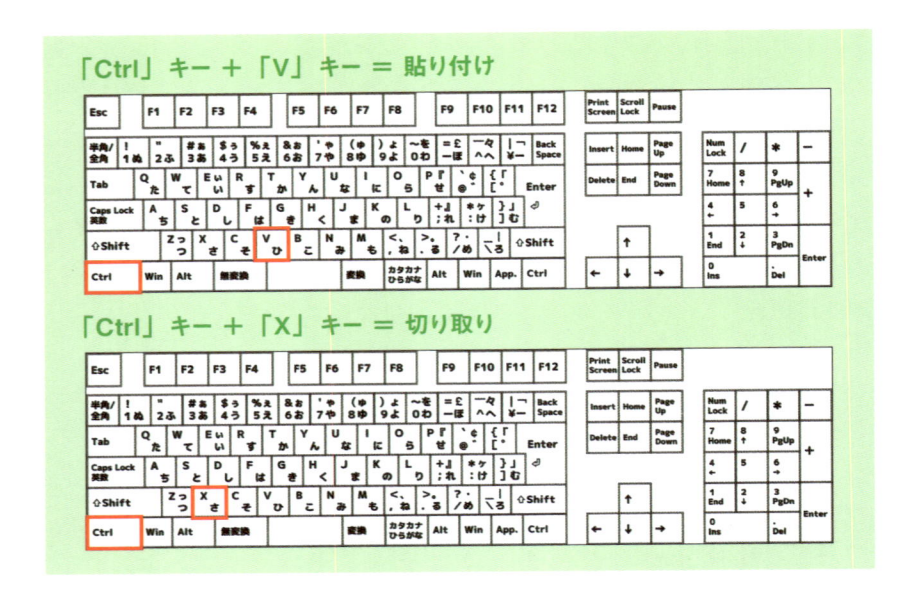

「Ctrl」キー + 「X」キー = 切り取り

また、ぜひ覚えていただきたいのが、「Ctrl」キー + 「A」キーです。文書の全範囲、セルの入力内容の全範囲、Excel のシート全体などを選択できます。もちろん、これは Excel のセルに対しても行えます。

また、「Ctrl」キー + 「Z」キーも多用するショートカットキーです。

「Ctrl」キー + 「A」キー = 全選択

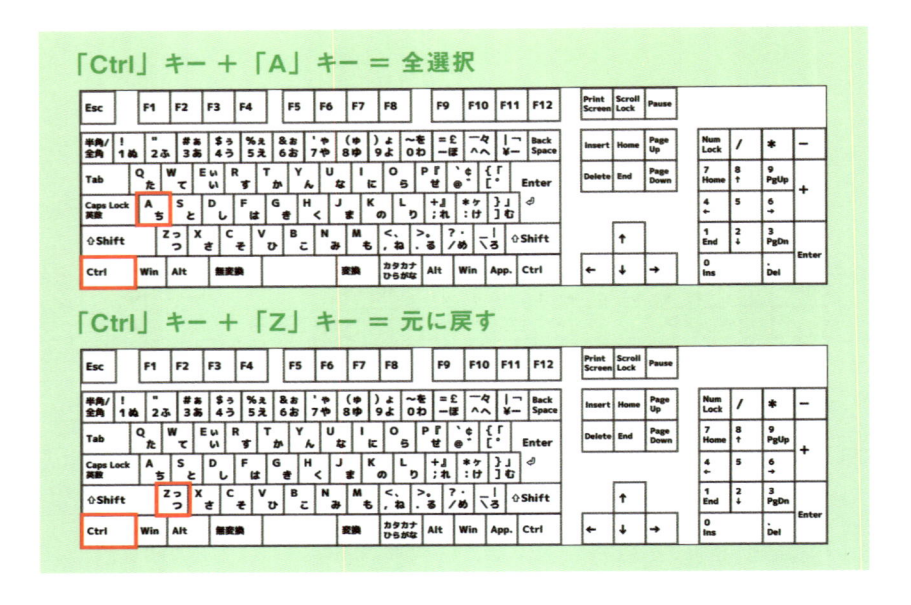

「Ctrl」キー + 「Z」キー = 元に戻す

これは操作を取り消すショートカットキーで、押した回数分だけ、操作が取り消されます。また、「Ctrl」キー＋「Y」キーを押すことで、「操作の取り消しを取り消す」ことができます。

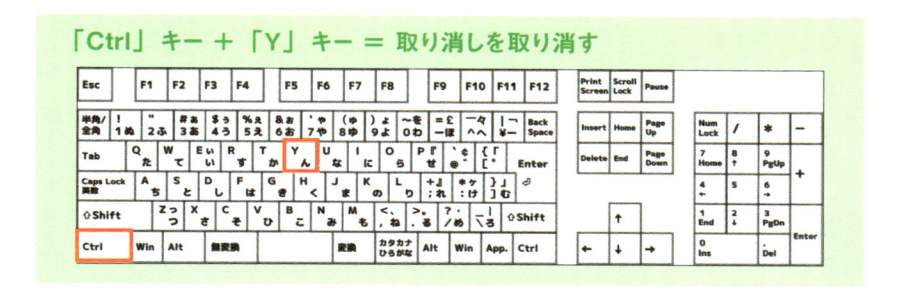

知っておくと便利なExcelのショートカット

Excel でリスト作成をしていく上で、覚えておいたほうがいいショートカットキーはいくつかあります。

まずは、「F2」キー。Excel は、セルに入力した文字列などを編集する「編集モード」というものがあり、セルをクリックしただけでは編集できない仕組みになっています。セル内を修正するには、セルを選択したあと、セルをダブルクリックするか、タブの真下にある数式バーの文字部分にマウスでカーソルを合わせるかして、修正する必要があります。

しかし、セルを選択したあとにわざわざマウスでダブルクリックするか、数式バーにカーソルを持っていくのは非常に効率が悪いです。そこで使えるのが「F2」キー。セルを選択している状態で「F2」キーを押すと、一発で編集モードに変えられるのです。

次に、これまでにもたびたび登場してきた「Ctrl」キー＋「1」キーです。これは、Excel を使う上では絶対に知っておきたい「セルの書式設定」を一発で呼び出すことができるというショートカットです。

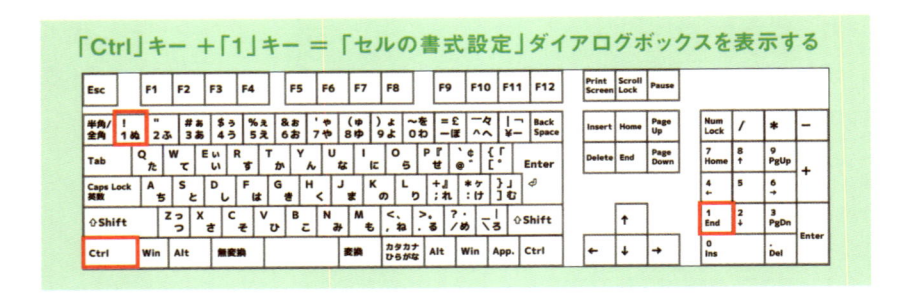

そして、「セルの書式設定」を呼び出す「Ctrl」キー＋「1」キーと相性がいいのが、「F4」キーです。Excel でリストを作成していると、複数のセルに対して同じ操作、特に同じ書式設定を適用したくなることがよくあります。「F4」の機能は、「直前に行った操作を繰り返す」というものなので、同じ設定を繰り返し適用できます。

ただし、1つ注意点があります。「ホーム」タブから「斜体」に変えて、「左揃え」にした場合、新しいセルに対して「F4」キーを押しても、直前の「左揃え」にする操作しか適用されません。「斜体」に変えて、なおかつ「左揃え」にするという2つの行為を、まとめて「直前の操作」として見なしてもらうためには「セルの書式設定」ダイアログボックスから設定する必要があるのです。「Ctrl」キー＋「1」キーで「セルの書式設定」ダイアログボックスを開き、書式を設定したら、新しいセルを選択して「F4」キーを押せば、一連の操作すべてを適用してくれます。便利なショートカットキーなので、ぜひ覚えてください。

オートフィルで入力を省略

Excel を使う上で、絶対に知っておいてほしい機能があります。

それは「オートフィル」です。オートは「自動」、フィルは「空欄を埋める」という意味ですから、オートフィルは「自動で空欄を埋める」という意味です。

オートフィルを使うと、セルの数式をコピーしたり、日付などの連続

した大量の数字や文字を一括で入力したりすることができます。最低限知っておきたいオートフィルの使い方をご紹介しましょう。

まず、多用する日付のオートフィルです。

連続した日付を入力したい列の先頭のセルに日付を入力します。続いて、そのセルを選択し、セルの右下端にある小さな緑色の四角形にマウスのカーソルを合わせます。すると、マウスポインターが黒い十字型に変化するので、下に向かってドラッグすると、ドラッグしたセルまで、自動で日付が入力されます。この日付のオートフィルは、「年月日」、「年」、「月」、「日」、「曜日」、「干支」「四半期」、などでもできます。

ちなみに、ドラッグの方向は上下だけとは限りません。行に日付を入力したい場合は、ドラッグの方向を右方向に変えるだけで、自動で日付が入力されていきます。

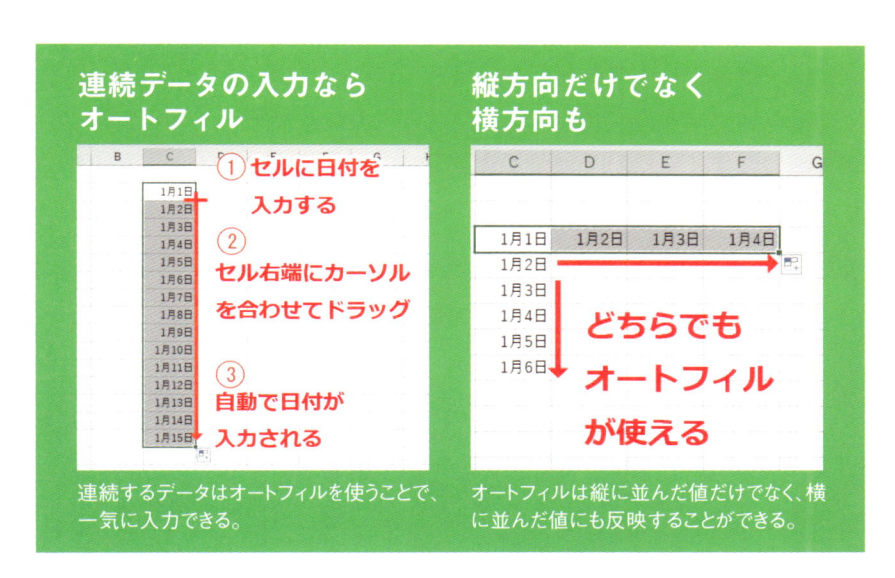

連続データの入力なら オートフィル

① セルに日付を入力する

② セル右端にカーソルを合わせてドラッグ

③ 自動で日付が入力される

連続するデータはオートフィルを使うことで、一気に入力できる。

縦方向だけでなく 横方向も

どちらでも オートフィル が使える

オートフィルは縦に並んだ値だけでなく、横に並んだ値にも反映することができる。

オートフィルは、日付以外にも、書式や数式の連続入力に使えます。最初のセルに「数式」が入力されている場合、ドラッグした範囲すべてのセルに数式が入力されます。また、オートフィルを行ったセルを選択し、右下に表示されるマークをクリックするとオートフィルの種類を変えることができます。

一目置かれる
少しの気遣い

　Excel でのリスト作成テクニックは、まだまだたくさんあるのですが、少なくとも今まで初心者だった人の作ったリストとは思えないほど見やすいリストを作ることができるようになったと思います。

　しかし、ビジネスの現場で他人にリストを見てもらうとなると、基本的なテクニックを押さえているだけではやや不十分です。なぜなら、相手は Excel の中級者や上級者である確率が高いからです。そのため、基本を押さえている上で、相手の立場になって気遣いができているかどうか、注視してくるかもしれません。

　ここでは、ほんの少しの作業でリストをもっと見やすくするためのコツを紹介します。ここで紹介したポイントを踏まえれば、「気遣いができる人だな」と、一目置かれるようになるでしょう。

重複データの削除

　リストを作成していると、結果的に膨大な情報を入力することになり、どこに何を入力したのかは作成者本人でも覚えきれません。そうなると、出てくる問題が「重複」です。

　意図せずに同じ情報を 2 回以上入力してしまうこともあり得ますが、重複があるのとないのでは、他の人への印象は変わってしまいます。

　仮にあなたが、ある個人のデータを重複して入力したとします。さらに、片方の情報だけを修正した場合、リストをもらった人が修正されていない方を参照してしまったらどうなるでしょうか。そのちょっとしたミスが、深刻なトラブルに発展することだってあり得るのです。

それでは、重複データを削除してみましょう。まず、重複データがあるかどうかをチェックしたいセルを選択します。そして、「データ」タブから、「重複の削除」を選んでください。すると、「重複の削除」ダイアログボックスが表示されますので、どの行と列に対して重複の削除を行うのかを選び、チェックしてください。「OK」をクリックすると、自動的に重複したデータが削除されます。

「重複の削除」でリストをスッキリさせる

リスト（2021年2月11日更新）

担当者名	郵便番号	住所	電話番号	前年度取引金額	最
木下 美鈴	972-8335	長野県 上田市吉田	052-932-■■■	89,926,228円	2021年/1月
熊谷 彩加	972-8335	長野県 上田市吉田	052-932-■■■	89,926,228円	2021年/1月
篠原 大吾	626-00	大阪府			2021年/1月
竹内 香奈	102-00				2021年/1月
小沢 奈緒子	939-2183	大阪府 大阪市阿倍野区 桃ケ池町	068-226-■■■	52,201,559円	2021年/1月
安藤 胡春	390-1242	愛知県 清須市枇杷島駅 前東	07-4581-■■■	66,621,356円	2021年/1月

> Microsoft Excel　　　　　　　　　　　×
> ⓘ 重複する 1 個の値が見つかり、削除されました。一意の値が 48 個残っています。
> [OK]

「重複の削除」なら一発で重複を削除することができますが、どこに重複があったかはわからない。

　ただし、この方法ですと、重複している内容を教えてくれるわけではなく、何が重複していたのかはわからないまま、自動的に削除されます。
　重複しているデータを確認したい場合は、「Ctrl」キー＋「F」キーで「検索と置換」ダイアログボックスを開き、「オプション」をクリックして、検索場所、検索方向、検索対象を選んで検索してください。文字列を検索したい場合は、検索対象を「値」に指定します。ただし、検索対象を指定しなければいけないので、あらかじめ重複した可能性のある情報の目星をつけておかなければいけません。

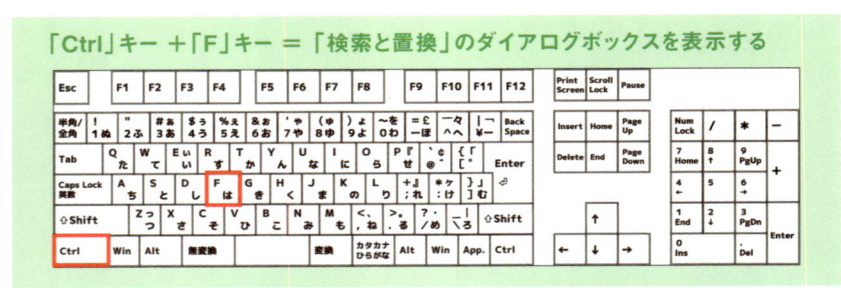

「Ctrl」キー ＋「F」キー ＝「検索と置換」のダイアログボックスを表示する

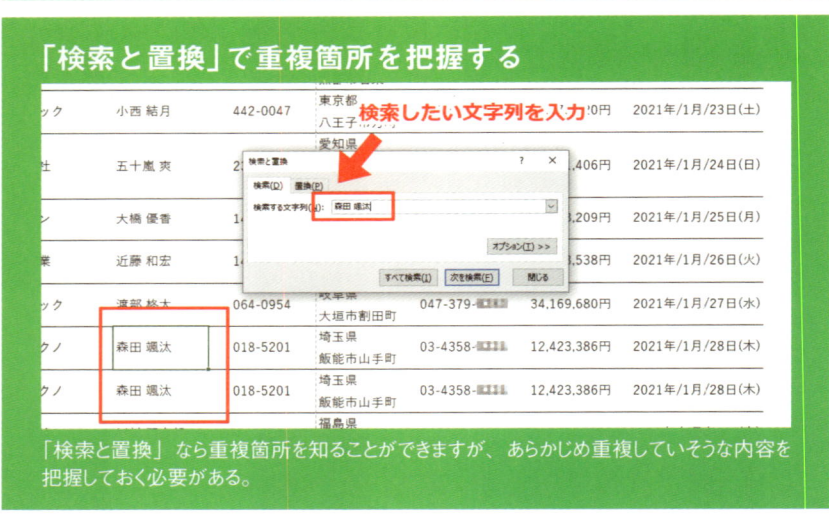

「検索と置換」で重複箇所を把握する

検索したい文字列を入力

「検索と置換」なら重複箇所を知ることができますが、あらかじめ重複していそうな内容を把握しておく必要がある。

「フリガナ」をつけて並べ替えを自由自在にする

Excel で作成したリストは、データベース化されていると、検索や集計、並べ替えなど、さまざまな便利な機能が使えるようになりますが、ちょっと一手間加えるだけで、さらに一目置かれるようなリストを作ることができます。

たとえば名前を含むリストを作成したとして、並べ替えるなら、五十音順にしたいと思う人は多いはずです。

しかし、人の名前を入力し、Excel で並べ替えた場合、漢字だけの情報では正しく並べ替えてくれない場合があります。

なぜかというと、フリガナが漢字と必ずしも一致しないからです。そこで、データにフリガナをつけ加えることで、並べ替えやすさをグンとアップできるのです。ただし、手打ちで大量のフリガナを入力するのは非常に面倒です。

しかし、ご安心ください。Excel では「関数」を用いて、全員の名前のフリガナを一括で出力できるのです。

まず、名前の列の隣に、「氏名フリガナ」などの列を作ります。その行の一番先頭のセルを選択したら、「数式」タブの一番左にある「関数の挿入」クリックしてください。

「関数の検索」の入力欄に「ふりがな」と入力し「検索開始」をクリックして「PHONETIC」という関数を選んで「OK」をクリックします。

次に「関数の引数」ダイアログボックスの「参照」入力欄に、フリガナをつけたい名前が入力されているセル番号を入力します。「OK」をクリックすると、自動的にフリガナが表示されたはずです。

そこまでできたらあとは簡単です。フリガナが表示されているセルの右下端をクリックしたらそのままフリガナをつけたい範囲までドラッグしていきます。これで、名前のフリガナが、自動的にフリガナの列に表示されるようになります。

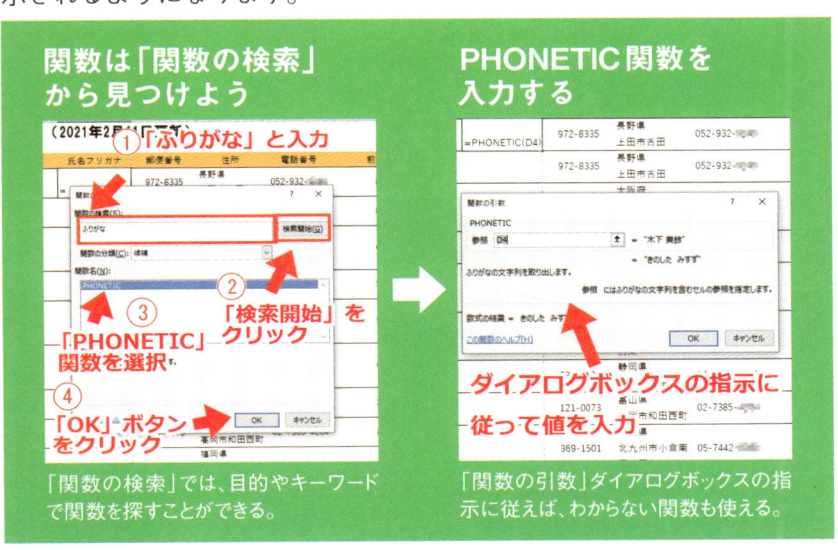

「関数の検索」では、目的やキーワードで関数を探すことができる。

「関数の引数」ダイアログボックスの指示に従えば、わからない関数も使える。

もし、この方法で間違ったフリガナが表示されたり、フリガナが表示されなかったりした名前があった場合は、それらを1つずつ修正します。

　まず、修正したい人の「名前」のセルをクリックして、「Alt」キー＋「Shift」キー＋「↑」キーを押します。名前の上に小さくフリガナが表示されるので、修正して「Enter」キーを2回押します。これで、「フリガナ」のセルのほうにも修正後のフリガナが表示されるはずです。

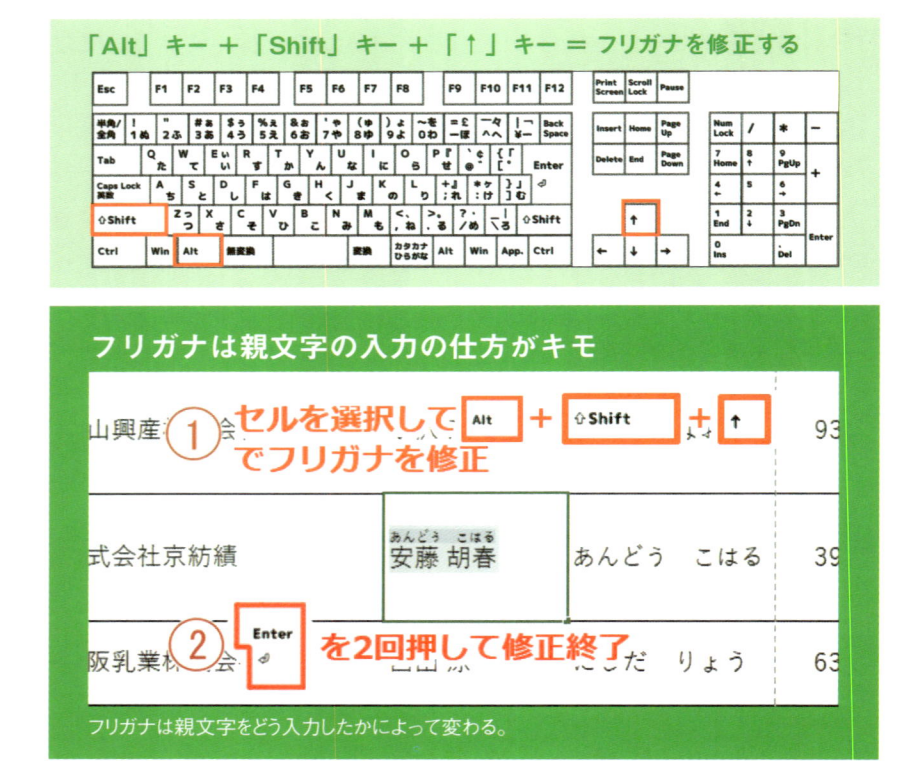

最後に保存をするときは A1にカーソルを合わせてから

　ファイルを保存する際も、ちょっとした気遣いが必要です。レイアウトとは直接関係はありませんが、Excel のファイルというのは、保存す

る直前に選択したセルの位置が記憶されるようになっています。

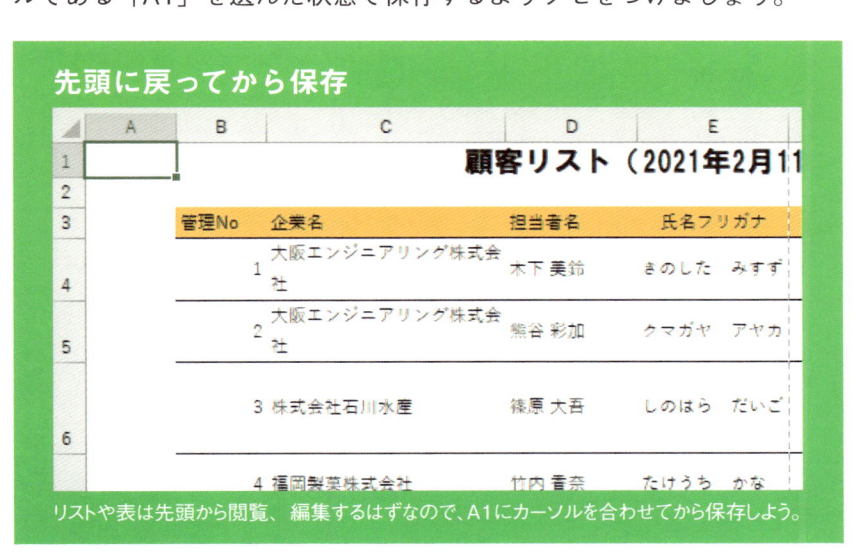

入力が終わったからといって、すぐ保存しない

0142	さいたま市見沼区山	037-219-■■■	42,588,562円	2021年/2月/16日(火)
0003	三重県 桑名市蓮花寺	026-511-■■■	29,363,081円	2021年/2月/17日(水)
0066	福井県 大野市麻生	07-9991-■■■	26,843,183円	2021年/2月/18日(木)
0818	神奈川県 相模原市中央区 由野台	068-998-■■■	10,500,747円	2021年/2月/19日(金)
0137	兵庫県 芦屋市若宮町	083-882-■■■	59,528,056円	2021年/2月/20日(土)
0002	北海道 江別市若草町	012-494-■■■	68,543,996円	2021年/2月/21日(日)

Excelは保存時に選択していたセルの場所を記憶している。

　最後に選択したセルが、シートのかなり後ろの方だった場合、ファイルを開いた人は、その部分から見ることになるのです。上司や同僚がそんなファイルを見たら、気遣いができないと思われるかもしれません。

　そのためファイルを保存する際には、タイトルに近い、一番初めのセルである「A1」を選んだ状態で保存するようクセをつけましょう。

先頭に戻ってから保存

	A	B	C	D	E
1				顧客リスト（2021年2月11	
2					
3		管理No	企業名	担当者名	氏名フリガナ
4		1	大阪エンジニアリング株式会社	木下 美鈴	きのした みすず
5		2	大阪エンジニアリング株式会社	熊谷 彩加	クマガヤ アヤカ
6		3	株式会社石川水産	篠原 大吾	しのはら だいご
		4	福岡製菓株式会社	竹内 香奈	たけうち かな

リストや表は先頭から閲覧、編集するはずなので、A1にカーソルを合わせてから保存しよう。

Ｂ EFORE

顧客リスト（2021年2月11日更新）　　　　　　　　　　　　更新日　2021/2/11

	会社名	担当者	〒	住所		更新日
1	株式会社五川水産	後原 大	626-0077	大阪府大阪市淀	88457365	2021年2月7日(木)
2	福岡鉄工	竹内 菅宗	102-0015	青台県弘前市和	311930	2021年1月8日
3	富山興産株式会社	小沢 奈緒子	9	大阪府大阪市和	5220	2021年1月9日
4	株式会社京紡績	安藤 琲暮	390-1242	愛知県清須市批	74581 66621356	2021年1月10日(日)
5	大阪気象株式会社	西田 涼	639-0235	静岡県湖西市蜆	41917 #######	2021年1月11日(月)
6	株式会社東京電器	菊地 愛理	121-0073	富山県塞田市和	27385	2021年1月12日(火)
7	埼玉デザイン株式会社	伊東 優翔	9-1501	福岡県北九州市	57442 9905489	2021年1月13日(水)
8	大阪建設株式会社	優	570-0841	大阪府大阪市此	931263 37417701	2021年1月14日(木)
9	株式会社山梨輪輸		198-0062	長野県長野市菅	94899 68777193	2021年1月15日(金)
10	京百貨店有限会社	平野 彩乃	673-0013	熊本県熊本市西	13271 6498717	2021年1月16日(土)
11	大阪エンジニアリング株式会社	木下 果鈴	972-8335	長野県上田市央	52932 #########	2021年1月5日(火)
12	社	田名 彩加	972-8335	長野県上田市央	52932 ###########	2021年1月5日(火)
13	株式会社秋田サービス	岡本 光	899-3311	長野県大町市社	36575 69738512	2021年1月18日(月)
14	株式会社秋田サービス	岡本 光	899-3311	長野県大町市社	36575 69738512	2021年1月19日(火)
15	株式会社三菱乳業	谷口 省一	779-3403	高知県安芸市未	72263 37781763	2021年1月20日(水)
16	三重ネットワーク株式会社	住野 祐	939-0305	秋田県秋田市和	65983 43782878	2021年1月21日(木)
17	大分サイエンス株式会社	大谷 裕斗	121-0073	富山県黒部市菅	58292 73583792	2021年1月22日(金)
19	株式会社新潟テック	小西 絹月	442-0047	東京都八王子市	12427 50278920	2021年1月23日(土)
20	静岡紡績株式会社	五十嵐 真	236-0026	京都府松沢市六	67366 6291406	2021年1月24日(日)
21	株式会社パーマン	大橋 優香	145-0067	北海道登別市製	65288 6058209	2021年1月25日(月)
22	株式会社従島工業	近藤 和宏	145-0067	鹿児島県阿久根	71551 48953538	2021年1月26日(火)
23	株式会社千葉テック	渡部 柿太	064-0954	岐阜県大垣市副	47379 34169680	2021年1月27日(水)
24	株式会社福岡キノ	森田 蔵汰	018-5201	埼玉県原総市山	34358 12423386	2021年1月28日(木)

従業員連絡先

	名前	名前フリガナ	性別	血液型	生年月日	時給	電話	メール
1	西本 勇	ユウ	女	O	** #####	######	0889-2 090-19 (携帯)	nisimotoyu@dion.ne.jp
2	石塚 ハルノ	ハルノ	女		1971年6月11日	######	03-3780-0 090-4139- (携帯)	isiduka15400@plala.or.jp
3	土井 童文	ツチイ シゲフミ	男	A	1970年4月23日	######	075-463-4 090-2918-8 (携帯)	t@nifty.com
4	坂口 繁達	サカグチ シゲツウ	男	B	1978年7月23日	######	0426-95- 080-8957-4 (携帯)	skgt7@odn.ne.jp
5	岡野 清一	オカノ キヨカズ	男	O	########	900円	042-282-0 090-7393-19 (携帯)	okanokiyokazu@example.co.jp
6	日野 圭	ヒノケイ	女	O	9日	######	0854-20 090-4257- (携帯)	
7	向井 隆次	ムカイ タカジ	男	A	1955年6月1日	######	042-424-3 090-4052- (携帯)	ikm19@example.ne.jp
8	岡部 一人	オカベ カズト	男		1986年1月15日	######	0598-24-7 070-8209-6 (携帯)	
9	福井 征四郎	フクイ セイシロウ	男		1981年3月7日	######	0573-04-0 070-8919- (携帯)	huki@dion.ne.jp
10	小椋 留美子	コヤナギ ルミコ	女		1978年6月5日	######	082-644-	gnyk@gmail.com
11	水野 敬翔	ミズノ ヒロノリ	男		1992年5月6日	######	04-4191-7 070-1103- (携帯)	hironori050@geocities.com
12	安部 希和	アベキワ	女	O	########	######	0467-16-4 090-6975-4 (携帯)	awik97@mesh.ne.jp
13	濱口 美樹	ミゾクチ ミキ			1993年8月26日	######	0563-06- 090-5804-8 (携帯)	mizokuti19@example.net
14	飯田 繁一	イイダ シゲイチ	男	B	1976年7月8日	######	050-4160-6 070-6981-6 (携帯)	itiegis92@livedoor.com
15	平岡 千鶴子	ヒラオカ チセコ	女	A	1992年5月19日	######	01584-5 090-9965-8 (携帯)	tisekohiraok@sakura.ne.jp

AFTER

顧客リスト（2021年2月11日更新）

更新日　2021/2/11

更新No	企業名	担当者名	氏名フリガナ	郵便番号	住所	電話番号	前年度取引金額	最終取引日
1	株式会社北川水産	福原 大典	ふくはら だいすけ	826-0077	大阪府 大阪市淀川区三津屋	06-8457-	63,373,335円	2021年/1月/7日（木）
2	福岡製菓株式会社	竹内 美香	たけうち みか	102-0085	青森県 弘前市松原東	03-1193-	57,008,158円	2021年/1月/8日（金）
3	京山興産株式会社	小沢 栄緒子	みざわ ゆみこ	939-2183	大阪府 大阪市阿倍野区橋本町	068-226-	82,301,389円	2021年/1月/9日（土）
4	株式会社小島組	安藤 朋春	あんどう ともはる	390-1242	愛知県 清須市船橋衛新長来	07-4581-	86,821,288円	2021年/1月/10日（日）
5	大阪光芸株式会社	吉田 涼	よしだ りょう	699-0238	静岡県 湖西市大知宮	04-1917-	23,361,986円	2021年/1月/11日（月）
6	株式会社東元電器	菊地 愛理	きくち あいり	121-0073	富山県 高岡市福田本町	02-7385-	87,042,289円	2021年/1月/12日（火）
7	埼玉デザイン株式会社	伊東 佑翔	いとう ゆうと	389-1501	福岡県 北九州市小倉南区富岡	05-7442-	9,903,489円	2021年/1月/13日（水）
8	大阪興設株式会社	河野 美空	かわの みそら	870-0841	大阪府 大阪市北区豊洲	06-9128-	37,417,701円	2021年/1月/14日（木）
9	株式会社山梨機械	久保 光太	くぼ こうた	188-0082	長野県 長野市若宮	094-899-	88,777,189円	2021年/1月/15日（金）
10	兵西商店有限会社	平野 莉乃	ひらの めびの	673-0013	熊本県 熊本市西区国土守	013-271-	64,668,717円	2021年/1月/16日（土）
11	大阪エンジニアリング株式会社	木下 美鈴	きのした みすず	972-8335	長野県 上田市若田	082-632-	99,926,229円	2021年/1月/5日（火）
12	大阪エンジニアリング株式会社	柴谷 利沙	ツジタヤ アヤカ	972-8335	長野県 上田市若田	082-632-	99,926,229円	2021年/1月/5日（火）
13	株式会社秋田サービス	岡本 光	おかもと ひかり	899-3311	長野県 大町市社	03-5675-	89,738,512円	2021年/1月/18日（月）
14	株式会社三恵電業	谷口 慶一	たにぐち よしかず	779-3402	高知県 安芸郡奈半利町	07-2293-	37,791,769円	2021年/1月/20日（水）
15	三恵ネットワーク株式会社	佐野 祐	さの ゆう	939-0309	秋田県 北秋田市脇神	06-5983-	43,792,879円	2021年/1月/21日（木）
16	大分サイエンス株式会社	大谷 裕斗	おおたに ゆうと	121-0073	富山県 南砺市田楽	05-8292-	73,583,792円	2021年/1月/22日（金）

従業員連絡先

	名前	名前フリガナ	性別	血液型	生年月日	時給	電話番号	携帯番号	メール
1	西本 勇	ニシモト ユウ	女	O	1977/12/13	¥1,000.0	0889-26-	090-0974-	nisimotoyuu@dion.ne.jp
2	石塚 ハルノ	イシヅカ ハルノ	女	AB	1971/6/11	¥900.0	03-3780-	090-4139-	isiduka154002@plala.or.jp
3	土井 重文	ツチイ シゲフミ	男	A	1970/4/23	¥900.0	075-463-	090-2918-	t6@nifty.com
4	坂口 繁治	サカグチ シゲハウ	男	B	1978/7/23	¥900.0	0426-95-	080-8957-	skgt@odn.ne.jp
5	岡野 清一	オカノ キヨカズ	男	B	1988/12/31	¥900.0	042-282-	090-7391-	okanokiyokazi@example.co.jp
6	日野 圭	ヒノ ケイ	女	O	1972/3/9	¥1,010.0	0854-21-	090-4257-	
7	向井 隆次	ムカイ タカジ	男	A	1982/9/1	¥1,010.0	042-424-	090-4052-	ikm19@example.ne.jp
8	岡部 一人	オカベ カズト	男	A	1986/1/15	¥1,050.0	0598-24-	070-8209-	
9	福井 征四郎	フクイ セイシロウ	男	B	1981/3/7	¥900.0	0573-04-	070-8919-	huk@dion.ne.jp
10	小柳 留美子	コヤナギ ルミコ	女	A	1978/6/5	¥900.0	082-644-		gn@gmail.com
11	水野 啓郎	ミズノ ヒロノリ	男	B	1992/5/6	¥900.0	04-4191-	070-1103-	hironori05@geocities.com
12	安部 希和	アベ キワ	女	O	1990/11/22	¥900.0	0467-16-	090-6975-	awik@mesh.ne.jp
13	溝口 美樹	ミゾクチ ミキ	女	A	1993/8/26	¥900.0	0563-06-	090-5804-	mizokuti9@example.net
14	飯田 茂一	イイダ シゲイチ	男	B	1976/7/8	¥900.0	050-4160-	070-6981-	itlegis92@livedoor.com
15	平岡 千鶴子	ヒラオカ チセコ	女	A	1992/5/19	¥900.0	01584-5-	090-9965-	tisekohira@sakura.ne.jp
16	新田 明日香	アラタ アスカ	女	A	1993/7/31	¥900.0	03-3546-	070-7664-	
17	田口 朝絵	タグチ トモエ	女	O		¥900.0			eomoti@ybb.ne.jp
18	川口 伸次郎	カワグチ シンジロウ	男	O	1983/11/28	¥900.0	0126-34-	080-5119-	
19	落合 範勝	オチアイ ノリカツ	男	O	1971/8/27	¥900.0	0133-26-	070-6007-	ieito@sannet.ne.jp
20	児玉 荘介	コダマ ソウスケ	男	O	1977/5/9	¥900.0	0268-98-	090-7073-	sousuke.kodama@example.com

POINT

①「Alt」キー＋「Enter」キーでセル内を改行する
セル内で改行することで文頭を揃えるほうがスマート。

②「折り返して全体を表示する」を使って全文表示する
セルの幅が狭すぎて表示されず幅を変えたくないときに有効。

③ 文字を「縮小して全体を表示する」で全文表示する
列の幅も高さも変えずに全文を表示することができる。

④「セルを結合する」で全文を表示させる
列の幅、高さ、文字の縮小率も変わらないが問題も。

⑤「####」になったらセルの幅を広げて解決する
基本的にはセルの幅を広げれば解決するが別の原因も。

⑥「####」の原因がマイナスの数値かどうか確認する
負の値が入力されているとエラーが出るので正の値に変更。

⑦ 小数点以下の桁数を減らして「####」を解消
「数値」で「小数点以下の表示桁数を減らす」をクリック。

⑧ 短い日付形式を選ぶと「####」が解消されることも
入力されている日付形式を短くするとエラーがなくなることも。

⑨ 先頭行に項目を入力
いきなり情報を入力せず項目名の行を設ける。

⑩ 単位は「表示形式」を設定
数値に単位を入力すると、Excel は数値として認識してくれない。

⑪ 空白行や空白列を間に入れない
データベースの情報はすべて連続している必要がある。

⑫ タイトル行とリストは1行空ける
タイトルもデータとして認識されてしまうことを防ぐ。

⑬ 1行に1件のデータを入れる
1行に2件以上のデータを入れないようにする。

⑭ セル結合は避ける
セルの結合をするとフィルター機能に不具合が出る場合も。

⑮ 横線だけでも罫線を使ってリストを見やすく
すべての罫線を引くのではなく横線だけにするとスッキリ見やすい。

⑯ 最初の行と列を空け、入力する
2列目以降にタイトルを入力することで枠線が隠れない。

⑰ 項目名の行にだけ背景色をつける
項目名に背景色をつけるだけでグンとリストが見やすくなる。

⑱ 数値の項目名を右揃えにしてカンマをつける
数値が右揃えになるので項目名も右揃え。「,（カンマ）」があると見やすい。

⑲ 目盛線や使用していない行や列は非表示にする
表示されていなくても問題ない部分は非表示にするほうがスッキリする。

⑳ タイトル行を常に表示するように固定しておく
どのページにいってもタイトル行（項目名）が見えるほうが便利。

㉑ 太字処理は使わずに「太いフォント」を使う
太字処理は印刷すると見づらくなるので元から太いフォントを選ぶ。

㉒ 文字色と背景色のバランスよい組み合わせを選ぶ
Excel に元々用意されている「配色」を選ぶのが無難。

POINT

㉓ 電話番号の項目は書式を「文字列」に
文字列にしないと数値として認識され先頭の 0 が消える。

㉔ 誰にでもわかる書式で日付を表示させる
いったん書式を設定すれば大量の日付も一括で表示できる。

㉕ 休日の文字色を条件付き書式で一発変換
あらかじめ設定すれば土曜を青、日曜を赤にでき見やすくなる。

**㉖ オートフィルのやり方はセルの右下の黒い十字を
ドラッグダウン**
日付、数式などを複数のセルに自動的に適用したいときはオートフィル。

㉗ 「重複の削除」で重複データを削除する
重複したデータを自動的に削除して、リストの精度を上げる。

㉘ 「Ctrl」キー＋「F」キーでリスト内の検索と置換を行う
重複したデータの見当がついているなら検索して個別に削除もできる。

**㉙ PHONETIC関数を用いて
漢字の名前に自動的にフリガナをつける**
フリガナをつけることで、検索、並べ替えがずっと便利に。

**㉚ 間違ったフリガナを訂正するなら
「Alt」キー＋「Shift」キー＋「↑」キー**
自動出力したフリガナに間違いがあったら個別に訂正する。

㉛ 最後にファイルを保存するときはA1にカーソルを合わせる
カーソルのある場所が開くため、次に見る人への気遣いが大切。

3章

Excelでグラフの達人になれるとっておきのワザ

ある程度Excelが使えるようになると、資料にグラフを入れたくなるものです。しかし、何も考えずに作られたグラフは表を見るより見づらいもの。目を引くグラフを作るにはコツが必要です。本章を読んでグラフの作り方をマスターしましょう。

数字の羅列をグラフで見やすく
数字だけでは資料として見づらい

　大量のデータをリスト化し、相手に一生懸命説明しているにもかかわらず、こちらの意図がまったく伝わらない、という経験は誰でも一度はあるはず。その原因の1つは「資料の見づらさ」にあります。

　たくさんの数字を表にするだけでは、数字が増えているのか、減っているのか、またどのような時系列で変化しているのかなどがわかりづらいのです。せっかく時間をかけて作った資料なのに、全然見てもらえない、理解されないのではまったく意味がありません。

　ビジネスにおいて、資料の見やすさ、わかりやすさは非常に重要です。パッと見て内容が理解でき、こちらの意図を伝えることができる資料を作るためには、情報を盛り込むだけでなく、「見やすさ」にも注目しなければなりません。

　この問題を解決するのが「グラフ」です。表をグラフにするだけで、驚くほど見やすくなります。視覚的に表現することで、データの変化や傾向、割合などを直感的に理解できるようになるからです。グラフは情報伝達ツールとしてビジネスには欠かせないものなのです。

　Excelには多様なグラフ作成機能があり、とても簡単に使うことができます。「棒グラフ」や「円グラフ」、「折れ線グラフ」「2軸グラフ」といった基本的なグラフから、「散布図」「レーダーチャート」「パレート図」など高度なグラフまで、さまざまな種類のグラフが用意されています。それぞれのグラフの特徴を理解して、用途に応じたグラフを選ぶ必要があります。

　よりわかりやすく、スマートな資料を作成するために、グラフ作成のポイントを押さえて、資料作りのスペシャリストになりましょう。

「挿入」タブを使った基本のグラフ作成を覚えよう

　グラフ作成には、データの入った表が必要です。表が整っていれば、わずかな手順で簡単にグラフが作成できます。グラフの作り方には「挿入」タブを使う方法と、「F11」キーを使った2つの方法があります。

　まず、「挿入」タブを使った基本のやり方をおさらいしてみましょう。

> ①グラフにしたいデータを範囲指定します。
> ②メニューの「挿入」タブをクリックします。
> ③「縦棒」「横棒」「折れ線」「円」などのグラフの種類を選んでクリックします。さらに細かいグラフの分類一覧が表示されるので、作成したいグラフを選択しましょう。

　これで、ワークシート上にグラフが作成されます。

　なお、グラフ内の空白部分をドラッグすると、グラフの移動が可能です。また、グラフの移動後にサイズを大きくすると見やすくなります。

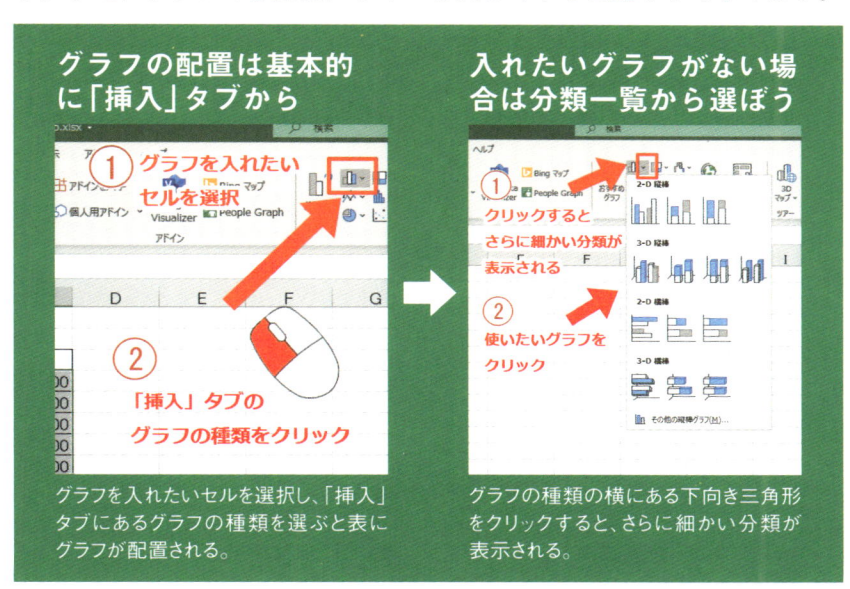

グラフの配置は基本的に「挿入」タブから

① グラフを入れたいセルを選択
② 「挿入」タブのグラフの種類をクリック

グラフを入れたいセルを選択し、「挿入」タブにあるグラフの種類を選ぶと表にグラフが配置される。

入れたいグラフがない場合は分類一覧から選ぼう

① クリックするとさらに細かい分類が表示される
② 使いたいグラフをクリック

グラフの種類の横にある下向き三角形をクリックすると、さらに細かい分類が表示される。

基本的なグラフ作成において、やりがちなミスがあります。それは、範囲を指定する際に「合計」を含めてしまうということ。合計の行や列を選択範囲に含めてしまうと、合計値まで一緒にグラフ化してしまい、棒グラフなら1本だけ突出したグラフになってしまいます。

　逆に離れた項目の数値の「合計」をグラフ化したい場合は、項目のデータを選択し、「Ctrl」キーを押しながら、合計のデータを「複数選択」しましょう。あとは同様に「挿入」タブからグラフの種類を選びます。

　グラフの色を変更したり、体裁を整えたりすることはあとからいくらでも可能です。まずはグラフを作成し、それからより見やすいデザインに修正していくことがポイントです。

「F11」キーで表をグラフに一発変換！

　グラフ作成のもう1つの方法は、「F11」キーを使う方法です。この方法は、「挿入」タブを使った基本のやり方よりもさらに簡単で、表をグラフに即座に変換することができます。

> ①データ範囲を指定します。
> ②「F11」キーを押します。

　ステップはこの2つだけ。これだけで、新しいワークシートが追加され、そのワークシートいっぱいに大きなグラフが作成されます。

　ショートカットキーを使うことで、基本のやり方よりも作業時間を短縮することができます。

　ただし、このショートカットキー「F11」を使った方法では、グラフの種類を指定できないので、意図したグラフの種類と異なるグラフが作成されることがあります。その場合は、メニューの「グラフの種類の変更」ボタンで種類を変更します。データ範囲もあとから修正することができるので、まずは表を作ってみましょう。

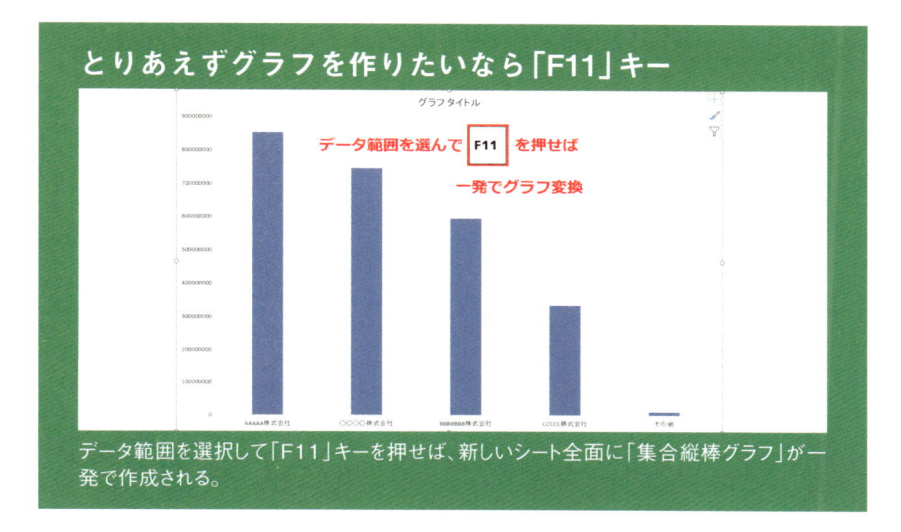

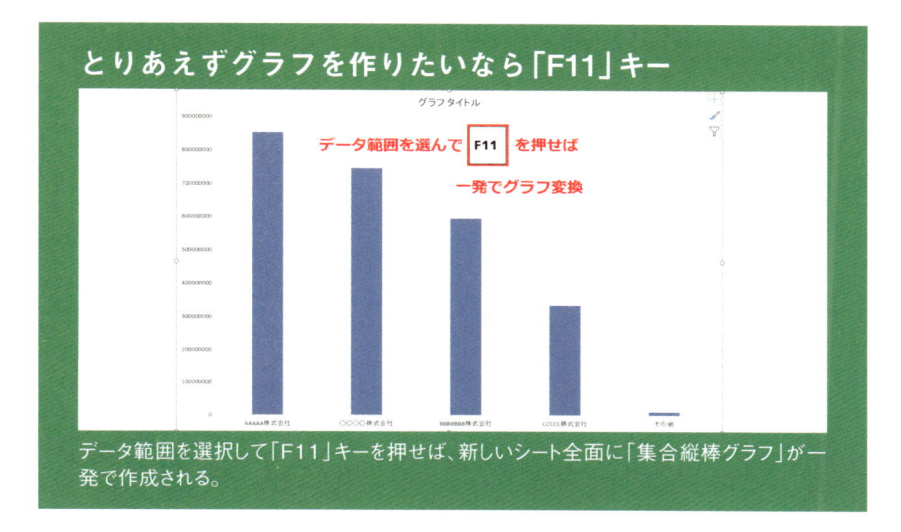

とりあえずグラフを作りたいなら「F11」キー

データ範囲を選んで F11 を押せば

一発でグラフ変換

データ範囲を選択して「F11」キーを押せば、新しいシート全面に「集合縦棒グラフ」が一発で作成される。

 （本文）

「F11」キーを使ったショートカットのほうが、表をグラフに一発変換できるので、基本のやり方よりもスマートです。しかし、常に「ショートカット」で作成すればよいかといえば、そうではありません。

この2つの方法には使い分けが必要です。

基本の「挿入」タブから作成したグラフと、「F11」キーを使って作成したグラフは、軸の目盛りの文字、凡例などとのバランスが大きく異なります。どちらのグラフが向いているかは、作成する資料次第です。

通常、「F11」キーで作成したグラフは A4 横の用紙ぴったりに印刷できるように設定されているので、1枚ものの資料に向いています。

一方、資料の中にオブジェクトとして利用する場合、グラフをコピー＆ペーストする必要がありますが、グラフを縮小すると、項目軸、数値軸の文字が小さくなりすぎて読みづらくなってしまいます。この場合は、ショートカットキーではなく「挿入」タブから種類を選ぶ方法でグラフを作成したほうが早いでしょう。

また、「F11」キーを使う場合、最初にグラフの種類を選べないので、あとから別の種類のグラフに変更しなければならない、などの手間がかかることがあります。

「F11」キーで作成されるグラフの種類は、標準グラフに設定されてい

るグラフです。デフォルトでは「集合縦棒」グラフが標準グラフに設定されています。よく使うグラフが「集合縦棒」以外の種類であるなら、標準グラフの設定を「集合縦棒」から別の種類のグラフに変えておく、という手もあります。

　しかし、作業時間を短縮するためのショートカットキーのはずが、かえって時間がかかる結果になってしまっては意味がありません。

　どちらの方法が向いているか、作成したいグラフの種類や資料の体裁をよく考えて判断しましょう。

❖「挿入」タブからグラフを作成する

◎メリット

・グラフの種類を最初に選ぶことができる。
・オブジェクトとして作成するので、資料の中にそのまま挿入することができる。

×デメリット

・グラフを1枚ものの資料として使う場合、調整が必要になる。

❖「F11」キーを押してグラフを作成する

◎メリット

・作業時間を短縮できる。
・グラフを1枚ものの資料としてそのまま印刷して使うことができる。

×デメリット

・基本的な「集合縦棒」グラフ以外を作る場合、変更の手間がかかる。
・オブジェクトとして利用する場合、目盛りの文字が読みづらくなる。

「挿入」タブをクリックしてグラフを選択する基本のやり方と、「F11」キーを使ったショートカット、この2つのやり方を適宜使い分けることで、よりスマートに資料を作成することができるはずです。

グラフは修正するのが当たり前

簡単にグラフを作成できても、そのまま資料として使うにはイマイチ、ということがよくあります。文字配置のバランスが悪い、ラベル表示がわかりにくい、デザイン的に見栄えがしない……など、視覚効果を最大限発揮できていないことがあるのです。グラフの種類や表示方法はもちろんのこと、文字やデザインを細かく調整することにより、伝えたい情報をより的確にスマートに表現できます。

最初にできたグラフは叩き台

最初に作成したグラフは、あくまでも叩き台です。そもそも、イメージ通りのグラフが一発で作成されるということはそうそうありません。あなたのスキルが足りないのではなく、そういうものだと割り切って考えましょう。Excel のグラフは修正ありき、なのです。

まずは、グラフの位置を変えてみます。グラフの何もない部分にマウスポインターを合わせると表示される「グラフエリア」をクリックして選択しましょう。そのままドラッグすると、グラフが移動します。グラフの角がセルの枠線ぴったりに合うよう移動させたい場合は、「Alt」キーを押しながらドラッグします。

次にグラフの大きさを変えます。「グラフエリア」を選択し、グラフの枠線上に表示される白丸の「選択ハンドル」をクリックすると、ポインターが十字に変わります。そのままドラッグすると、拡大や縮小ができます。縦横比を保ったまま拡大、縮小したいときは、「Shift」キーを押しながらドラッグします。

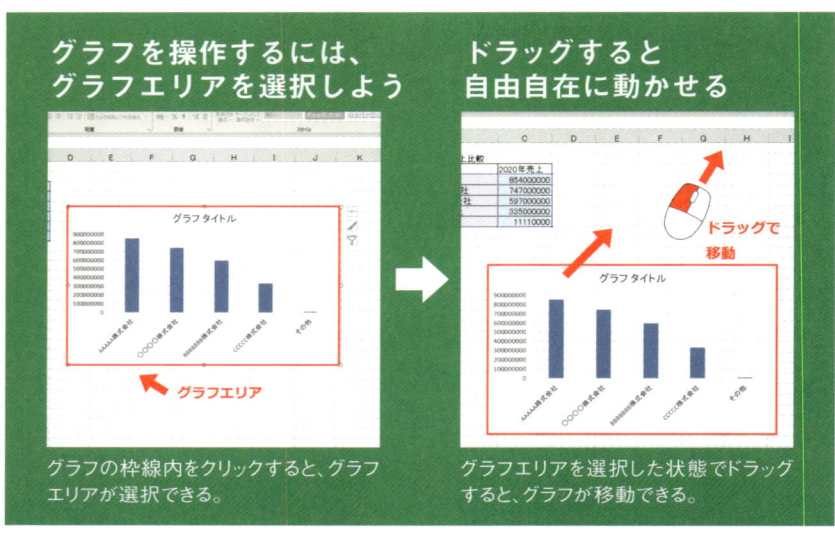

グラフを操作するには、グラフエリアを選択しよう

グラフの枠線内をクリックすると、グラフエリアが選択できる。

ドラッグすると自由自在に動かせる

グラフエリアを選択した状態でドラッグすると、グラフが移動できる。

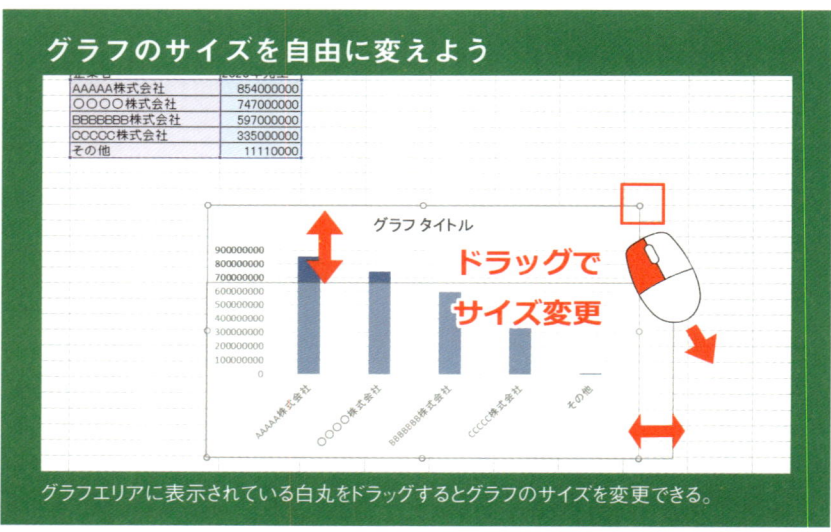

グラフのサイズを自由に変えよう

グラフエリアに表示されている白丸をドラッグするとグラフのサイズを変更できる。

　今度はグラフの種類を変えてみましょう。「グラフエリア」を選択し、「グラフツール」の「グラフのデザイン」タブをクリックしましょう。「グラフの種類の変更」をクリックすると、ダイアログボックスが表示されます。プレビューが表示されるので、変更後のグラフを確認しながら、変更したいグラフの種類を選択し、「OK」をクリックすると、グラフの種類が変わります。

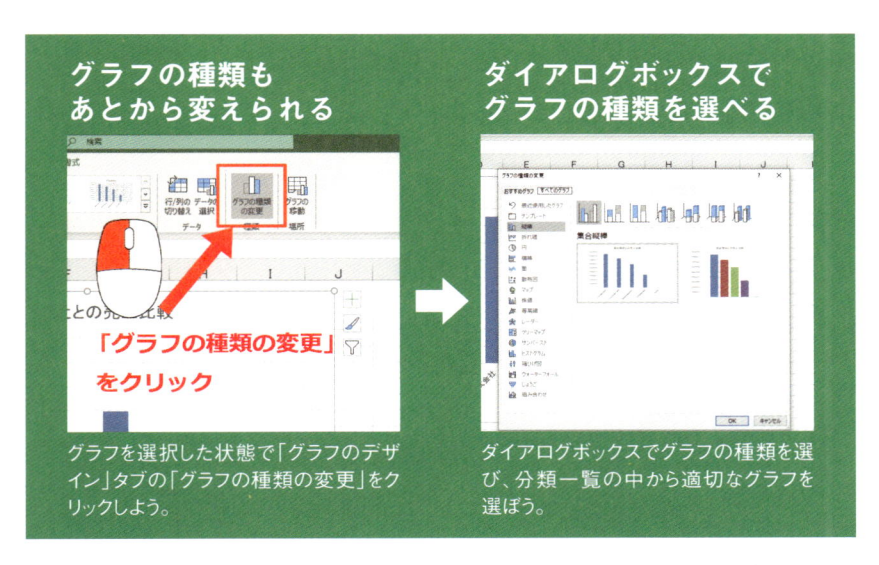

**グラフの種類も
あとから変えられる**

「**グラフの種類の変更**」
をクリック

グラフを選択した状態で「グラフのデザイン」タブの「グラフの種類の変更」をクリックしよう。

**ダイアログボックスで
グラフの種類を選べる**

ダイアログボックスでグラフの種類を選び、分類一覧の中から適切なグラフを選ぼう。

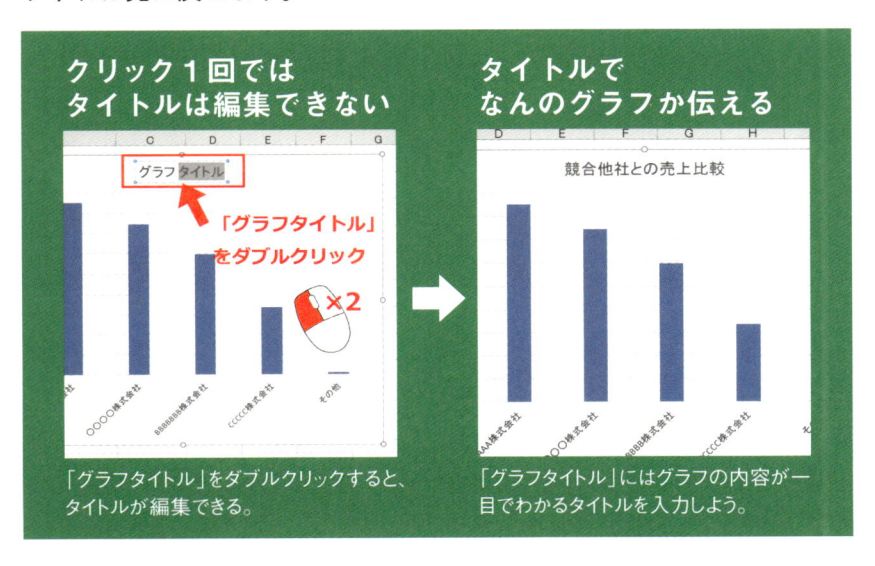

**クリック1回では
タイトルは編集できない**

「**グラフタイトル**」
をダブルクリック
×2

「グラフタイトル」をダブルクリックすると、タイトルが編集できる。

**タイトルで
なんのグラフか伝える**

競合他社との売上比較

「グラフタイトル」にはグラフの内容が一目でわかるタイトルを入力しよう。

　次はグラフタイトルを入力してみます。「グラフタイトル」を2回クリックし、編集可能にしましょう。"グラフタイトル"の文字を「BackSpace」キーで削除し、入力したいタイトルを入力します。ボックス自体を削除したい場合は、1回クリックして「Delete」キーを押せば削除できます。誤って削除してしまった場合は、「元に戻す」をクリックすれば元に戻せます。

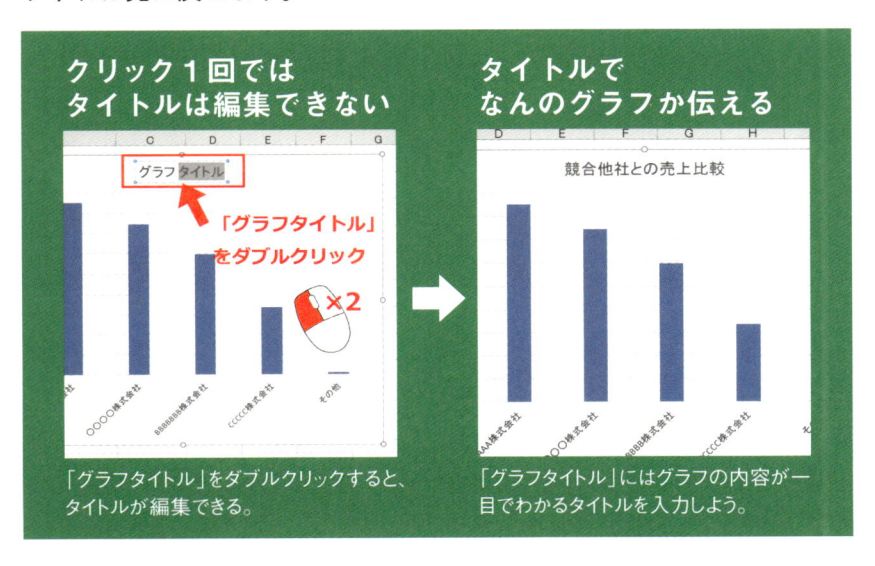

見栄えのするグラフデザインに修正する

　Excel でグラフを作成すると、そのままでは色合いやデザインが単調であまり見栄えがしません。より見やすく目立たせるグラフにするために、デザインや色を変更してみましょう。

　グラフ要素を1つずつ変更していくこともできますが、そんな手間はかけられないという場合は「グラフスタイル」という機能を使って一発でデザインを変更することができます。「グラフエリア」を選択し、「グラフツール」の「グラフのデザイン」タブをクリックしましょう。「グラフスタイル」の下向き三角形「その他」をクリックし、グラフスタイルのリストを展開します。変更したいデザインを選択してクリックします。

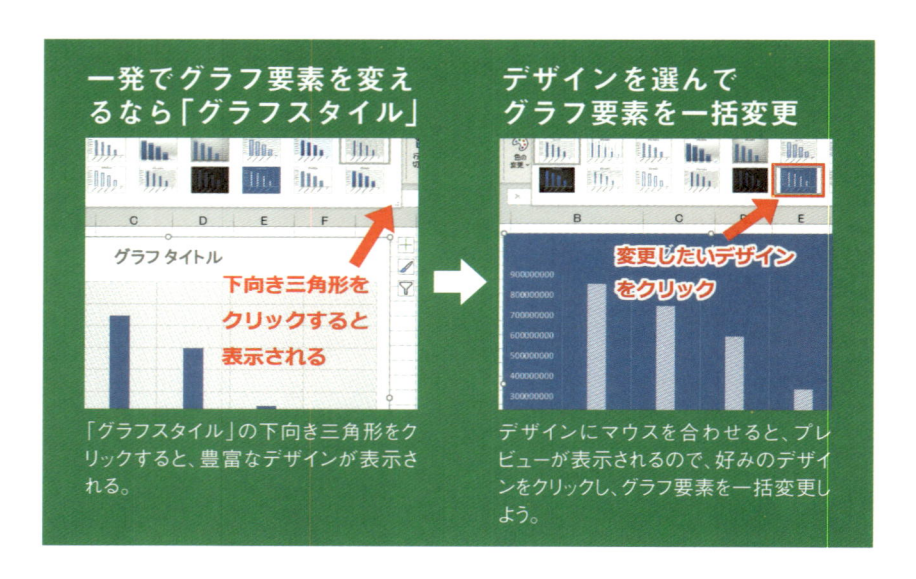

一発でグラフ要素を変えるなら「グラフスタイル」

下向き三角形をクリックすると表示される

「グラフスタイル」の下向き三角形をクリックすると、豊富なデザインが表示される。

デザインを選んでグラフ要素を一括変更

変更したいデザインをクリック

デザインにマウスを合わせると、プレビューが表示されるので、好みのデザインをクリックし、グラフ要素を一括変更しよう。

　グラフスタイルはそのままで、グラフの色を全体的に変えることも簡単にできます。「グラフエリア」を選択し、「グラフツール」の「グラフのデザイン」タブの「色の変更」をクリックします。「カラフル」と「モノクロ」のパレットが表示されます。マウスを合わせるとプレビューが表示されます。変更したい色を選択してクリックしましょう。

グラフの右上に表示される「グラフスタイル」ボタン（絵筆のアイコン）をクリックしてデザインや色を選択することもできます。

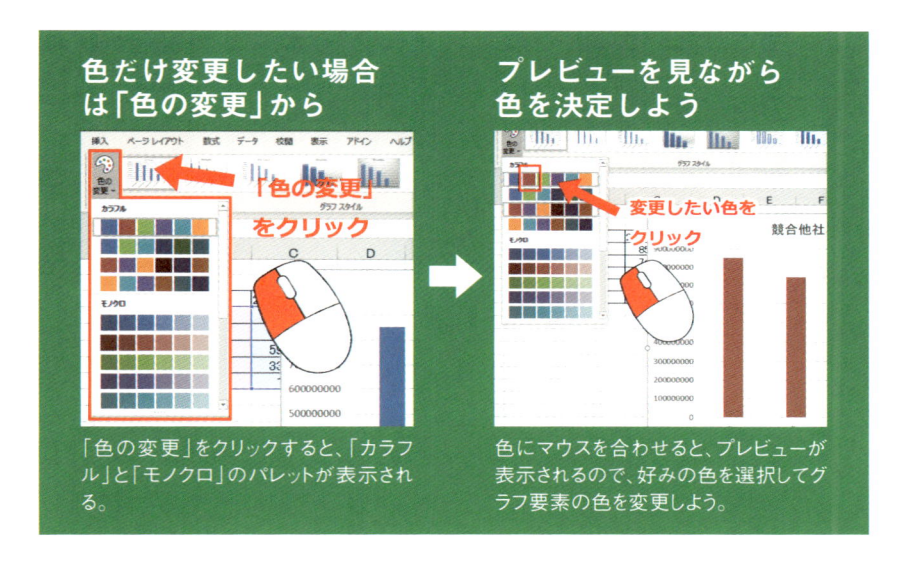

色だけ変更したい場合は「色の変更」から

「色の変更」をクリックすると、「カラフル」と「モノクロ」のパレットが表示される。

プレビューを見ながら色を決定しよう

色にマウスを合わせると、プレビューが表示されるので、好みの色を選択してグラフ要素の色を変更しよう。

文字を調整してグラフを見やすく

グラフにはグラフタイトル、項目名、凡例など、さまざまな文字情報が含まれています。見やすいグラフを作るために、全体的に文字を大きくしたり、グラフタイトルを特に大きくして目立たせたりするなど、工夫をしてみるとよいでしょう。グラフの大きさや資料全体のバランスなどを考慮して、適切な文字のサイズ、書式を設定してください。

グラフ内の文字のサイズやフォントを調整する場合は、まずはグラフ全体に共通の文字サイズ、フォントを設定しましょう。そのあとでバランスを見ながら、それぞれの各グラフ要素のサイズに変化をつけるなどして、目立たせるグラフにしていくのがおすすめです。

「グラフエリア」を選択し、「ホーム」タブをクリックします。「フォントサイズ」の下向き三角形から、設定したい文字のサイズを選んでクリックすると、グラフの中にある文字のサイズがまとめて設定されます。

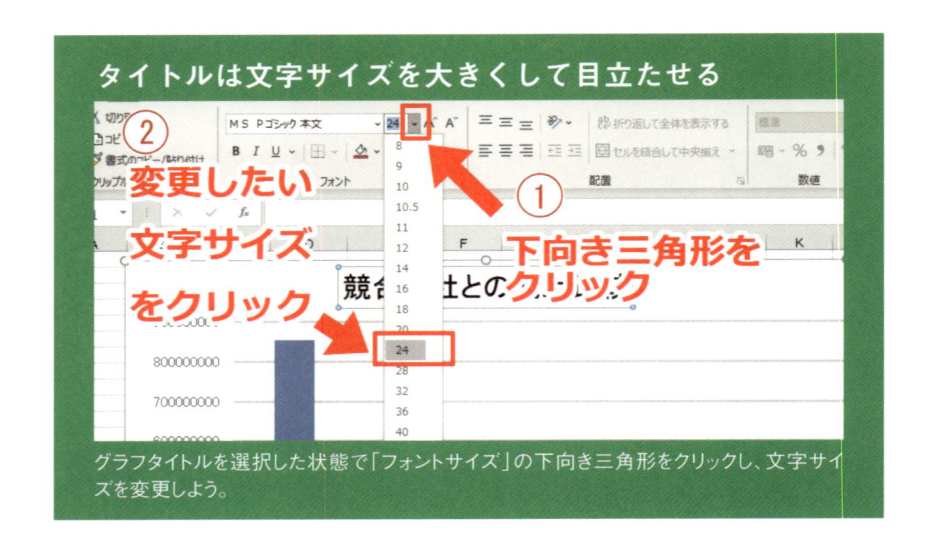

タイトルは文字サイズを大きくして目立たせる

グラフタイトルを選択した状態で「フォントサイズ」の下向き三角形をクリックし、文字サイズを変更しよう。

「フォントサイズ」のほか、フォント（字体）や文字の色を変えることもできます。

　全体の書式が設定されたら、各グラフ要素の文字のサイズを調整しましょう。今回は、特に「グラフタイトル」を目立たせるため、文字サイズを大きくしてみましょう。「グラフエリア」を選択し、「グラフタイトル」をクリックします。「ホーム」タブをクリックし、「フォントサイズ」の下向き三角形から、設定したい文字のサイズを選んでクリックします。フォント（字体）や太字、文字色も選択できます。

　同様にほかのグラフ要素も、文字サイズを小さくしたり、色を変更したりすることができます。文字に変化をつけることで、より見やすくスマートなグラフになります。

「行／列の入れ替え」で意図するグラフに直す

　Excel でグラフを作成したとき、グラフの縦軸で表している「凡例」と横軸の「項目」が意図していたものと逆になってしまった！ということがよくあります。こういう事態に陥ったとき、表の「行／列」を反対

にしてしまったせいだと思って、表そのものを作り替えている人を見かけます。これでは非常に時間がかかり、「グラフ作りってなんて面倒なんだろう」とグラフに苦手意識を持ってしまいます。

　まずは「行／列」はグラフの基になっている表のことを指していて、グラフの「縦軸／横軸」を指しているのではない、ということを理解しておきましょう。縦棒グラフの場合を例にすると、横軸を「項目軸」、縦軸の目盛りを「数値軸」、縦軸で示される同じ色のグラフのデータ群を「データ系列」、それぞれのデータ系列のタイトルを「凡例」と呼びます。そして、実はグラフの縦軸と横軸は、簡単に入れ替えることができます。グラフエリアをクリックし、「グラフツール」の「デザイン」タブの「行／列の切り替え」をクリックすると、「項目軸」と「凡例」を入れ替えられます。

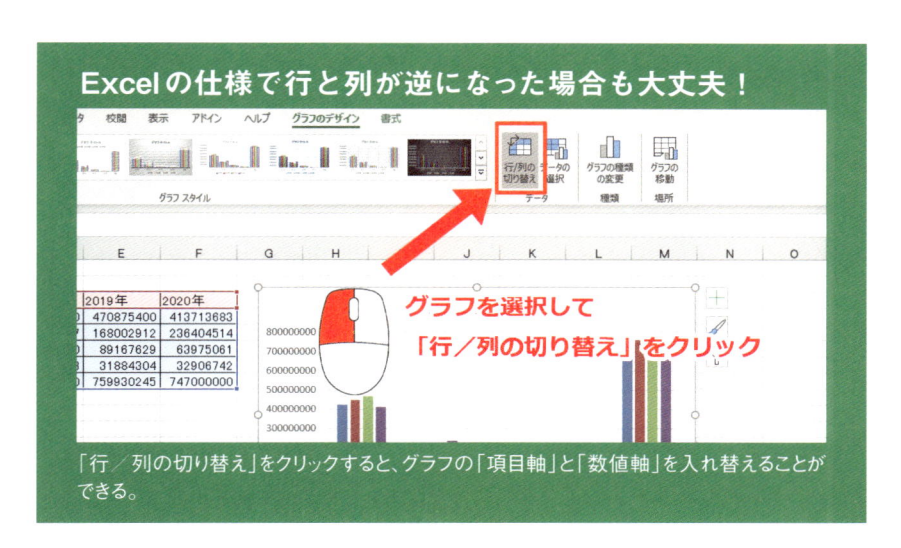

「行／列の切り替え」をクリックすると、グラフの「項目軸」と「数値軸」を入れ替えることができる。

　なぜExcelのグラフは、基になる表によって「行」が「項目軸」になったり、「列」が「項目軸」になったりするのでしょう？　これは、Excelには「データ範囲の行／列のうち、項目数が多いほうが項目軸になる」というルールがあるためです。このルールさえ理解しておけば、表の「行／列」のどちらが項目軸になるのか、パッと見ただけで判断ができます。

グラフに内容を追加する

　表に追加した内容をグラフにも追加したい、ということはよくあります。たとえば、毎年作成している資料のグラフに、今年度分のデータを追加したい、といった場合です。こんなとき、グラフを最初から作り直している人はいませんか？　設定がすべてなかったことになり、また1から設定しなければなりません。非常に時間の無駄です。

　グラフにデータを追加したい場合、グラフデータの範囲を変更するだけで、自動的に表のデータがグラフに反映されるのです。元表と同じワークシート上にグラフがある場合、「グラフエリア」を選択すると、元表に項目名や系列名を囲む枠線が出てきます。このとき、項目名や系列名は赤色と紫色の枠線、数値は青色の枠線で囲まれていますが、この色のついた枠線を「カラーリファレンス」と呼びます。「カラーリファレンス」の角にマウスポインターを合わせて、追加したいデータの部分までドラッグすると、グラフに新しいデータが追加されます。また、同じ方法で、逆にデータ範囲を縮小することもできます。

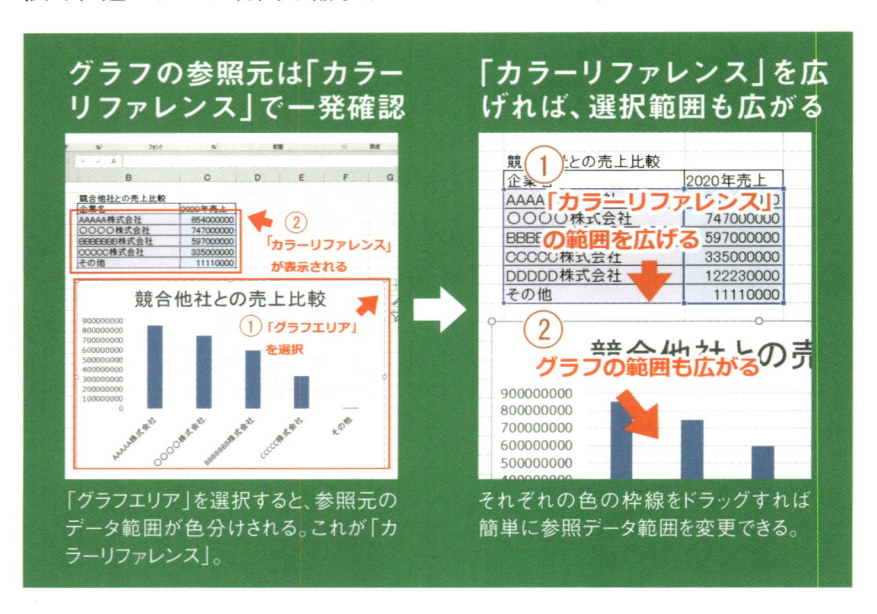

グラフの参照元は「カラーリファレンス」で一発確認

②「カラーリファレンス」が表示される

①「グラフエリア」を選択

「グラフエリア」を選択すると、参照元のデータ範囲が色分けされる。これが「カラーリファレンス」。

「カラーリファレンス」を広げれば、選択範囲も広がる

①「カラーリファレンス」の範囲を広げる

②グラフの範囲も広がる

それぞれの色の枠線をドラッグすれば簡単に参照データ範囲を変更できる。

　グラフが別のワークシート上にある場合、別の方法を使う必要があります。「グラフエリア」を選択後、「グラフツール」の「デザイン」タブの中の「データの選択」をクリックしましょう。「データソースの選択」のダイアログボックスが表示されるので、追加したいデータをドラッグして、「グラフデータの範囲」を選択し、「OK」をクリックすると、グラフに新しいデータが追加されます。

　また、「グラフツール」を使わなくても、プロットエリアで右クリックし、ダイアログボックスから「データの選択」をクリックすれば、同じようにデータ範囲を変更することができます。

　元表と同じワークシート上にグラフがある場合でもこの方法でデータ範囲を変更できます。同じワークシート上で離れたセルを範囲指定している場合も「データの選択」から範囲を変更します。

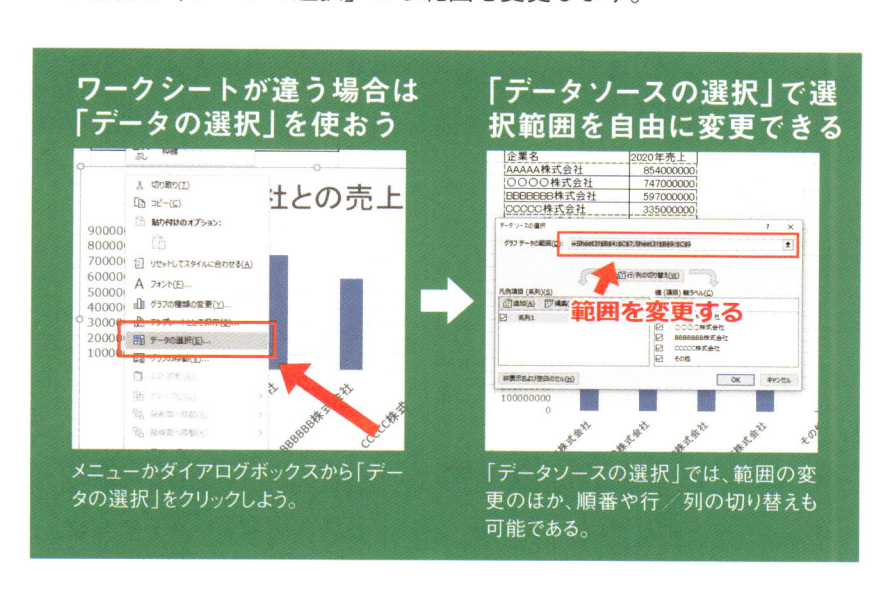

メニューかダイアログボックスから「データの選択」をクリックしよう。

「データソースの選択」では、範囲の変更のほか、順番や行／列の切り替えも可能である。

ラベルを追加してよりわかりやすく

　グラフの中にラベルを追加することによって、グラフ要素が何を表しているのかパッと見てわかるようになります。ラベルはグラフ要素の説

明欄です。よりわかりやすく、スマートな資料にするため、ラベルを追加してみましょう。

　グラフの縦軸と横軸は何を表しているのか、「軸ラベル」を挿入するとわかりやすくなります。たとえば、縦の数値軸は売上高ということが一目でわかるように、数値の左側に「売上高（円）」と軸ラベルを挿入するのです。軸ラベルは数値軸の左側と、項目軸の下の2カ所に挿入することができます。まず、「グラフエリア」を選択します。「グラフツール」の「デザイン」タブをクリックし、「グラフ要素を追加」をクリックします。「軸ラベル」にマウスポインターを合わせて、「第1縦軸」をクリックすると、軸ラベルのテキストボックスが挿入されます。

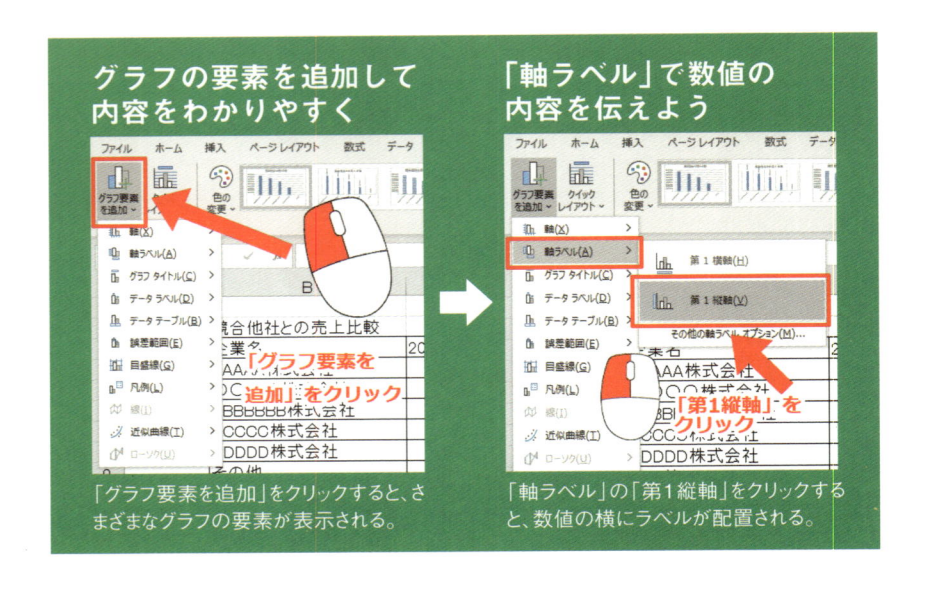

「グラフ要素を追加」をクリックすると、さまざまなグラフの要素が表示される。

「軸ラベル」の「第1縦軸」をクリックすると、数値の横にラベルが配置される。

　このままでは横書きで見にくいので、縦書きに変える操作をします。挿入された軸ラベルのテキストボックスを右クリックして、「軸ラベルの書式設定」をクリックし、「文字のオプション」をクリックします。「テキストボックス」のアイコンをクリックし、「文字列の方向」の下向き三角形から「縦書き」を選択します。なお、「第1横軸」を選べば項目軸に軸ラベルを挿入することができます。

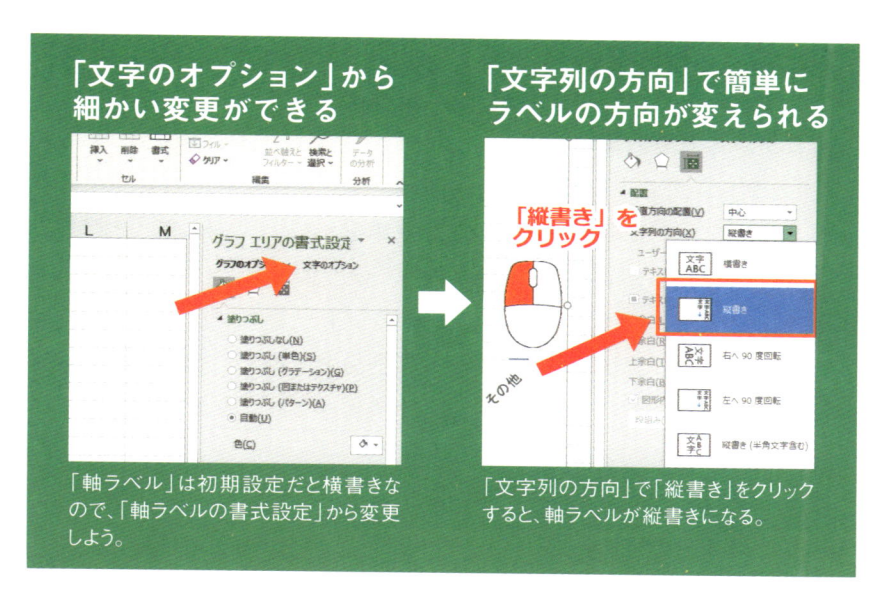

「文字のオプション」から細かい変更ができる

「文字列の方向」で簡単にラベルの方向が変えられる

「縦書き」をクリック

「軸ラベル」は初期設定だと横書きなので、「軸ラベルの書式設定」から変更しよう。

「文字列の方向」で「縦書き」をクリックすると、軸ラベルが縦書きになる。

　グラフ上に直接数値が記載されていれば、元表を参照する手間を省くこともできます。この数値を「データラベル」と呼びます。

　棒グラフの各データ系列の上部に、データラベルを挿入してみましょう。「グラフエリア」を選択し、「グラフツール」の「デザイン」タブをクリックします。「グラフ要素を追加」をクリックし、「データラベル」にマウスポインターを合わせて、「外側」をクリックします。「データラベル」が挿入され、グラフ上に数値データが表示されました。

　データラベルは「外側」ではなく「内側」や「吹き出し」なども選ぶことができます。

「クイックレイアウト」で複数の要素をまとめて追加する

　ここまで「グラフタイトル」「軸ラベル」などのグラフ要素を追加し、グラフを自分の意図に沿うよう修正する方法を学んできました。

　しかし、グラフ要素を1つずつ追加していくのは面倒くさい、という人もいるでしょう。そんな人には「クイックレイアウト」がおすすめ

です。

「クイックレイアウト」には、グラフ要素を組み合わせたさまざまなレイアウトが用意されています。いちいちグラフ要素を追加しなくても、「クイックレイアウト」の中に条件を満たしてくれるレイアウトがあれば、一発でグラフを修正することができます。

「グラフエリア」を選択し、「グラフツール」の「グラフのデザイン」タブをクリックします。「クイックレイアウト」をクリックすると、レイアウトの一覧が表示されます。マウスを合わせると、適用後の状態を確認できます。レイアウトをクリックすると、グラフが変更されます。

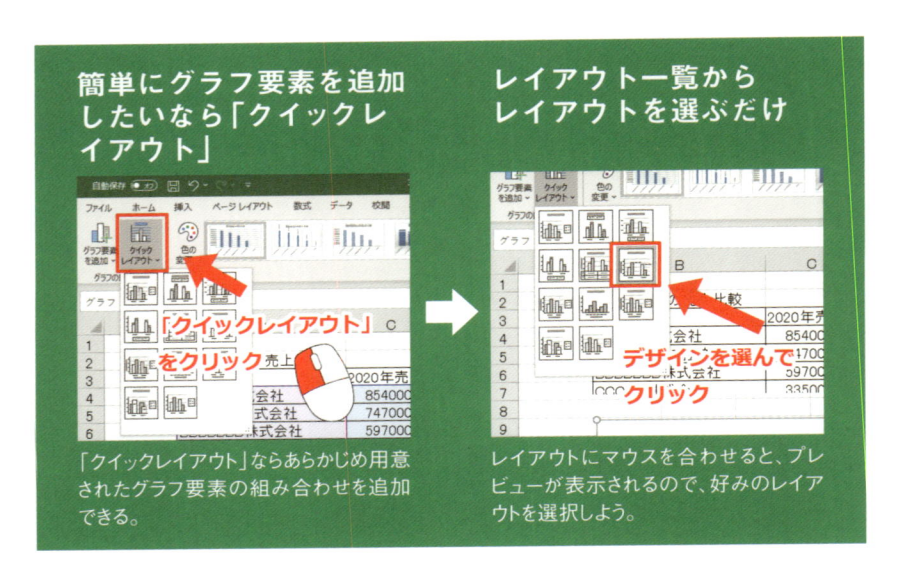

「クイックレイアウト」ならあらかじめ用意されたグラフ要素の組み合わせを追加できる。

レイアウトにマウスを合わせると、プレビューが表示されるので、好みのレイアウトを選択しよう。

また、目的に合ったレイアウトがわからない、という場合にも、何パターンか試すことで、適したレイアウトを見つけることができるかもしれません。

1つずつグラフ要素を追加、修正していくよりも断然効率的な方法ですが、先に「グラフタイトル」や「軸ラベル」などを追加していた場合、あとから「クイックレイアウト」でレイアウトを変更すると、レイアウトによってはそれらのデータが削除されてしまうことがあります。「グラフスタイル」で変更した色やデザインはそのまま残るので大丈夫です。

増やすのではなく
減らすことがポイント

　これまでの方法をマスターし、グラフ作りにも慣れてきたら、いろいろな情報を追加したり、視覚効果を試したりしてみたくなるかもしれません。

　しかし、見やすく、スマートなグラフを作成するためには、情報を盛り込みすぎないことがポイントです。あれもこれも追加してしまうと、逆にごちゃごちゃして見にくいグラフになってしまいます。

　そのグラフで伝えたい重要なポイントは何なのかを考え、必要な情報だけを表示するようにしましょう。

グラフの「視覚効果」は使わないほうが無難

　Excel のグラフにはさまざまな「視覚効果」が用意されています。視覚効果の使い方次第でグラフは華やかな印象になります。

　立体的な3D表示にすることもでき、派手でカッコいい印象を与えることができます。しかし、実はビジネスの資料としてはあまりおすすめしません。

　資料として見たときに、3D表示されたグラフよりも、平面で表示されたグラフのほうが、数字を比較しやすいのです。3D表示でどれだけ目を引いても、グラフ自体が見づらくなってしまっては意味がありません。わかりやすく見やすい、スマートなグラフを目指すなら、「3Dはあまり使わないほうがいい」と覚えておきましょう。

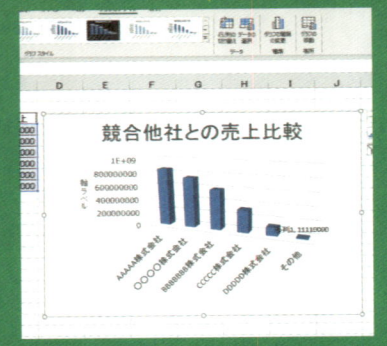

**3D表示だとグラフの差が
わかりづらい**

一見おしゃれな3D表示ですが、それぞれ
のグラフの差はわかりづらく、情報の比較
には向いていない。

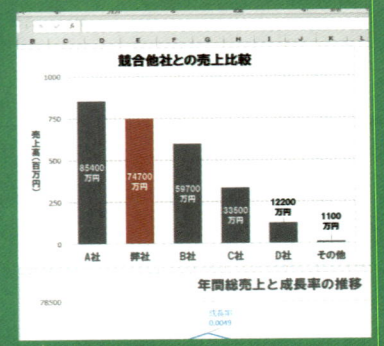

**2Dでも見た目を工夫すれ
ば十分おしゃれ！**

2Dのグラフならそれぞれのグラフの差が
見やすい状態で見た目を整えられる。

グラフの色を減らして統一感を出す

　カラフルなグラフは目を引くように感じますが、色が多すぎると、ど
のデータに注目したらよいのかもわかりづらいです。
「グラフツール」の「デザイン」タブのパレットで色を変更する場合、「カ
ラフル」のパレットよりも「モノクロ」のパレットから選ぶのがおすす
めです。同系色の濃淡でグラフを表現しているので、グラフ全体に統一
感が出るのです。
　色合いは暖色系（赤、オレンジ、黄色）にするか、寒色系（青、水色、
青緑）や中性色系（緑、紫）にするかでも印象が変わるので、資料全体
のイメージや目的、伝えたいことなどを考慮して、色を決めましょう。
　白黒印刷の場合は「ページ設定」で「白黒印刷」にチェックを入れて
おけば、“黒”“白”“網掛け”に自動でカラーを変換してくれます。カラー
で作ったグラフを「白黒印刷」にチェックを入れずにモノクロプリンター
で印刷してしまうと、淡い色はすべて灰色になり、区別がつかなくなっ
てしまうので注意しましょう。

棒グラフを1本だけ目立たせる

　特定のデータ要素のみを目立たせたい場合、あえて周りを地味な色合いにして、目立たせたい部分にだけ色をつける、という方法が使えます。使っている色数は少ないのに、カラフルなグラフよりも、かえって見やすいグラフとなるのです。

　棒グラフの場合、全体の棒をグレーにして1本だけ赤にすると、とても目立ちます。まずは色を変える系列をクリックします。系列の棒すべての四隅に丸印がついて、選択されていることを確認しましょう。「グラフツール」の「書式」タブをクリックし、「図形の塗りつぶし」の下向き三角形をクリックすると、カラーパレットが表示されます。色にマウスポインターを合わせるとプレビュー表示されるので、色を選択してクリックすると、すべての系列（棒）の色が変わります。

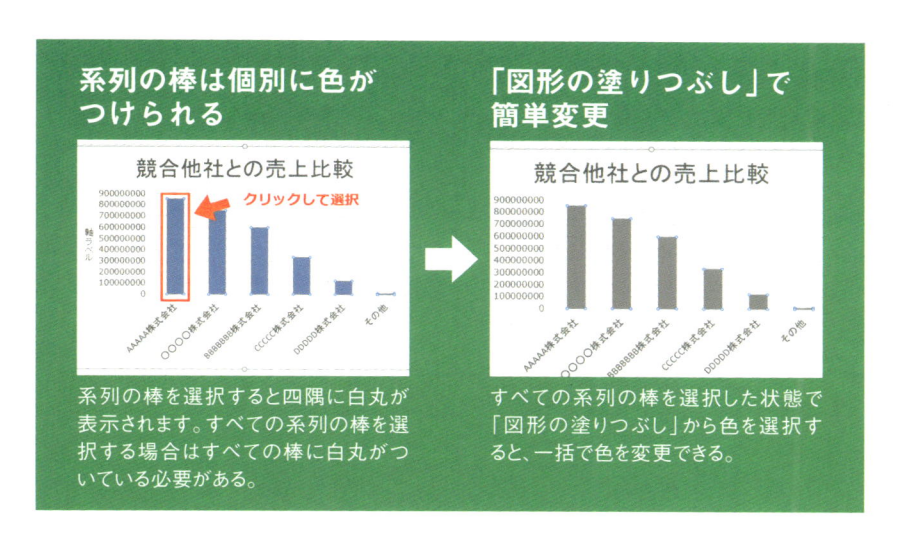

系列の棒は個別に色がつけられる

競合他社との売上比較

クリックして選択

系列の棒を選択すると四隅に白丸が表示されます。すべての系列の棒を選択する場合はすべての棒に白丸がついている必要がある。

「図形の塗りつぶし」で簡単変更

競合他社との売上比較

すべての系列の棒を選択した状態で「図形の塗りつぶし」から色を選択すると、一括で色を変更できる。

　次に1本だけ色を変更します。目立たせたい棒を選び、クリックします。「図形の塗りつぶし」をクリックして、目立つ色を選択すると、1本だけ色が変わります。棒グラフだけでなく、円グラフでも同様のやり方で色を1つだけ目立たせることができます。

「項目名」は短いほうが見やすい

　グラフの基になる表の項目名が長いと、項目軸に表示される文字列も長くなります。社名などを略称にしたり、日付の表示も月のみの表示に変えたりしてグラフの項目名を短くしましょう。ちなみに、日付の表示は「軸の書式設定」内の「表示形式」で変更することができます。

　しかし、どうしても項目名を省略できない、ということもあるかもしれません。元表の項目名が長い場合、縦棒グラフを作成すると長い項目名は各系列の下に斜めに表示されます。斜めの文字ではどの項目がどの棒グラフに対応しているのかわかりづらく、とても見にくいグラフとなってしまいます。そんなときは、項目名を縦書きにしてみましょう。棒グラフの真下に縦書きで項目名を表示すると見やすくなります。

　まず、「項目軸」（横軸）を右クリックします。「軸の書式設定」をクリックし、「文字のオプション」から「テキストボックス」をクリックします。「文字の方向」の下向き三角形をクリックして、「縦書き」を選択すると、「項目軸」（横軸）が縦書きになります。

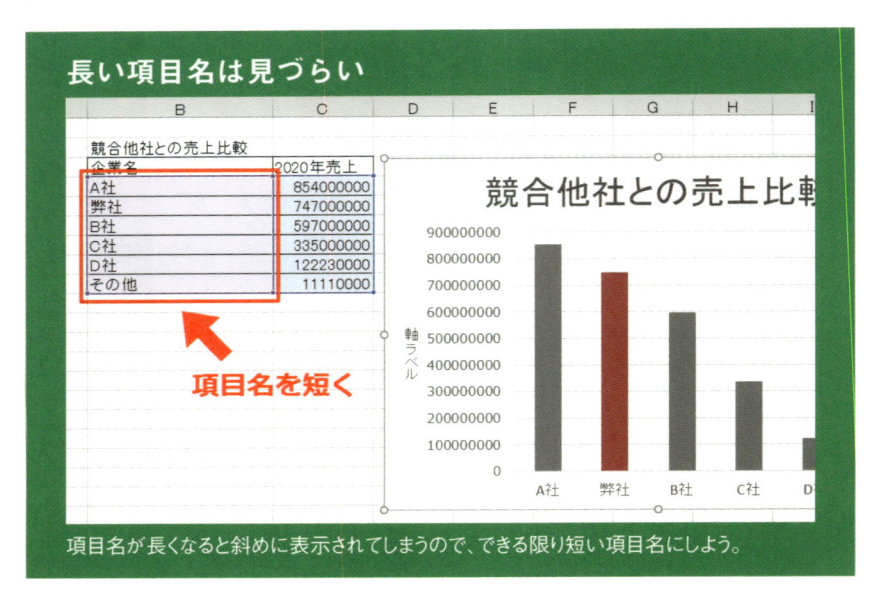

項目名が長くなると斜めに表示されてしまうので、できる限り短い項目名にしよう。

　項目軸（横軸）に半角数字やアルファベットが含まれていると、縦書き設定に変更しても文字は90度回転した状態で表示されます。「文字の方向」で「縦書き（半角文字を含む）」を選択すると縦書きになりますが、文字間隔が空いてしまうので逆に見にくい場合もあります。

　単純に表の横幅を長くして、項目名の斜め書き表示を解除する手もありますが、どうにもバランスが悪いという場合は、縦棒グラフから、横棒グラフに種類ごと変えてしまうのもありかもしれません。横書きならば、項目名が長くても気になりません。

　大事なのは、いかに格好いいグラフを作るかではなく、見やすく伝わるスマートなグラフにするか、ということです。いろいろなデザインや表示方法を試して比べてみて、最適なグラフを作りましょう。

グラフの読みやすさを考えて軸の数値を直す

　売上高や予算、人口など大きな数字を扱うグラフでは、数値軸に振られる数字の桁も、数千万、数億と大きくなります。そのため、グラフには「50,000,000」、「100,000,000」……と表示され、数値が上がっていくほど0が増えて読み取るのが大変です。こんなときは、「万単位」や「百万単位」など、読みやすいように省略した数値が軸に振られるようにするとよいでしょう。

　たとえば、軸の単位に「（万）」とつけて、5千万は「5,000」、1億は「10,000」、1億5千万は「15,000」、2億は「20,000」と表示するのです。各段に数字が読みやすくなり、0の数が減ってグラフもスッキリします。

　まず、縦（数値）軸を右クリックし、「軸の書式設定」をクリックしましょう。「表示単位」の下向き三角形をクリックします。表示単位を選んでクリックすると、表示単位が変わり、数値軸の脇に「表示単位ラベル」が追加されました。

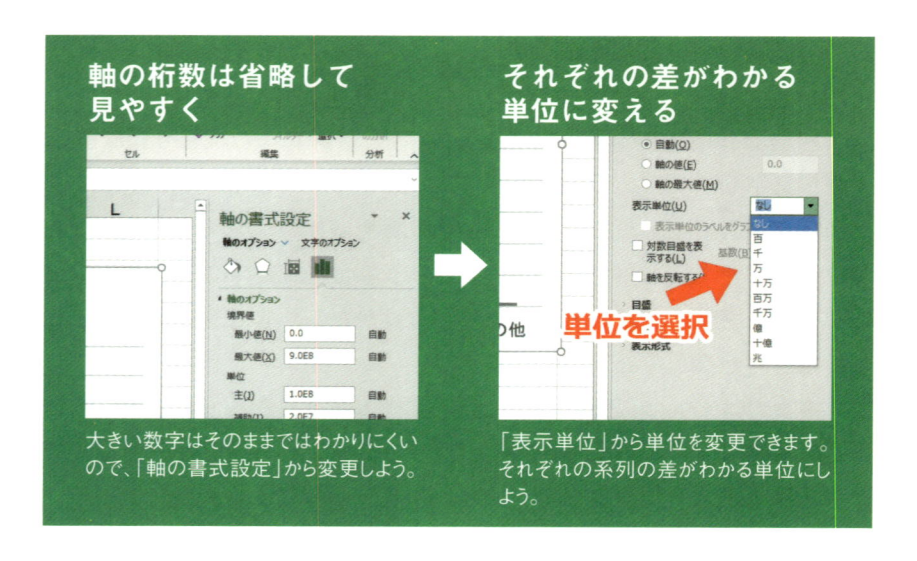

**軸の桁数は省略して
見やすく**

大きい数字はそのままではわかりにくい
ので、「軸の書式設定」から変更しよう。

**それぞれの差がわかる
単位に変える**

単位を選択

「表示単位」から単位を変更できます。
それぞれの系列の差がわかる単位にし
よう。

表示単位ラベルを縦書きに変えましょう。「表示単位ラベル」をクリックして選択し、「表示単位ラベルの書式設定」が表示されたら「サイズとプロパティ」を選択します。「配置」の「文字列の方向」の下向き三角形をクリックして、「縦書き」を選ぶと、縦書きに変更されます。

テキストを編集して単位をつけると、より親切です。また、「表示単位ラベル」をクリックして、枠の部分をドラッグすれば移動が可能です。

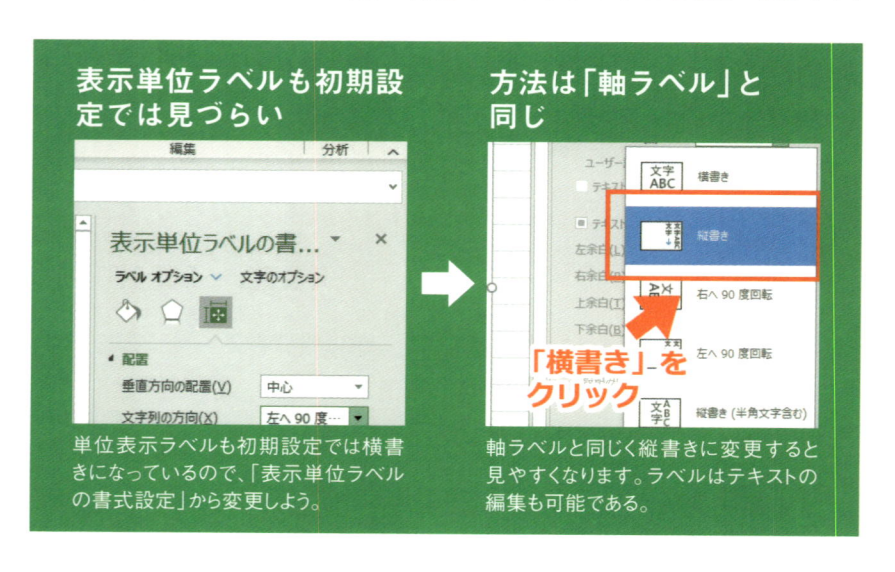

**表示単位ラベルも初期設
定では見づらい**

単位表示ラベルも初期設定では横書
きになっているので、「表示単位ラベル
の書式設定」から変更しよう。

**方法は「軸ラベル」と
同じ**

**「横書き」を
クリック**

軸ラベルと同じく縦書きに変更すると
見やすくなります。ラベルはテキストの
編集も可能である。

グラフを際立たせるには目盛線はなるべく消す

　グラフの軸の目盛りは元表の数値に応じて自動的に設定されます。しかし、最初の状態では目盛線が多く、見づらいです。

　目盛線を減らすには、軸目盛りの「単位」を変更します。「最小値」が0、「最大値」が100の目盛線が「単位」10の設定では、目盛線は0～100までの数値で10本引かれますが、軸目盛りの「単位」を25に設定すると、目盛線は4本に減ります。

　伝えたい情報をわかりやすくグラフにするためには、目盛線は3～4本程度に減らすとよいでしょう。目盛りの幅が広がればグラフが引き延ばされて、各データの差がより大きく見えるようになります。

　まず、縦（数値）軸を右クリックし、「軸の書式設定」をクリックします。「軸のオプション」をクリックし、「境界値」の「最小値」と「最大値」を任意の数に変更します。「単位」の「主」の数字を変えると、目盛りの間隔（幅）を変えることができます。これで、軸目盛りの本数や間隔を調整することができました。

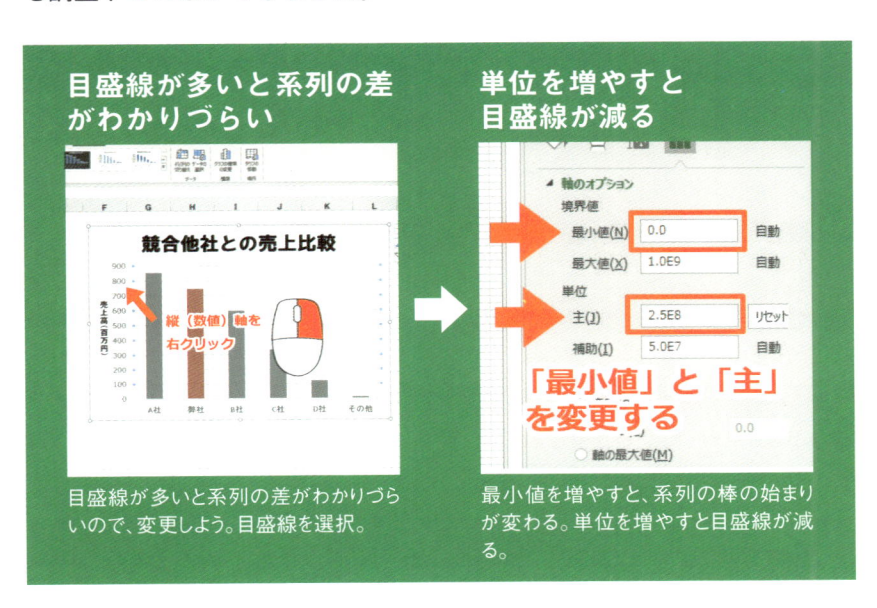

目盛線が多いと系列の差がわかりづらい

目盛線が多いと系列の差がわかりづらいので、変更しよう。目盛線を選択。

単位を増やすと目盛線が減る

最小値を増やすと、系列の棒の始まりが変わる。単位を増やすと目盛線が減る。

注意するのは、設定次第では、元データの数値が変わったときに、グラフに表示できなくなることもある、という点です。たとえば、最小値よりも小さいデータや最大値より大きいデータを追加してしまうと、グラフに表示されません。データの更新や追加の可能性があるなら、数値に余裕を持たせて目盛りを設定するとよいでしょう。なお、数値の右にある「リセット」をクリックすれば、初期の設定に戻すことができます。

　さらに、売上高が右肩上がりであることを伝えるプレゼンテーションなどであれば、資料の棒グラフは長さの違いがわかれば十分です。こういう場合は、思い切って目盛線をすべて削除してみましょう。

　まず、「縦（数値）軸目盛線」をクリックして選択しましょう。目盛線の左右に白丸のポイントが表示されていれば、キチンと選択されています。「Delete」キーを押すと、縦の目盛線がすべて消えます。

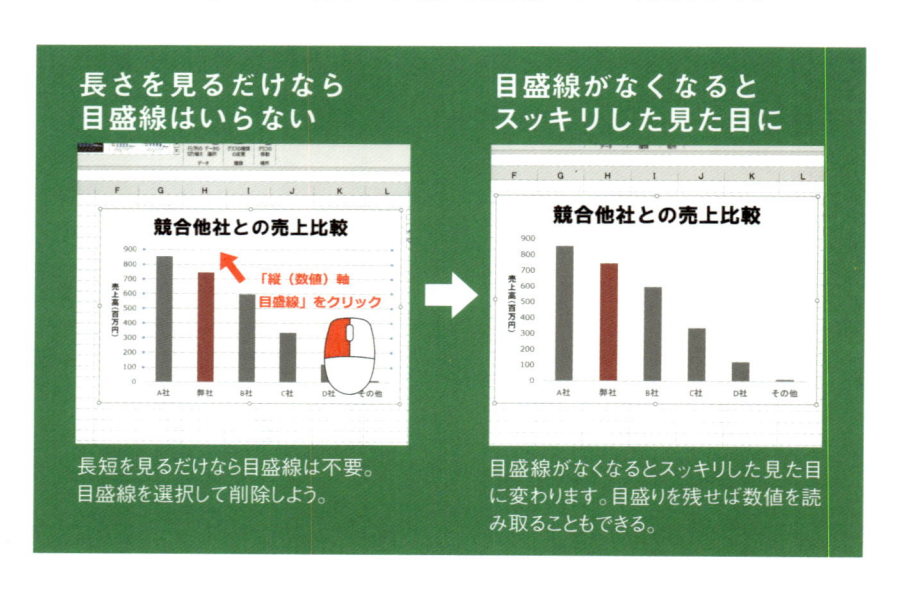

長短を見るだけなら目盛線は不要。目盛線を選択して削除しよう。

目盛線がなくなるとスッキリした見た目に変わります。目盛りを残せば数値を読み取ることもできる。

　ただし、目盛りの設定には注意も必要です。違いを際立たせたり、不要な情報を省いたりするという手法は一般的にもよく使われますが、あまりに極端に加工すると詐欺まがいの資料と思われてしまうことがあるからです。目盛りの調整は、あくまでも見やすく、わかりやすいグラフのためということを忘れないでください。

目盛線を消したくはないけれど、目立たなくしたいという場合、目盛線の書式を変えてみましょう。

「目盛線」にカーソルを合わせ、クリックします。「目盛線」の左右の端に、白丸のポイントが表れたら「目盛線」がキチンと選択されている状態です。「グラフツール」の「書式」タブをクリックし、「図形の枠線」をクリックします。色や太さ、実線／点線を選んでクリックすると、目盛線の書式が変更されます。

色を薄くしたり、線を細くしたりすると、目盛線が目立たなくなります。グラフの目盛線は初期状態で薄い実線なので、点線に変えるのもよいでしょう。また、「目盛線」と同様に、それぞれのデータ要素やプロットエリアの境界の「枠線」も、変更することができます。

全体のイメージを変えるほど大きな変化はありませんが、細かな調整によってグラフを見やすくし、見る人の目を引くスマートな資料へとランクアップさせることができます。

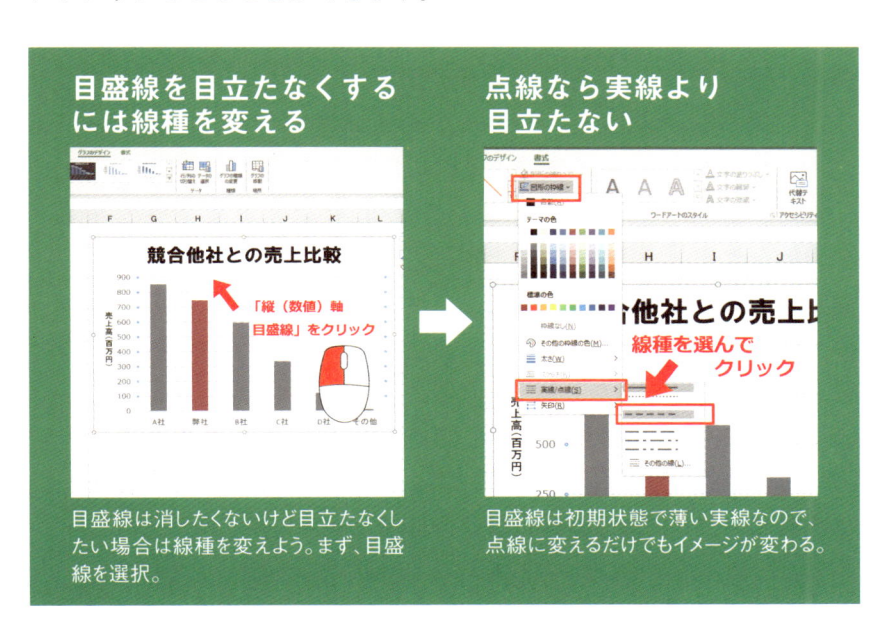

目盛線は消したくないけど目立たなくしたい場合は線種を変えよう。まず、目盛線を選択。

目盛線は初期状態で薄い実線なので、点線に変えるだけでもイメージが変わる。

見やすくするコツは
グラフの種類で違う

Excel にはさまざまな種類のグラフが用意されています。

特に馴染みのあるのが主要3グラフ、「棒グラフ」と「円グラフ」と「折れ線グラフ」でしょう。それぞれの特徴は以下の通りです。

●**棒グラフ**……数値の大きさを比較しやすい。数値を「量」や「大きさ」のイメージで表現するので、視覚的なインパクトが大きい（使用例：前年度と今年度の売上の比較など）。

●**円グラフ**……数値の内訳や、構成比などの割合を表現できる（使用例：マーケットにおける会社別シェア、アンケート結果の内訳など）。

●**折れ線グラフ**……数値の推移を表現できる。複数の対象の要素の推移、時系列での変化がわかりやすい（使用例：毎月の売上、価格の変動など）。

主要3グラフ以外にも、Excel には多くの種類のグラフがあります。

●**横棒グラフ**……複数の項目を水平に表示して比較できる。

●**積み上げ棒グラフ**……項目の大きさだけでなく、割合も把握できる。

●**上下対象グラフ**……プラスとマイナスの数値を比較できる。

●**2軸グラフ**……異なる数値を、棒グラフと折れ線グラフで表現する。

●**面グラフ**……データの推移を立体的に表現できる。

●**レーダーチャート**……性能や特徴などのバランスを分析できる。

●**散布図**……2種類の数値の相関を表現できる。

●**ピラミッドグラフ**……2種類のデータが左右に伸びた棒グラフ。

●**ウォーターフォール**……値の増減による累計の結果を示す。

●**箱ひげ図**……データのバラつき具合を表現できる。

●**パレート図**……項目ごとのデータを大きい順に表示した棒グラフと、その累積構成比を表す折れ線グラフの組み合わせ。

　グラフの種類によって"見やすくするコツ"があります。それぞれのコツさえつかめば、面倒なグラフ要素の追加やレイアウトに頭を悩ませることもありません。スマートな資料作りのために、グラフの作成における、重要なポイントを押さえておきましょう。

棒グラフの基本的なルールを確認しよう！

　棒グラフは「数値の大きさや量の比較」をするのに適しており、さまざまな場面で見かける汎用性の高いグラフです。データ範囲を選択し、「挿入」タブから「グラフ」の「集合縦棒」をクリックして作成します。
　棒グラフの基本的なルールを確認しておきましょう。

・凡例の位置は「上」

　棒グラフを作成すると、初期設定ではプロットエリアの下側に「凡例」が表示されます。凡例は、各棒の色と系列の対応を示す重要な要素です。
　特に各項目の中に棒（系列）が何種類かある集合縦棒グラフの場合、凡例は上にあったほうが、どの凡例がどの色の棒に対応しているのか瞬時に理解できます。凡例の位置は、ドラッグで移動させることも可能ですが、それでは縦書きや横書きの設定もそのままになってしまい、全体的なバランスが悪くなります。グラフエリアを選択し、「グラフツール」の「デザイン」タブをクリックします。「グラフ要素を追加」をクリックし、その中の「凡例」にマウスを合わせると、表示位置の選択肢が出てくるので「上」を選んでクリックします。凡例の配置によってプロットエリアの形が変わり、バランスが整えられた状態になります。

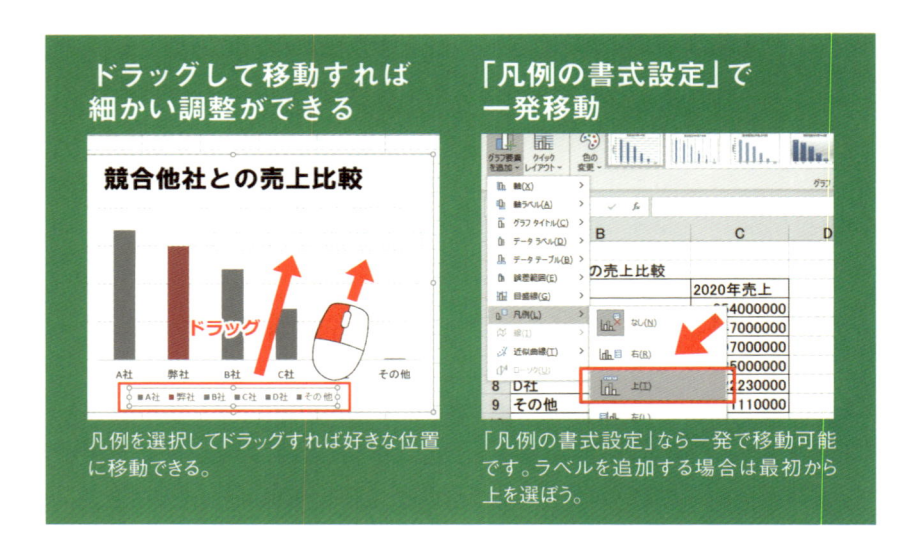

ドラッグして移動すれば細かい調整ができる	「凡例の書式設定」で一発移動
凡例を選択してドラッグすれば好きな位置に移動できる。	「凡例の書式設定」なら一発で移動可能です。ラベルを追加する場合は最初から上を選ぼう。

　また、グラフの右側にある「グラフ要素」からも変更することができます。「グラフ要素」ボタンをクリックしたら、「凡例」を選択し、「上」をクリックすると、上に配置されます。

・棒グラフの間隔は「棒の太さの半分」が目安

　一般的に、棒グラフの棒と棒の間隔は、「棒の太さの半分程度」が目安といわれています。しかし、Excel の初期設定では棒の太さが細く、棒と棒の間隔が広いため、視覚的なインパクトが弱くなっています。

　棒の太さを変えるには、「要素の間隔」で調整します。

　棒（系列）を右クリックし、「データ系列の書式設定」をクリックします。「要素の間隔」に現在より小さい数字を入力します。「閉じる」をクリックすると、間隔は狭く、棒は太くなりました。「要素の間隔」とは、棒の太さに対する、棒と棒の間隔の割合のことです。間隔を変えると連動して棒の太さも変わるのです。

　「要素の間隔」の既定値は「219%」に設定されています。「要素の間隔」を「０％」にすると棒の間隔がなくなり、棒が最も太くなります。「50%」にすると間隔は棒の太さの半分になります。「100%」にすると間隔と

棒の太さが同じ幅になります。最も間隔が大きく棒が細い数値の設定は「500%」です。

　グラフ全体の横幅や、棒の本数によっても見え方は変わってくるので、適切な棒の太さと間隔の比率を選びましょう。

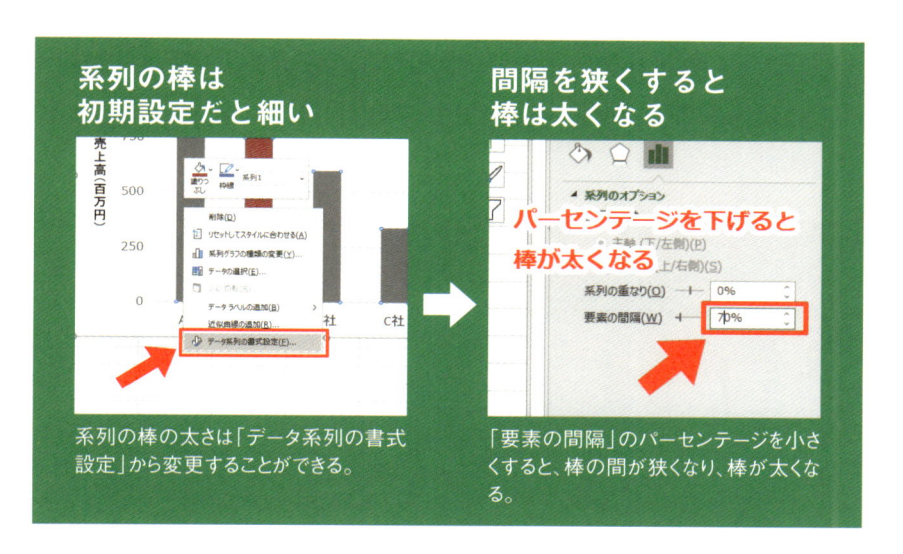

系列の棒は初期設定だと細い

系列の棒の太さは「データ系列の書式設定」から変更することができる。

間隔を狭くすると棒は太くなる

パーセンテージを下げると棒が太くなる

「要素の間隔」のパーセンテージを小さくすると、棒の間が狭くなり、棒が太くなる。

・棒グラフは大きい順が基本

　棒グラフを表に並んでいるまま、グラフ化していませんか？　数値の大小を考えずに並べてしまうと、離れた2本の棒のどちらが大きいかわからないという事態が発生します。データの大小を比べやすくするための棒グラフなのに、見にくいままでは意味がありません。

　基本的に、縦棒グラフは左からデータの大きい順（降順）に表示するようにしましょう。大きい順に並んでいれば、データの比較が容易になります。ただし時系列のデータを表示する場合は、データの大きい順にすると時系列がバラバラになってかえって見にくくなってしまうので、その場合は時系列を優先させます。

　系列が複数ある場合（集合棒グラフ）と、系列が1つの場合、それぞれのやり方を見てみましょう。

系列が複数ある集合棒グラフの場合、データの大小が系列によって異なる場合があるので、どの系列を優先して大きい順に並べるかまずは考えましょう。その上で、系列を1本選んで右クリックし、「データの選択」をクリックします。「データソースの選択」のダイアログボックスが表示されるので、「凡例項目（系列）」の下向き三角形をクリックし、系列の順番を入れ替えます。

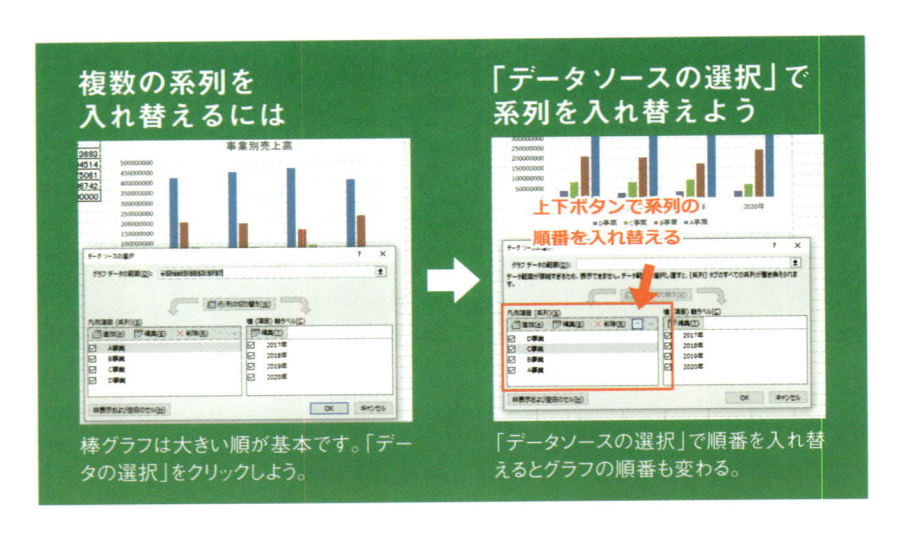

棒グラフは大きい順が基本です。「データの選択」をクリックしよう。

「データソースの選択」で順番を入れ替えるとグラフの順番も変わる。

ただし、集合棒グラフの場合、複数の系列があると1つの系列を大きい順にしたところで、ほかの系列の数値にバラつきがあれば、見た目の印象がさほど変わりません。無理に入れ替えず、入れ替える必要があるかどうかを、最初に検討してみてください。

・系列が1つの場合

グラフの機能で、同一系列内のデータの順番を変更するということは基本的にはできません。「グラフ範囲の選択」などを使ってできなくもありませんが、参照範囲の設定が複雑になって扱いづらくなります。

ではどうしたら棒グラフを大きい順に並べられるのでしょうか？

グラフの順番を入れ替えられないなら、元表のデータの並び順を変え
てしまえばいいのです。

表のデータの並べ替えは通常通りで、まず並べ替えたいセル範囲を
選択します。「データ」タブの「並べ替え」にある、「降順」（大きい順）
のボタンをクリックすると。表のデータが降順に入れ替わり、表に連動
して、グラフも降順になります。

表とグラフを連動させずに、グラフだけの並び順を変えたい場合は、
元表をコピー＆ペーストして、複製した表の順番を入れ替えて、グラフ
を作成するとよいでしょう。すでに作成済みのグラフに反映させたい場
合は、系列を右クリックし、「データの選択」をクリックします。「デー
タソースの選択」のダイアログボックスが表示されるので、「グラフデー
タの範囲」をクリックし、参照範囲として複製した表をドラッグして選
択し、「OK」をクリックします。

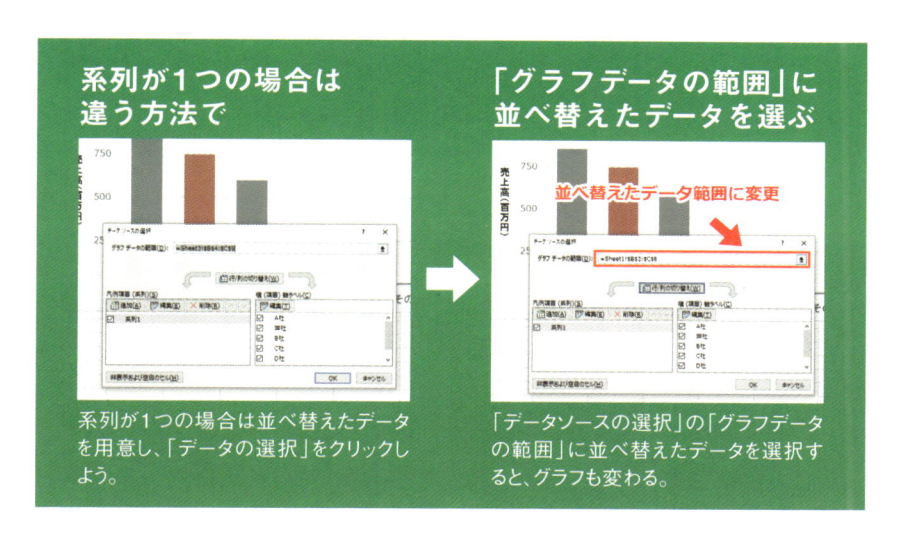

系列が1つの場合は並べ替えたデータ
を用意し、「データの選択」をクリックし
よう。

「データソースの選択」の「グラフデータ
の範囲」に並べ替えたデータを選択す
ると、グラフも変わる。

資料の見える部分には入れ替わっていない元表を配置し、複製した表
はグラフの後ろに隠してしまえばいいでしょう。ただし、元表に修正が
あっても、グラフには連動しないので、複製した表の数値も変更してお
くことを忘れないでください。

横棒グラフは項目の順序を反転させよう

「横棒グラフ」は、縦棒グラフを横向きにしただけだと思われがちですが、実は多くのケースで使える便利なグラフです。

横棒グラフの一番の特徴は、「長い項目名をスッキリ表示できる」という点です。縦棒グラフでは項目名が長いとラベルが斜めに表示されて見にくくなるため、調整が必要になります。しかし、横棒グラフは項目名がキチンと収まるので、スッキリ見やすくなります。

また、項目の数が多い場合も、縦棒グラフでは横幅が広がってしまいますが、横棒グラフならその心配はありません。縦棒グラフで見づらいなと感じたら、横棒グラフに変更してみるとよいでしょう。

横棒グラフを作成する場合、気をつけなければならないことがあります。それは、項目名を縦に並べた表から横棒グラフを作成すると、グラフの項目名は順番が反対（下から順）になってしまうという点です。項目名を左から順に並べた表を基に作成しても、横棒グラフではやはり元表の右の項目から順に上から並んでしまいます。

これは、グラフの左角（縦軸と横軸が交わる場所）が「原点」であり、そこを起点としてグラフが作成される、という Excel の仕様のためです。そのため、横棒グラフでは項目の順番が反転してしまうという現象が起こってしまうのです。

同じ資料内に表と横棒グラフを記載する場合、表とグラフの項目の並び順が逆だと違和感があり、データを読み違えてしまう可能性もあります。それを避けるためにも、横棒グラフを作成する場合は、項目の順序を表と一致させましょう。ただし、何か意図があって項目を下から順のままにしておく、という場合は、そのままで大丈夫です。

項目の順序を逆にするには、「軸を反転させる」という方法を使います。ただ軸を反転させただけでは数値軸が連動して上に表示されてしまうので、数値軸を下に移動させることもセットで覚えておきましょう。

　まず、縦（項目）軸を右クリックします。「軸の書式設定」をクリックし、「軸のオプション」が表示されます。「軸を反転する」をクリックしてチェックを入れ、「横軸との交点」内の「最大項目」をクリックして選択します。ここを選択することで、数値軸を下部にしたままにできます。「閉じる」をクリックすると、項目の上下が反転し、表と同じ並びになりました。

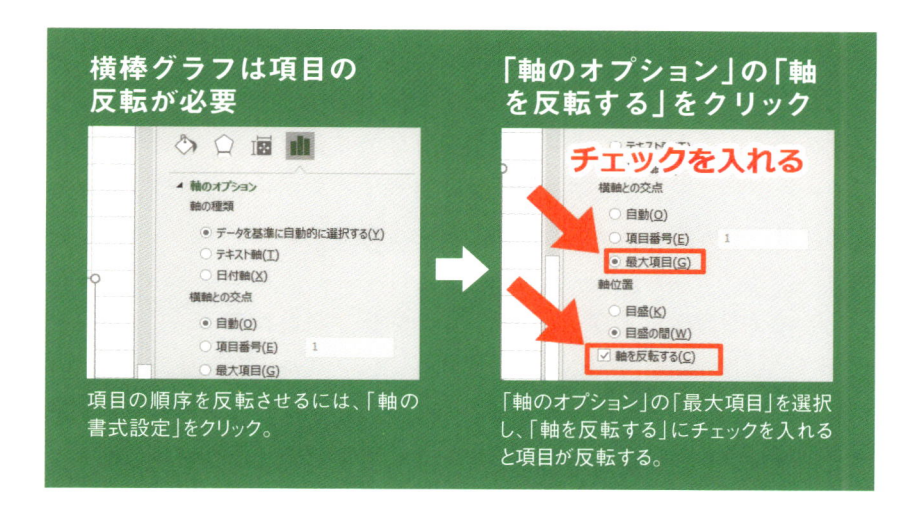

横棒グラフは項目の
反転が必要

項目の順序を反転させるには、「軸の
書式設定」をクリック。

「軸のオプション」の「軸
を反転する」をクリック

チェックを入れる

「軸のオプション」の「最大項目」を選択
し、「軸を反転する」にチェックを入れる
と項目が反転する。

　「横軸との交点」の「最大項目」を選択しないと、項目軸を反転させたことで、横（数値）軸が自動的に上部に設置されてしまいます。これは、元々「自動」の設定で「横軸との交点」が元表の先頭項目の側に連動して設置されるようになっているためです。

　数値軸の場所を移動させる場合は、まず、横（数値）軸を右クリックします。「軸の書式設定」をクリックすると、「軸のオプション」が表示されるので、「ラベル」をクリックし「上端／右端」をクリックします。横（数値）軸が下部に設置されました。

　ポイントは、下部に設置したい場合は「上端」を選ぶことです。項目軸が反転されているので、逆向きになっていると考えてください。

　少々ややこしく感じるかもしれませんが、「横棒グラフは項目軸を反転させて、数値軸を下に移動」と覚えておけばOKです。

円グラフの基本的なルールを確認しよう！

　円グラフは、系列全体の大きさを1つの円で表し、扇型の面積で、全体に対する各要素の割合、構成比を示すことができます。アンケート結果や市場分析、顧客の傾向分析など、さまざまな資料で使用されます。

　円グラフは、データ範囲を選択し、「挿入」タブの「グラフ」から「円グラフ」をクリックして作成します。

　ちなみに、円グラフはパーセンテージを自動的に算出してくれるので、元表の数値からパーセンテージを計算しておく必要はありません。

　そんな便利な円グラフですが、より見やすくスマートなグラフにするためには、基本的なルールを理解しておく必要があります。

・凡例（項目名）とデータラベルはグラフに重ねる

　円グラフの扇型の面積を見ればおおよその比率を判断できますが、正確な値を伝えたい場合は、円グラフの中に各項目の比率を表示しましょう。また、同時に凡例（項目名）もグラフ内に表示すれば、よりわかりやすくなります。

　初期設定では、凡例は円の下に設置され、どの項目に対応しているのか照らし合わせて見なければならず、見にくいグラフとなっています。

　円の下にある「凡例」をクリックして、「Delete」キーで削除すれば、円グラフがその分大きくなるので、そのあと円グラフを選択して、右クリックし、「データラベルの追加」をクリックします。データラベルをクリックして、「データラベルの書式設定」をクリックし、「分類名」にチェックマークを入れます。「パーセンテージ」にもチェックマークを入れ、「区切り文字」の下向き三角形をクリックして、「（改行）」を選択します。「ラベルの位置」内の「内部外側」をクリックして閉じると、円グラフ内にデータラベル（凡例と比率）が表示されました。

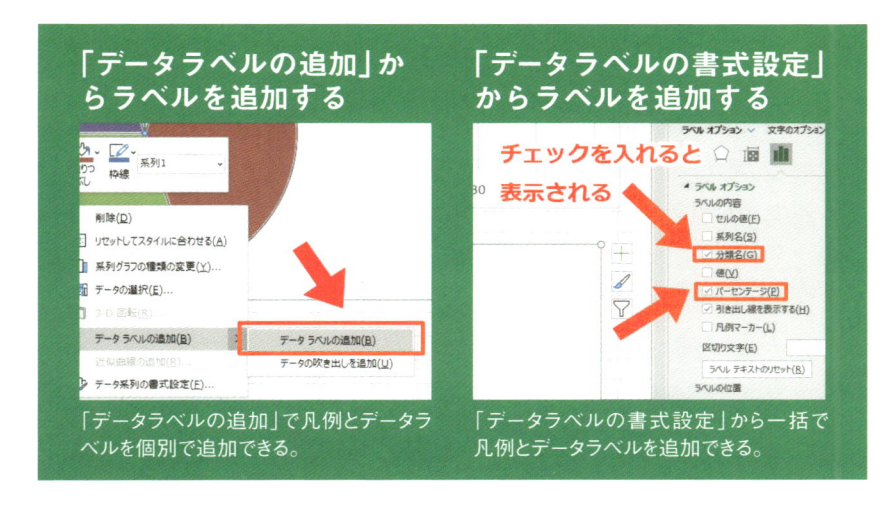

「データラベルの追加」からラベルを追加する

「データラベルの書式設定」からラベルを追加する

チェックを入れると表示される

「データラベルの追加」で凡例とデータラベルを個別で追加できる。

「データラベルの書式設定」から一括で凡例とデータラベルを追加できる。

・右回りに大きい順に並べる

円グラフは、「データは時計の12時の位置から、大きい順に右回りに並べる」のが基本です。しかし、円グラフも系列の順番を入れ替えることはできません。そのため、大きい順に並べる場合は、参照元の表のデータを降順（大きい順）に並べ替えてしまうのが一番早いです。元表の順番を変えたくない場合は、複製したデータを修正しましょう。

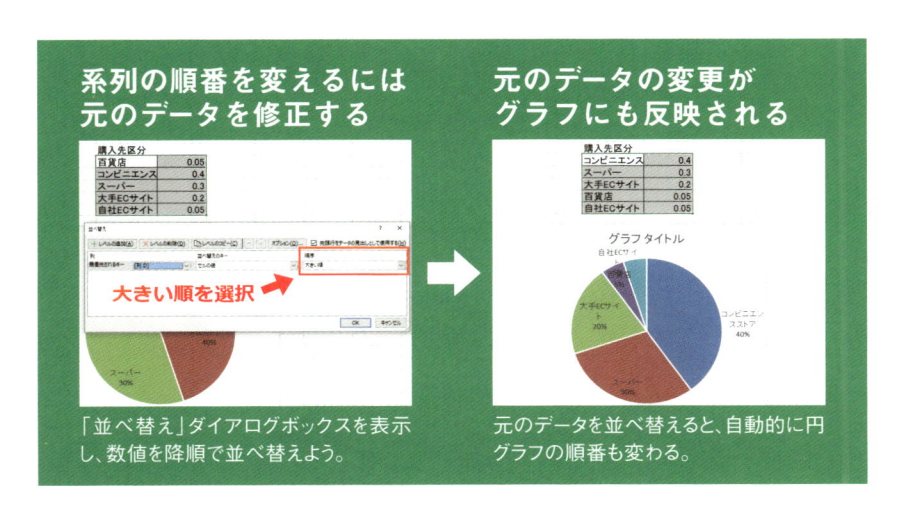

系列の順番を変えるには元のデータを修正する

元のデータの変更がグラフにも反映される

大きい順を選択

「並べ替え」ダイアログボックスを表示し、数値を降順で並べ替えよう。

元のデータを並べ替えると、自動的に円グラフの順番も変わる。

・立体化しない

すべての種類のグラフを作成する際に、見にくくなる可能性があるので、視覚効果はつけすぎないほうがいいと解説しました。

中でも円グラフは、立体化すると、奥行きによって領域の差が変化し、実際の割合とグラフの見た目に相違が出てしまうという特徴があるので、3D表示はやめておきましょう。目を引くグラフにしたいなら、色やデータラベルの位置などを工夫してみましょう。

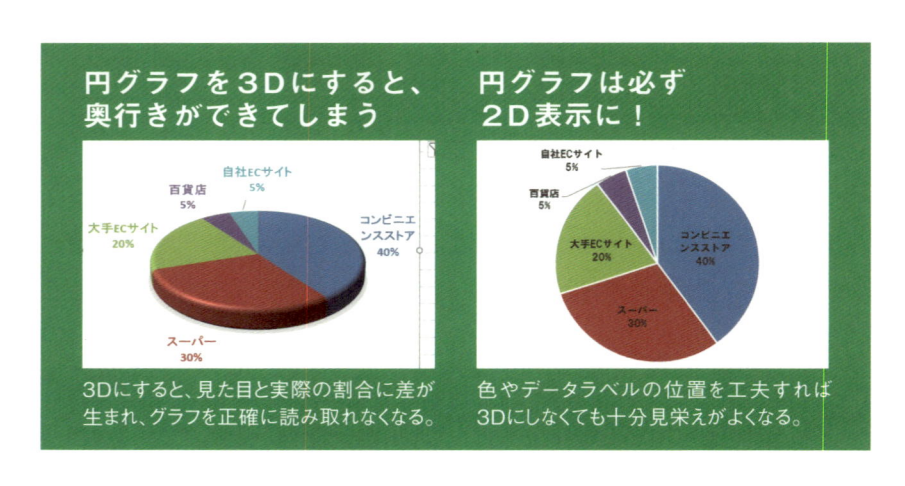

円グラフを3Dにすると、奥行きができてしまう

3Dにすると、見た目と実際の割合に差が生まれ、グラフを正確に読み取れなくなる。

円グラフは必ず2D表示に！

色やデータラベルの位置を工夫すれば3Dにしなくても十分見栄えがよくなる。

・モノクロ印刷するなら、色に配慮

カラーで作ったグラフをそのままモノクロプリンターで印刷すると、データの区別がつきにくいですが、特に円グラフはその傾向が強いので、濃さを調整するなど色にも配慮しましょう。ちなみにモノクロの場合でも、凡例は円グラフ内に重ねておいたほうが見やすいです。

最初からモノクロで印刷することが決まっているなら、「ページ設定」ダイアログボックスの「グラフ」タブの「白黒印刷」にチェックを入れておけば、自動で網掛け模様が表示されます。

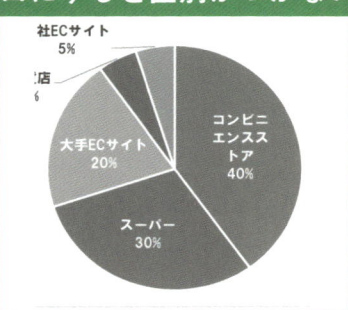

カラーの円グラフをモノクロにすると区別がつかない

社ECサイト 5%

店 %

大手ECサイト 20%

コンビニエンスストア 40%

スーパー 30%

カラーの円グラフをモノクロ出力すると網掛け同士の区別がつきづらい。

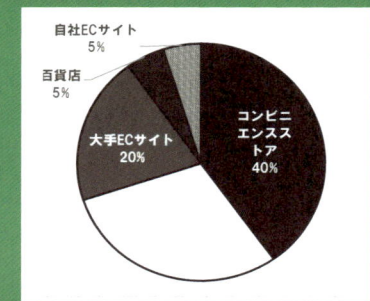

「白黒印刷」でモノクロ出力に備える

自社ECサイト 5%

百貨店 5%

大手ECサイト 20%

コンビニエンスストア 40%

「グラフ」タブの「白黒印刷」にチェックを入れるとExcelがカラーのグラフを網掛けに変換する。

・小さい項目は「その他」にまとめる

　1つの円グラフに表示する項目数は、4～6つ程度が最適とされます。項目が10個も20個もあると、どのエリアが何のデータを表しているのかわかりづらくなってしまうからです。特に数値の小さい項目が多いと、円の後半にデータが密集してしまい、それぞれの弧（領域）が非常に狭く見づらいです。そこで、数値の小さな複数の項目は、「その他」にまとめて表示してしまいましょう。

　ただ、普通の円グラフに「その他」を表示するには、元表に「その他」の項目を追加して、グラフに連動させる必要があります。

　しかし、そのままでは最初に作成したときの「その他」にまとめる前の明細もグラフ内に重複して入ってしまうので、元表に表示された枠線をドラッグして、明細部分のデータは参照範囲から除きます。

　ただし、この方法を使うには項目が連続したセルであることが前提なので、「その他」の行を挿入する場所をあらかじめ考慮しておきましょう。ちなみに、「その他」の項目は、割合の大きさに関係なく、円グラフの最後に表示するのがルールです。

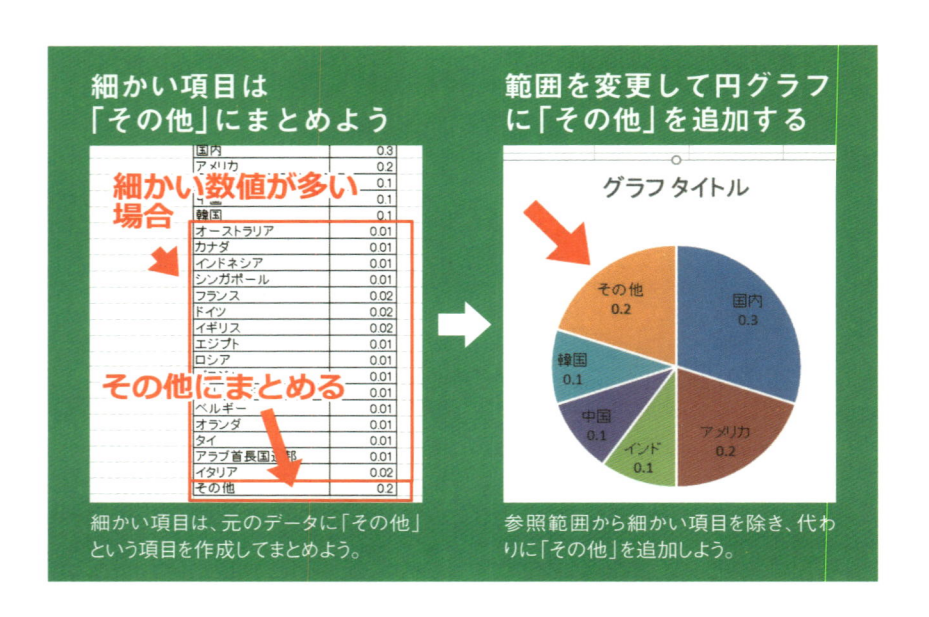

細かい項目は「その他」にまとめよう

細かい数値が多い場合

その他にまとめる

細かい項目は、元のデータに「その他」という項目を作成してまとめよう。

範囲を変更して円グラフに「その他」を追加する

グラフ タイトル

参照範囲から細かい項目を除き、代わりに「その他」を追加しよう。

折れ線グラフの基本的なルールを確認しよう！

　折れ線グラフは数値を点で取り、その点と点を結んで折れ線で表現する連続的な数値の変化を表すことに向いているグラフです。棒グラフと本質的には似ていますが、データが時系列に沿ってどのように変化しているのか、直感的に把握することができます。

　折れ線グラフは、データ範囲を選択し、「挿入」タブから「グラフ」の「折れ線グラフ」をクリックして作成します。

　折れ線グラフは棒グラフ、円グラフと並んで、使用頻度の高い基本的なグラフです。ルールとポイントを理解し、見やすいスマートな折れ線グラフを作成してライバルに差をつけましょう。

・凡例の位置は右側が基本

　系列が2種類以上ある場合、折れ線グラフを作成すると初期設定では凡例はグラフの下に表示されます。凡例が下にあると、凡例の各項目が

どの折れ線に対応しているのか、わかりづらいです。

　折れ線グラフの凡例は、ちょうどグラフの線の終わりであるグラフの右側に配置しましょう。まず、「凡例」を右クリックして、「凡例の書式設定」をクリックします。「凡例のオプション」の「凡例の位置」で、「右」を選択してクリックすると、凡例がグラフの右側に移動しました。

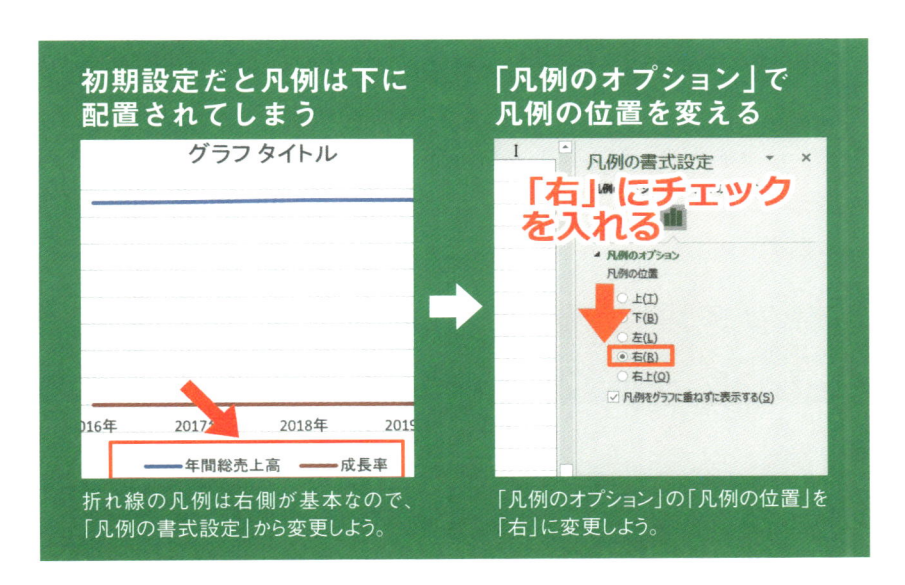

初期設定だと凡例は下に配置されてしまう

折れ線の凡例は右側が基本なので、「凡例の書式設定」から変更しよう。

「凡例のオプション」で凡例の位置を変える

「凡例のオプション」の「凡例の位置」を「右」に変更しよう。

・「クイックレイアウト」で変更する

「グラフツール」の「デザイン」タブにある「クイックレイアウト」を使って、凡例が右側にあるグラフを選んで変更する、という方法もあります。ただし、「クイックレイアウト」を使うとほかの要素も一緒に追加されたり削除されたりしてしまうので、そのままのレイアウトを維持するなら、「凡例の書式設定」で位置を変更したほうがよいでしょう。

・折れ線に直接、系列名を表示する

データによっては、凡例をグラフの右側に設置するよりも、折れ線に

直接、系列名をつけてしまったほうが見やすい場合があります。

　まずは凡例を削除してから、データラベルを1本ずつ追加していきましょう。まず、データラベルをつける折れ線をクリックして選択します。折れ線の右端の点をクリックし、グラフ右横のグラフ要素の「データラベル」にチェックを入れます。折れ線の右端にデータラベルで“数値”が追加されました。追加したデータラベルの“数値”をダブルクリックし、右クリックで「データラベルの書式設定」を選択します。「ラベルオプション」の「ラベルの内容」で、「系列名」にチェックを入れて「値」のチェックを外し、「引き出し線表示」も外してしまいましょう。折れ線のデータラベルに“系列”が表示されますので、これを本数分、繰り返します。

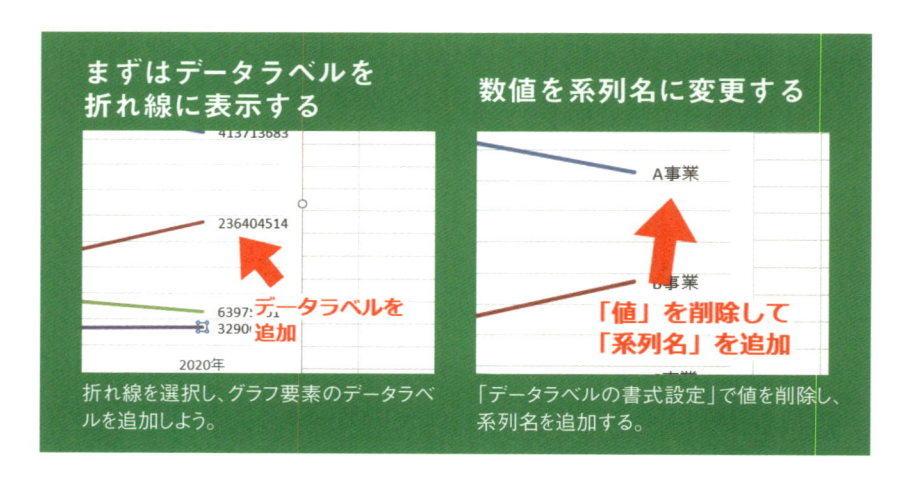

折れ線を選択し、グラフ要素のデータラベルを追加しよう。

「データラベルの書式設定」で値を削除し、系列名を追加する。

　データラベルの位置は最終点の上部になっているので、見やすい場所にドラッグして移動させるとよいでしょう。

・折れ線は多くても5本まで

　折れ線のデータが増えると、いくら色や線種を変えても見にくくなってしまいます。プロットエリアに表示する折れ線の本数は4本か5本までに抑えるようにしましょう。

グラフを変えて
もっと見やすく

　基本的なグラフの作成方法やルールをマスターしたら、少し高度なグラフにステップアップしてみましょう。同じデータでも、グラフの種類を変えて、見せ方を工夫するだけで、ぐっとスマートになります。

　高度といっても、Excel の機能を使えば作成するのはさほど難しくはありません。ワンランク上のグラフテクニックをマスターしましょう。

全体と項目を比較したいときには「ドーナツグラフ」に

　円グラフの1つに、「ドーナツグラフ」があります。円グラフの内側に穴が空いている、まさにドーナツのような形の円グラフです。

　ドーナツグラフの中心の穴には、文字やそのほかの情報を挿入することができ、「総計（合計）」を中心に記載して、周りにその「内訳の割合」を表示する、といった用途で使えます。何を表しているグラフなのか、普通の円グラフよりもより直感的に伝えることができ、穴の大きさも自分で調整できるので、目的に合わせて効果的に設定しましょう。

　また、系列が2つある場合、二重のドーナツにして、2つの系列を比較することもできます。たとえば、外側の円に固定費と変動費の割合、内側の円にその内訳の割合を表示する、といった具合です。2つのグラフの構成比を同時に示すことができるので、普通の円グラフを2つ並べるよりもずっと見やすくなります。

　ドーナツグラフの作り方は普通の円グラフと同様に簡単です。一般的な一重のドーナツグラフの作り方を見てみましょう。

　まず、ドーナツグラフで表す領域をドラッグして選択し、「挿入」タブの「グラフ」をクリックします。「すべてのグラフ」内にある「円グラフ」の中の、「ドーナツグラフ」をクリックします。

　次に「ドーナツグラフ」へ修正を加えていきます。

「グラフエリア」を選択し、右側にあるプラスボタン「グラフ要素」のアイコンをクリックします。「グラフタイトル」と「凡例」のチェックマークを外して、「データラベル」にチェックを入れます。「データラベル」の項目にマウスを合わせて、「その他のオプション」を選択します。「データラベルの書式設定」ダイアログボックスが表示されたら、「分類名」「パーセンテージ」にチェックマークを入れます。「区切り文字」の下向き三角形をクリックして、「(改行)」を選択すると、ドーナツグラフにそれぞれの項目名とパーセンテージが表示されました。

　データラベルが黒字のままでは見にくい場合は、データラベルの書式設定」の「文字のオプション」を選択し、「文字の塗りつぶしと輪郭」の「塗りつぶし（単色）」から色を選び、変更しましょう。

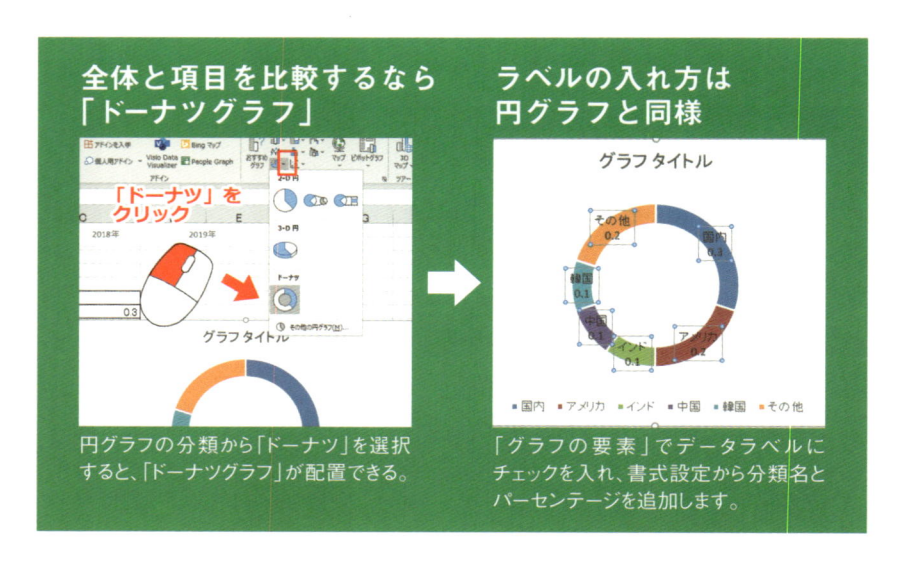

全体と項目を比較するなら「ドーナツグラフ」

円グラフの分類から「ドーナツ」を選択すると、「ドーナツグラフ」が配置できる。

ラベルの入れ方は円グラフと同様

「グラフの要素」でデータラベルにチェックを入れ、書式設定から分類名とパーセンテージを追加します。

・ドーナツの穴の大きさを調整する

次に、ドーナツの穴の大きさを調整して、真ん中に「総計」を入れましょう。任意のデータ系列をクリックし、右クリックで「データ系列の書式設定」ダイアログボックスを表示します。「ドーナツの穴の大きさ」を調整し、「挿入」タブをクリックします。「テキストボックス」をクリックして、穴の真ん中に挿入し、テキストを編集しましょう。これで、「総計」やグラフのタイトルなどを穴の中に表示できます。

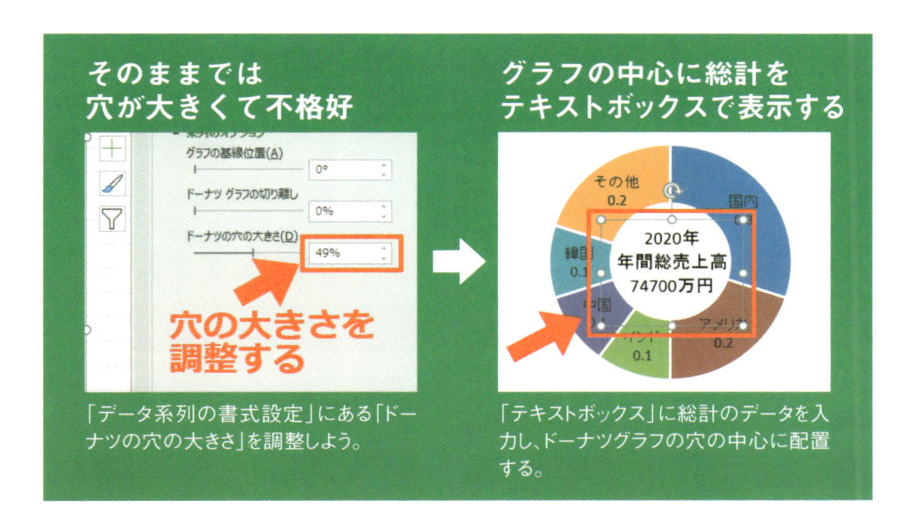

そのままでは
穴が大きくて不格好

穴の大きさを
調整する

「データ系列の書式設定」にある「ドーナツの穴の大きさ」を調整しよう。

グラフの中心に総計を
テキストボックスで表示する

「テキストボックス」に総計のデータを入力し、ドーナツグラフの穴の中心に配置する。

データバーなら表のそばに表示できる

グラフは視覚的に情報を伝えることができる優れたツールですが、項目が非常に多くて細かい数値もそのまま記載したい、といった場合、グラフにすると見にくくなってしまいます。そこで、「表をそのまま資料として使おう」となるわけですが、文字と数字が羅列されただけの資料は見栄えも悪く、情報も読み取りにくいといった問題があります。

そんな問題を解決する方法に、「データバー」という機能があります。

「データバー」とは、セル内に表示できる棒グラフです。表の体裁は保ったまま、表の中に棒グラフを表示することができます。

　まず、データバーを挿入したいセル範囲をドラッグして選択します。「ホーム」タブの「条件付き書式」をクリックし、「データバー」にマウスを合わせて、挿入したい種類（色）のデータバーを選ぶと、データバーがセルに挿入されました。

　数字がデータバーに重なっていて見づらい場合、「最大値」を変更しましょう。最大値はセル幅にフル表示される数値になります。つまり、数字にデータバーを重ねたくないなら、表の最大値以上の数値を入力すればいいのです。セル幅を広げたら、「条件付き書式」から「ルールの管理」をクリックします。「条件付き書式ルールの管理」が表示されたら、「ルールの編集」をクリックしましょう。「書式ルールの編集」ダイアログボックスが開いたら、「最大値」の「種類」から「数値」を選び、最大値の「値」を変更します。

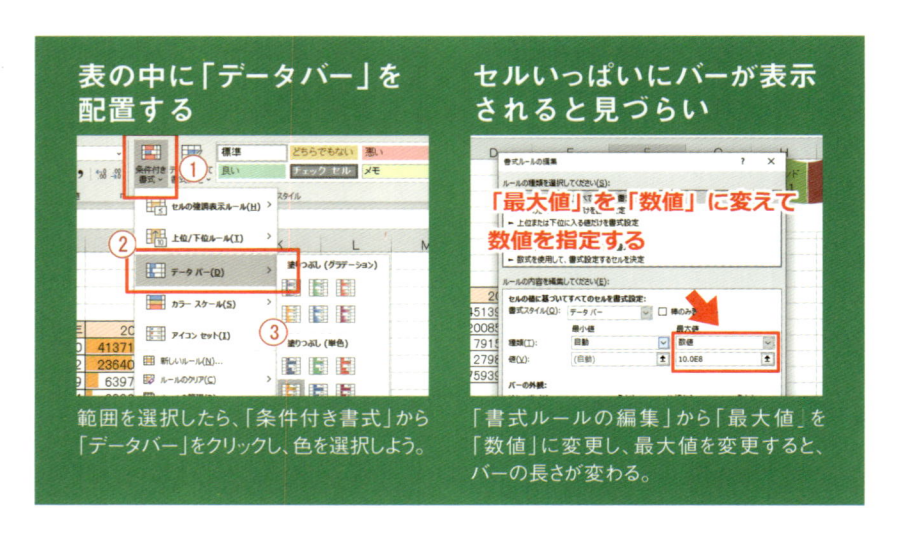

表の中に「データバー」を配置する

範囲を選択したら、「条件付き書式」から「データバー」をクリックし、色を選択しよう。

セルいっぱいにバーが表示されると見づらい

「最大値」を「数値」に変えて数値を指定する

「書式ルールの編集」から「最大値」を「数値」に変更し、最大値を変更すると、バーの長さが変わる。

　データバーのほかにも、グラフを使わずにデータを視覚化する方法があります。それが、「スパークライン」です。

　データバーがそれぞれの数値の入ったセルに挿入されるのに対して、スパークラインは複数のセルのデータの“変化”を縦棒グラフや折れ線

グラフにして別のセルに表示することができるのが特徴です。時系列で推移するデータの表示に向いており、行単位のグラフをセル内に手軽に作成することができます。

　まず、スパークラインで表したい範囲をドラッグして選択します。「挿入」タブをクリックし、「スパークライン」の項目から折れ線、縦棒など入れたいスパークラインの種類を選択します。「スパークラインの作成」のダイアログボックスが表示されたら、「データ範囲」に選択範囲が入力されていることを確認します。スパークラインを配置する「場所の範囲」をクリックして、表示したいセルをドラッグして選択します。「OK」をクリックすれば、スパークラインが表示されます。

　より見やすくするために、スパークラインのデザインを変更することもできます。スパークラインが表示されているセルを選択し、「スパークラインツール」の「デザイン」タブにある「スタイル」や「スパークラインの色」を選択して、デザインを変更しましょう。

　このように「データバー」や「スパークライン」を使えば、表を主役にしたまま簡易グラフで視覚効果を加える、といったことが可能になります。データを独立したグラフにするのとどちらが適しているのかをよく検討して、スマートな資料作りに役立ててください。

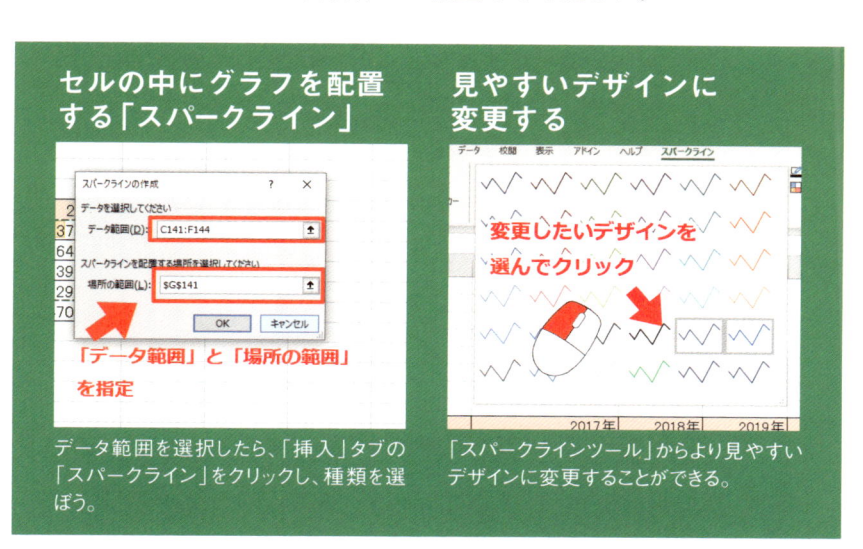

セルの中にグラフを配置する「スパークライン」

データ範囲を選択したら、「挿入」タブの「スパークライン」をクリックし、種類を選ぼう。

見やすいデザインに変更する

「スパークラインツール」からより見やすいデザインに変更することができる。

円グラフの一部を分離して目立たせる

　円グラフの扇型の一部を分離すると、特に強調したい項目が浮き上がって見えるので、特定のデータに注目を集めたいときに使えます。一見難しそうに見えますが、実は簡単に作れるのです。

　円グラフは、円全体が1つの系列であり、それぞれの扇型領域が、系列を構成するデータ要素です。扇形の一部を分離するというのは、データ要素の1つを分離させる、ということなのです。

　まず、円グラフをクリックして、系列（円全体）を選択します。次に、分離させたいデータ要素を選択し、選んだデータ要素にハンドルが表示されていることを確認しましょう。データ要素にマウスを合わせてドラッグすると、データ要素が切り離されます。なお、系列（円全体）を選択して1つの扇型をドラッグすると、すべての扇型が分離されてしまいます。

　「データ要素の書式設定」の中にある「系列のオプション」の「要素の切り出し」でも、切り離す度合いを調整することができます。パーセンテージを上げれば、より円から離れていきます。

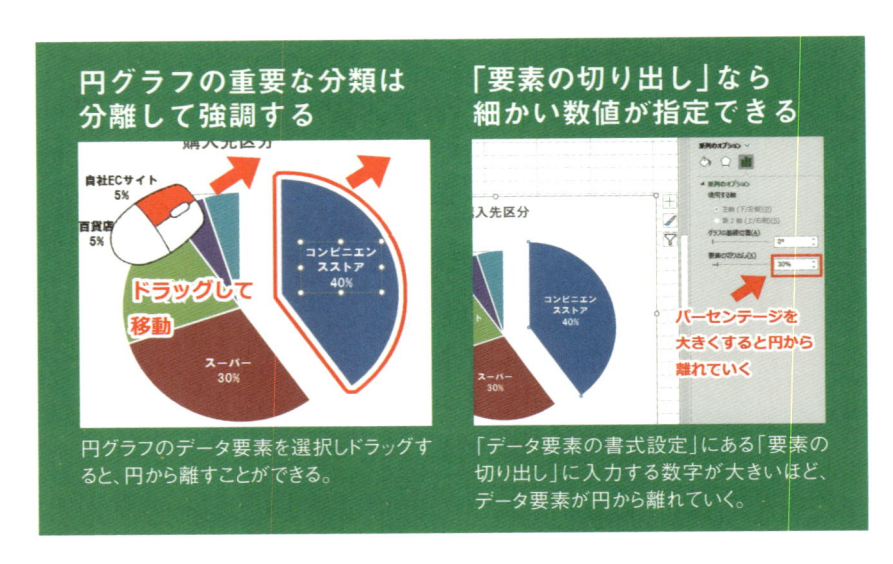

円グラフのデータ要素を選択しドラッグすると、円から離すことができる。

「データ要素の書式設定」にある「要素の切り出し」に入力する数字が大きいほど、データ要素が円から離れていく。

2種類のデータを表示する
「2軸グラフ」をマスターする

グラフに2種類のデータを表示したい、という場合は、「2軸グラフ」がおすすめです。

2軸グラフとは、縦（数値）軸を2本用意した複合グラフを指します。2種類のデータは、棒グラフと折れ線グラフなどに分けることもできますが、適切なグラフの選択が見やすさに大きく影響を与えます。

ここでは、1つのグラフエリアに第2軸を設置し、縦棒グラフと折れ線グラフの2種類の複合グラフを作成してみましょう。

グラフにするデータを選択したら、「挿入」タブにある「複合グラフの挿入」をクリックし、「組み合わせ」にある「ユーザー設定の複合グラフを作成する」をクリックします。「グラフの挿入」から、「ユーザー設定の組み合わせ」で、「データ系列に使用するグラフの種類と軸」を選択します。「集合縦棒」と「折れ線」を選択し、「第2軸」（右の数値軸）にしたいほうのボックスにチェックを入れ、「OK」をクリックすると、第2軸が設置された縦棒と折れ線の複合グラフが作成されます。

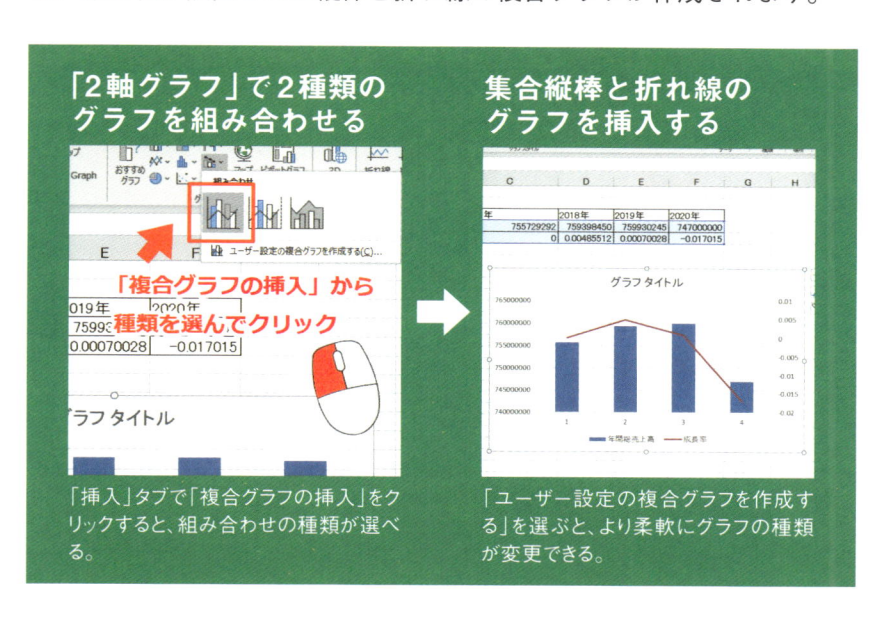

**「2軸グラフ」で2種類の
グラフを組み合わせる**

「挿入」タブで「複合グラフの挿入」をクリックすると、組み合わせの種類が選べる。

**集合縦棒と折れ線の
グラフを挿入する**

「ユーザー設定の複合グラフを作成する」を選ぶと、より柔軟にグラフの種類が変更できる。

B EFORE

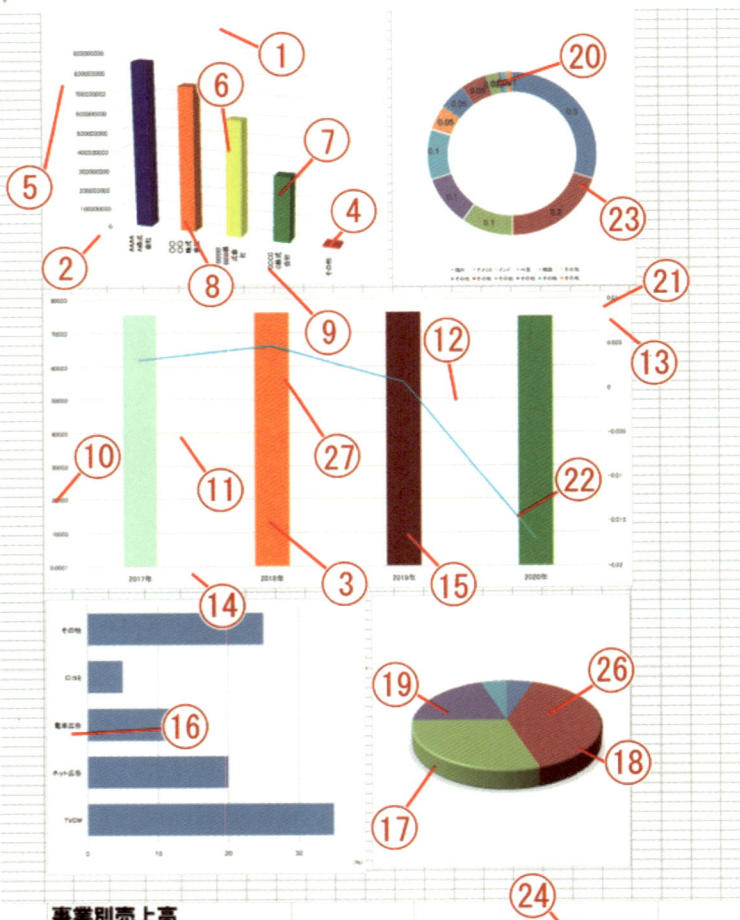

事業別売上高

	2017年	2018年	2019年	2020年
A事業	425270097	451399780	470875400	413713683
B事業	209689501	200856467	168002912	236404514
C事業	80735286	79159510	89167629	63975061
D事業	40034408	27982693	31884304	32906742
合計	755729292	759398450	759930245	747000000

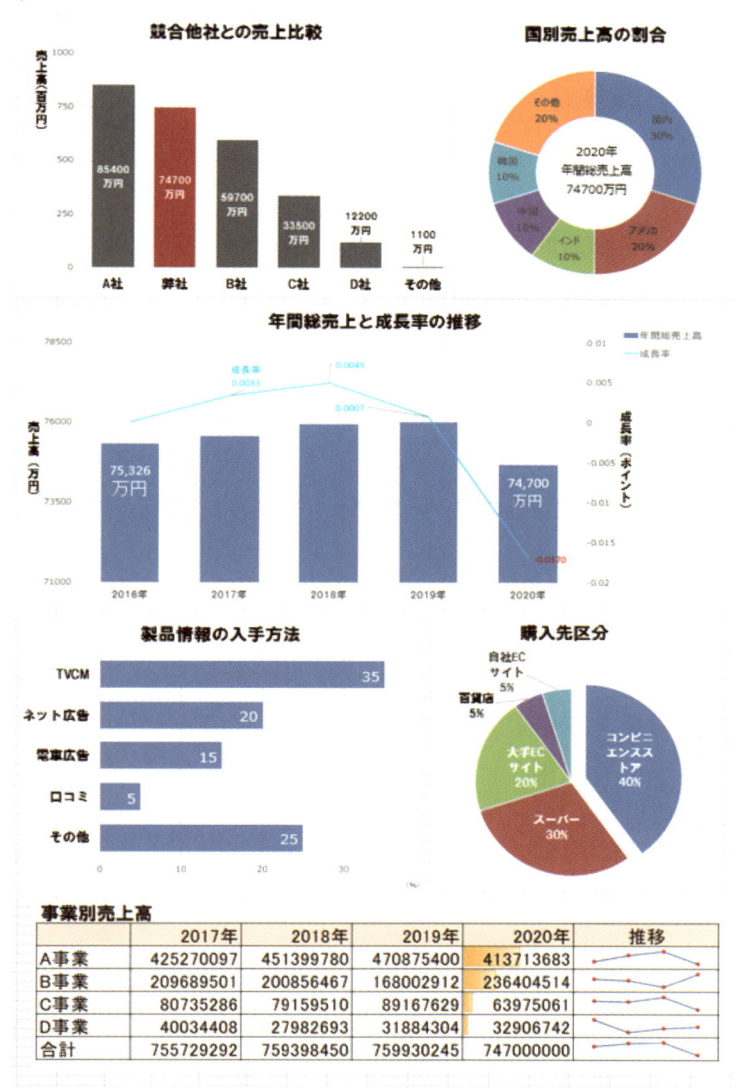

競合他社との売上比較

売上高（百万円）

- A社 85400万円
- 弊社 74700万円
- B社 59700万円
- C社 33500万円
- D社 12200万円
- その他 1100万円

国別売上高の割合

2020年
年間総売上高
74700万円

- 国内 30%
- アメリカ 20%
- インド 10%
- 中国 10%
- 韓国 10%
- その他 20%

年間総売上と成長率の推移

売上高（万円）
成長率（ポイント）

- 年間総売上高
- 成長率

- 2016年 75,326万円 成長率 0.0031
- 2017年 0.0049
- 2018年 0.0007
- 2019年
- 2020年 74,700万円 -0.0170

製品情報の入手方法

- TVCM 35
- ネット広告 20
- 電車広告 15
- 口コミ 5
- その他 25

購入先区分

- コンビニエンスストア 40%
- スーパー 30%
- 大手ECサイト 20%
- 自社ECサイト 5%
- 百貨店 5%

事業別売上高

	2017年	2018年	2019年	2020年	推移
A事業	425270097	451399780	470875400	413713683	
B事業	209689501	200856467	168002912	236404514	
C事業	80735286	79159510	89167629	63975061	
D事業	40034408	27982693	31884304	32906742	
合計	755729292	759398450	759930245	747000000	

POINT

① グラフタイトルを入力する
挿入済みの「グラフタイトル」をダブルクリックして編集可能に。

② 文字を調整してグラフを見やすく
グラフ要素を選択して、「ホーム」タブでフォントのサイズの変更や文字色の変更ができる。

③ 「行／列の入れ替え」で意図するグラフに
凡例と項目軸は「デザイン」タブの「行／列の切り替え」で入れ替え。

④ 表のデータ範囲を広げて、グラフに内容を追加する
「カラーリファレンス」で元表のグラフ対象データの範囲を広げる。元表が別のシートなら「データソースの選択」を使う。

⑤ ラベルを追加してよりわかりやすく
「デザイン」タブの「グラフ要素の追加」で、「軸ラベル」や「データラベル」が追加できる。

⑥ グラフの「視覚効果」は使わないほうが無難
３D表示より２D表示のほうが数字を比較しやすい。

⑦ 色を減らせば統一感が出る
「カラフル」よりも「モノクロ」パレットを使用する。

⑧ 棒グラフを1本だけ目立たせるなら、グレーの中に赤
「グラフツール」の「書式」タブから、「図形の塗りつぶし」を選択。

⑨ 「項目名」は短いほうが見やすい
長い場合は略称にするかグラフの幅を広げる。斜め書きになってしまったら「軸の書式設定」で縦書きに。横棒グラフも可。

⑩ **軸の「表示単位」を変更し、0を減らして見やすく**

「軸の書式設定」の「表示単位」で万単位や百万単位に変更すれば、大きな数字も見やすくなる。

⑪ **目盛線は3〜4本程度に減らす**

「軸の書式設定」の「軸のオプション」で、「最小値」、「最大値」、「単位」の「主」（目盛りの間隔）を変えて、目盛線を減らす。

⑫ **目盛線を目立たなくするなら、線の書式を変える**

「グラフツール」の「書式」タブ、「図形の枠線」で、線の色や太さ、種類を変更する。

⑬ **棒グラフの「凡例」は必ず上に配置しよう**

「グラフツール」の「デザイン」タブ、「グラフ要素の追加」で、「凡例」の表示位置を「上」に。

⑭ **棒グラフの間隔は「棒の太さの半分」が目安**

「データ系列の書式設定」で「要素の間隔」に任意の数字を入れて、間隔を狭く、棒を太くする。

⑮ **棒グラフは大きい順が基本**

元表のデータの並び順を変えてしまうのが近道。「データ」タブの「並べ替え」の「降順」をクリック。

⑯ **横棒グラフは項目の順序を反転させよう**

「軸の書式設定」の「軸のオプション」で、「軸を反転する」にチェック。「横軸との交点」を「最大項目」にして、数値軸を下部のままに。

⑰ **円グラフの凡例（項目名）とデータラベルはグラフの中に**

円グラフを右クリックで「データラベルの追加」、「データラベルの書式設定」で「分類名」と「パーセンテージ」にチェック。

POINT

⑱ 円グラフは右回りに大きい順に並べる
グラフの順番の入れ替えはできないので、元表を降順にしましょう。

⑲ 円グラフは立体化しない
見にくくなるので3D表示はNG。色やラベルの位置で工夫を。

⑳ 円グラフの小さい項目は「その他」にまとめる
元表に「その他」の行を追加し項目をまとめましょう。

㉑ 折れ線グラフの凡例は右側が基本
「凡例」を右クリックし、「凡例の書式設定」で「凡例の位置」を右に。

㉒ 折れ線に直接系列名を表示する
「グラフ要素」の「データラベル」にチェック、「データラベルの書式設定」で「系列名」に変更。

㉓ 全体と項目を比較したいときには「ドーナツグラフ」
「挿入」タブの「グラフ」から、「円グラフ」内の「ドーナツグラフ」を選択。「データ系列の書式設定」で穴の大きさを設定。

㉔「データバー」でセル内に棒グラフを表示する
セル範囲をドラッグし「ホーム」タブの「条件付き書式」から「データバー」を挿入。

㉕「スパークライン」でセルのデータの"変化"をグラフ化
セル範囲をドラッグし「挿入」タブから「スパークライン」を挿入。

㉖ 円グラフの一部を分離して目立たせる
分離させたいデータ要素をドラッグして切り離す。

㉗ 2種類のデータを表示するなら「2軸グラフ」
「挿入」タブから「複合グラフの挿入」、「ユーザー設定の組み合わせ」で系列ごとのグラフの種類と、「第2軸」をチェック。

4章

Excel方眼紙とはもう サヨナラ！Wordで 見やすい文書を作るコツ

「Wordは日本語の文章に向いていない」と、文章作成にもExcelを使う人が技術畑などには多いようです。しかし、それはWordが使いにくいわけではなく、ただ使いこなせないだけなのです。本章を読んで、Wordの本当の使い方を覚えましょう。

読みやすい資料にするための最適な設定

　現代のデスクワークはメールの送受信から情報収集、書類の作成と、パソコンを中心に回っていると言っても過言ではなく、ビジネスパーソンなら、パソコンに触らない日はないでしょう。

　「Word」は、ビジネスシーンに欠かせないツールになっています。Word は、文書を作成することに特化したソフトで、イラストや写真・画像を挿入することもできますが、文書を作るときに、その内容を 1 枚の用紙に収めることができるのが最大の特徴といえるでしょう。

　中には、文書を作るときに Excel を方眼紙のようにして使う人もいますが、これは絶対に NG です。Excel は表計算に特化したソフトなので、画面上では収まっていても、実際に印刷するとズレてしまい、きれいに収まらなくなってしまう場合があるのです。

　Word でも簡単な計算はできるし、見積書のような表も作れますが、ソフトの特長を生かすのなら、文書は Word で、表計算は Excel でと分けて考えたほうがいいでしょう。文書には、やっぱり Word を使うべきです。さっそく Word を起動してみましょう！

資料の用途を考えよう

　さっそく文書を打ち込んでみる前に、ちょっと待ってください！　その文書は、一体、どんな用途で使うものですか。

　社内で回す企画書、社外に送る案内書、一般のお客さんに見せるパンフレット、顧客に送る営業資料など、文書にはいろいろな種類がありますが、それぞれレイアウトやフォント、文章量、写真・画像や表やイラ

ストの大きさや入れ方が違ってくるはずです。文書作成の前には、まず、その用途を考えるのが基本です。印刷する必要がない文書だとしても、1ページにきれいに収まっているほうが、相手も読みやすいですし、印刷することになっても、調整せずに1枚の用紙に収めることができます。最初に、レイアウトをイメージしてみましょう。手書きでテキスト内容や大雑把なレイアウトを描きだしてみるのもいいです。とりあえずざっくりした文字量がわかれば、全体的な分量もわかります。内容や構成を整理、吟味しつつ、形をイメージしてから作り始めましょう。

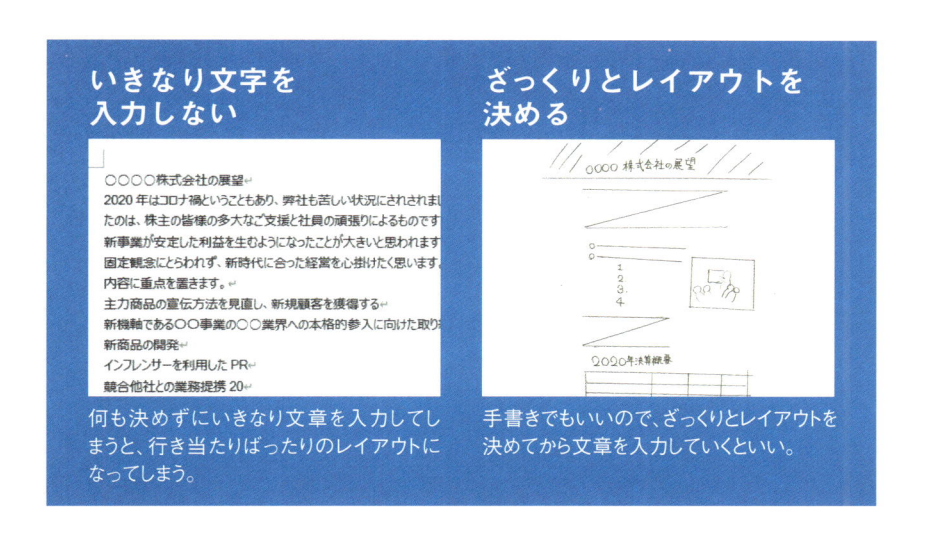

いきなり文字を入力しない

○○○○株式会社の展望
2020年はコロナ禍ということもあり、弊社も苦しい状況にされされました
たのは、株主の皆様の多大なご支援と社員の頑張りによるものです
新事業が安定した利益を生むようになったことが大きいと思われます
固定観念にとらわれず、新時代に合った経営を心掛けたく思います。
内容に重点を置きます。
主力商品の宣伝方法を見直し、新規顧客を獲得する
新機軸である○○事業の○○業界への本格的参入に向けた取り
新商品の開発
インフレンサーを利用したPR
競合他社との業務提携 20

何も決めずにいきなり文章を入力してしまうと、行き当たりばったりのレイアウトになってしまう。

ざっくりとレイアウトを決める

手書きでもいいので、ざっくりとレイアウトを決めてから文章を入力していくといい。

用紙設定で見やすさは決まる

　用途が明確になって、文書に入れる情報量や資料のイメージが固まれば、それに合わせた印刷用紙の設定の仕方も見えてきます。

　用紙は、サイズごとに文字、テキストを入力できる範囲が違っていて、余白の設定も異なりますが、中身のテキストや資料を作ってからサイズを変えてしまうと、自動調節できずに、レイアウトが崩れてしまうことになります。せっかく作った資料が無駄にならないように、最初に用紙

を選んで、キチンと内容にあった設定をしましょう。

　通常のビジネス文書は、A4 サイズが標準です。特に企画書などは、A4 サイズか、その倍の A3 サイズの用紙 1 枚に情報をまとめるのがスタンダード。その場合、A4 サイズ用紙は縦向き、A3 サイズは、横向きに綴じることを想定して文書を作成するとよいでしょう。もちろんページが複数で、ホッチキス綴じや製本が必要になる企画書や資料なら、用紙のサイズや縦横の向きは統一させましょう。

　これらの設定は、Word 画面上の「メニューバー」から「ページレイアウト」タブを選択、「ページ設定」グループから設定を行います。「サイズ」ボタンをクリックして、表示されたメニューから用紙サイズを選択してみましょう。

　たとえば、告知ハガキであれば、メニューのサイズから「ハガキ」を選択します。余白が大きくなって、文書の編集領域が小さくなってしまう場合、「ページ設定」グループから「余白」ボタンをクリックし、メニューから「狭い」を選択します。すると、文書の画面の余白部分が広がって、編集領域が確保できるようになります。

　なお、より詳しい設定や一括設定は、「ページ設定」のダイアログボックスを開いて行います。

余白の使い方で差が出る

　読みやすい文書を作る場合、前項でも触れた「余白の設定」は重要です。標準設定は「A4 サイズ：上余白 35mm、下左右 30mm」で、一般的な A4 ビジネス文書では特に問題ないため、「余白の設定」を標準のまま使いがちですが、用紙サイズに合わせた設定にすると、入力範囲が増え、とても読みやすい文書になります。「余白の設定」は「ページ設定」グループから「余白」をクリックしましょう、あらかじめ設定された余白が選べるので、B5 や A5 は「やや狭い」、ハガキは「狭い」を選びましょう。

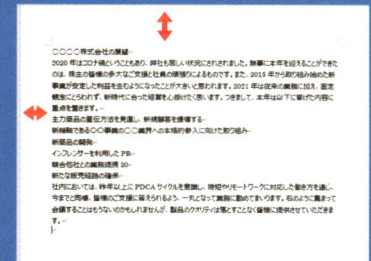

B5用紙標準の余白でも問題ないが

Wordには用紙に合わせた余白設定があるが、内容によってはもっと1ページに入れたい場合もあるだろう。

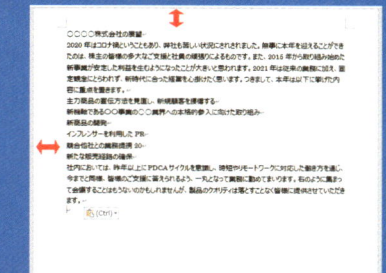

余白設定を「やや狭い」に変えると文章量が増える

余白設定を「やや狭い」に変更するとさらに入る文章量が増えます。B5やA5はこのほうがバランスがよい。

また、次の4つのポイントに気をつけると、さらによい資料を作ることができるでしょう。

1. 行間や文字幅が狭い設定を避け、1ページに文字を詰め込みすぎない。
2. ヘッダーは複数行になりやすいため、圧迫感を抱かせないように、上部余白を下部余白よりも多めにとる。
3. ホッチキスで留めるときは「綴じしろ」の余白を作る。
4. 余白を調整すると、フッターが狭くなってしまうので、ページ番号を文書のテキスト部分に近づけすぎないように注意する。

なお、「余白の設定」は「ページ設定」グループの右下の「矢印」マークで表示される、「ページ設定」ダイアログボックスからも設定できます。

取扱説明書や詳細な参考資料など、文字量の多い文書は、余白を狭く設定して、1ページにたくさんのテキストを入れることがあります。ただし、そういう場合は、フッターのページ番号の位置に注意が必要です。

たとえば、ページ設定の下余白が「1mm」で、フッター位置の設定

が「17.5mm」の場合だと、ページ番号は本文内に表示されてしまいます。

　余白に合わせたフッターのページ番号挿入は、次の手順で行います。「挿入タブ」をクリックして、「ヘッダーとフッター」グループから「ページ番号」をクリックします。続いて表示された「ページの下部」をクリックして、メニューから「番号のみ 2」を選びます。

　ページ番号が、本文外に表示されるので、不要になった改行を削除し、「位置」グループにある「下からのフッター位置」で調整しましょう。

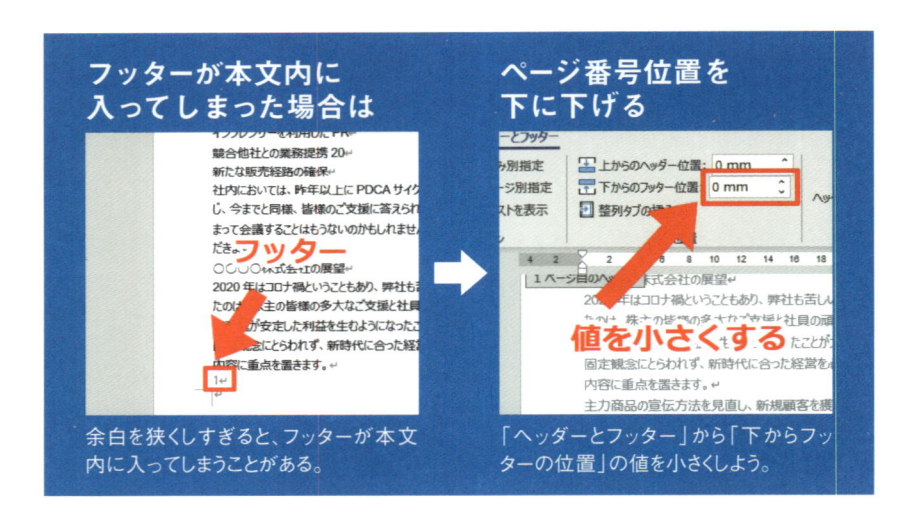

フッターが本文内に入ってしまった場合は

フッター

余白を狭くしすぎると、フッターが本文内に入ってしまうことがある。

ページ番号位置を下に下げる

値を小さくする

「ヘッダーとフッター」から「下からフッターの位置」の値を小さくしよう。

「グリッド線」をうまく活用する

　文字の配置が微妙に揃わず、文字の並びが一直線にならなかったりすることがあります。

　そんなときに役に立つのが、「ルーラー」です。ルーラーとは、テキストの文字数を表す目盛りのことです。

　特に注目すべきは、「左インデント」と「右インデント」です。「インデント」とは、文章の左端や右端の位置を調整する機能で、左インデントは段落全体の左端の位置、右インデントは右端の位置です。通常は左端が「0」、右端が「40」の位置に揃っています。これは現在の段落が「1

行 40 文字」に設定されているということです。

　また、1 文字下げた場合も、文字の位置をルーラーで確認することができます。初期設定では非表示になっており、「表示」タブの「表示」グループ、そのメニューの中の「ルーラー」のチェックボックスをクリックすると、文書の上側（水平ルーラー）と左側（垂直ルーラー）に表示されるようになります。

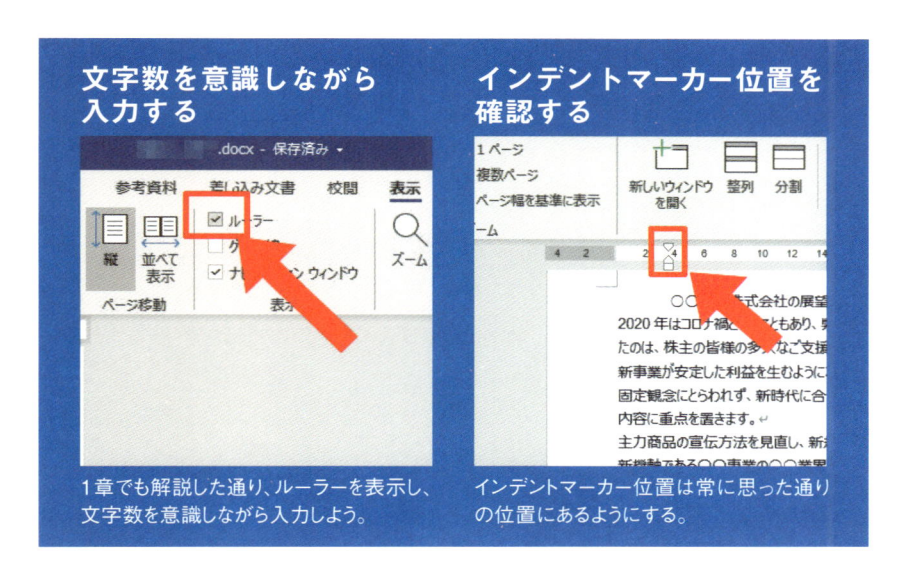

文字数を意識しながら入力する

1 章でも解説した通り、ルーラーを表示し、文字数を意識しながら入力しよう。

インデントマーカー位置を確認する

インデントマーカー位置は常に思った通りの位置にあるようにする。

　グリッド線とは、段落やセルの幅、行を表す補助線を意味します。このグリッド線は、印刷されることはありません。

　グリッド線の表示と非表示を切り替える場合は、「表示」タブの「表示」グループから、「グリッド線」のチェックボックスにチェックを入れると、文書上に行を示す横の補助線が表示されます。

　グリッド線を表示すると、テキストボックスを移動する場合など、補助線を目安に合わせることができます。また、行頭や行末の文字位置やレイアウト時の行数がわかりやすくなり、簡単にきれいなレイアウトを作ることができます。反対に表などを作成するときには、行の罫線とグリッド線が重なって見にくくなってしまうので、非表示にしたほうがいいでしょう。

「段落」を理解する

Word を使って文書を作る場合、一番のストレスになる原因は「段落」に関するトラブルではないでしょうか。

- テキストを入力していくと、行頭が微妙にズレてしまったり、行末が揃わないことがある。
- 下線や網掛けが設定されて解除できないことがある。
- 改行すると「箇条書き」になってしまうことがある。
- 段落番号が続き番号になってしまい「1」から始まらない場合がある。

しかし実は、これらはトラブルではなく「段落」の仕様なのです。

学校の授業では、段落とは1つの文章の中で、新しい話題などに移るときに使用される「区切り」や「切れ目」と習ったと思います。

でも、これはあくまで国語的な意味です。Word における「段落」は、シンプルに作成者が改行したところで「区切り」や「切れ目」がつけられるのです。つまり、「Enter」キーを押すと、1つの段落ができるわけです。ですから Word を使ってテキストを書く場合は、文章の句点「。」以外では、特殊な場合を除いて「Enter」キーを押してはいけません。

文書を作成する場合、何か見本のテキストを引用して、Word 文書に書き写すことがあります。ところが見本の文章の並びを、そのまま再現しようとして、入力している文章の途中で「Enter」キーを押して改行した場合、単純にその箇所に段落ができ、1つのブロックとして分割されて、レイアウトが崩れてしまったりします。これは、見本のテキストの1行の文字数が、作成者の設定と異なることから起きる失敗です。

また、箇条書きしたい場合、1つの項目を2行に分けたいのに、自動的に番号が振られたり、行間が勝手に開いてしまったりする場合もあります。これは「箇条書きマーク」などの段落記号が、「段落に対する設定」になっているからです。「Enter」キーで改行すると、Wordが自動的に新しい段落を作成したと判断し、「箇条書きマーク」が設定されてしまうのです。

段落の変更と改行を使い分ける

　ビジネス文書の編集で大切なのは、段落に分けられたテキストを「横と縦」に意識して配置することです。これは通常のテキストの場合でも、図形内の文字でも同じです。

　横とは「インデント」や「タブ」などで調整する、段落内の横向きの文字配置です。縦とは、行間の固定値で設定する、段落内や段落間の「行間」を意味します。

　たとえば、箇条書きする際に、

・「箇条書きマーク」の位置が揃わない。
・文字間隔を空けると内容が揃わない。
・文字幅が微妙に異なる。

　ということが多々、発生します。この場合は箇条書きの「横位置」の「行頭」や「行末」の「文字位置」を揃えたり、「文字間」の「文字幅」の「横位置」を調整したりして、きれいに調整していく必要があるのです。

　また、1つの項目を2行に分けたとき、自動的に番号が振られたり、行間が勝手に開いたりする場合は、「Shift」キーと「Enter」キーを押して、「段落内改行」という機能を使います。

　段落内改行を使えば、箇条書き2段目には箇条書きマークが設定されずに改行され、行頭の文字位置も上の行の文章と揃います。

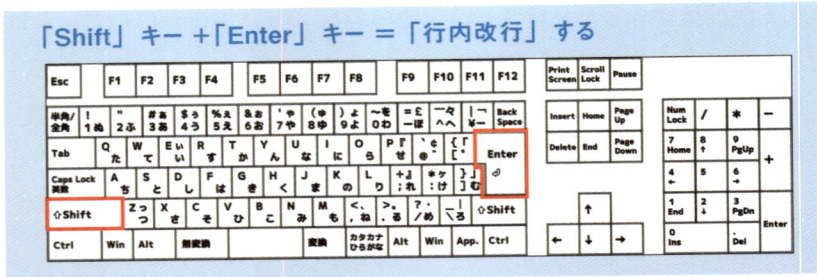

「Shift」キー +「Enter」キー =「行内改行」する

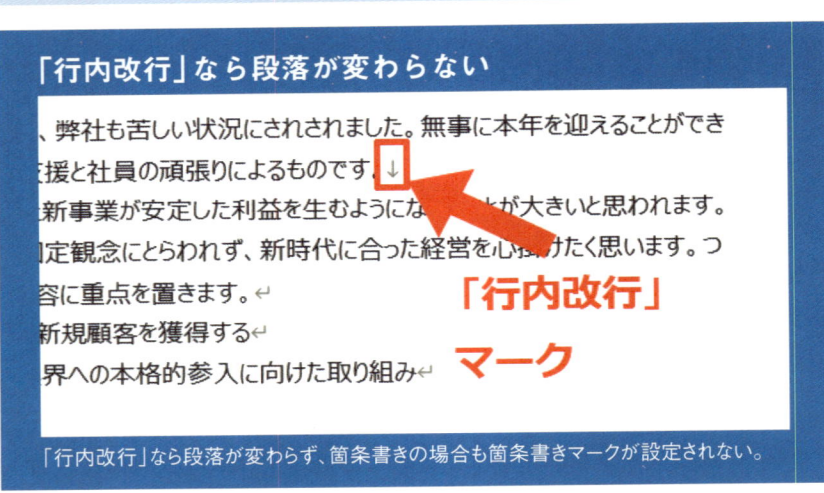

「行内改行」なら段落が変わらない

、弊社も苦しい状況にされされました。無事に本年を迎えることができ
支援と社員の頑張りによるものです。↓
新事業が安定した利益を生むようにな　　トが大きいと思われます。
定観念にとらわれず、新時代に合った経営を心掛けたく思います。つ
容に重点を置きます。↵
新規顧客を獲得する↵
界への本格的参入に向けた取り組み↵

「行内改行」
マーク

「行内改行」なら段落が変わらず、箇条書きの場合も箇条書きマークが設定されない。

　縦位置の「行間」も同じです。行と行の間は、「フォントサイズ」に合わせて自動で設定されるので、サイズを大きくすると行間が開きすぎるのです。しかし、行間は簡単に広げられますが、狭めることができずに苦労することもあります。

行間を自由自在に調整する方法

　「Shift」キーと「Enter」キーを使うと「段落内改行」ができると解説しましたが、「行間」を自由自在に調整していく前段階として、「Enter」キーによる改行と、「段落内改行」の使い分けを理解する必要があります。「改行」か「段落内改行」かによって、行間の調整方法は異なり、これ

らを正しく使うことで、より効率がいい作業ができるのです。

　それでは通常の改行と、段落内改行はどう違うのでしょうか。

　箇条書きの文書を改行だけで作成していくと、「段落後」の次の行が1行間隔に、すべての行間で広がってしまいます。この場合は、段落内改行を使って、段落を項目ごとにまとめ、段落ごとに1行間隔に広げていけば、とても整然と見えるようになります。

　また、「段落前後」の行間調整を、一括で設定することもできます。

　文章を全選択したら、「ホーム」タブの「段落」グループの「段落設定」ボタンをクリックし、「段落」のダイアログボックスを表示。そのボックスの下側にある「間隔」の「段落後」を「1行」に設定します。
「段落内」の行間を変更したい場合は、「ホーム」タブの「段落」グループの「段落設定」をクリックし、「段落」ダイアログボックスを開きます。「間隔」の行間を「固定値」に変更し、「間隔」ボックスにポイント数を入力します。このとき、ポイント数は段落のフォントサイズよりも、大きい数値で入力しないといけません。小さい数値を入力すると、文字が重なって欠けてしまうことになります（ポイント数の固定値は10pt）。固定値の設定方法を扱えると、図形の中に文字を入れることができ、一定の領域内に文字を入れる場合にも、自由自在に調整できます。

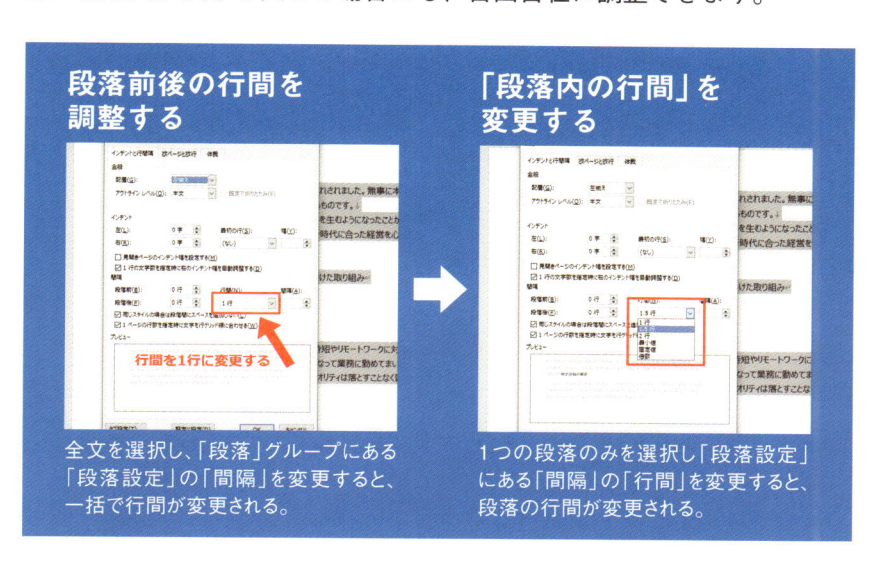

段落前後の行間を調整する

行間を1行に変更する

全文を選択し、「段落」グループにある「段落設定」の「間隔」を変更すると、一括で行間が変更される。

「段落内の行間」を変更する

1つの段落のみを選択し「段落設定」にある「間隔」の「行間」を変更すると、段落の行間が変更される。

フォントサイズを大きくすると行間が自動的に開いてしまう場合は、「ホーム」タブの「段落」グループ、「段落設定」をクリックします。「段落」ダイアログボックスが表示されたら、「間隔」の「1ページの行数を指定時に文字を行グリッド線に合わせる」のチェックを外しましょう。これで行間が開くことを防げます。

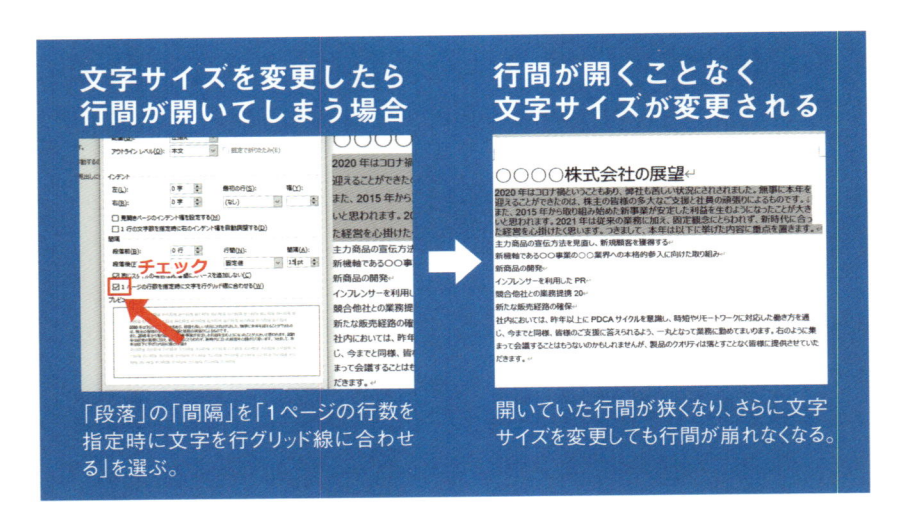

文字サイズを変更したら行間が開いてしまう場合

「段落」の「間隔」を「1ページの行数を指定時に文字を行グリッド線に合わせる」を選ぶ。

行間が開くことなく文字サイズが変更される

開いていた行間が狭くなり、さらに文字サイズを変更しても行間が崩れなくなる。

段落番号を使いこなす

　文書を作成する上で、箇条書きは、複数の項目を併記するのに適しています。しかし、Wordでは設定が少々難しいです。

　まず、調節したい箇条書きを選択します。箇条書きの内容が、複数行にわたるときは、項目と内容の位置の調整が複雑になります。1つの項目の内容が、2行や3行になるときは、「段落内改行」にすると、一番上の行と同じ段落になります。すると「ぶら下げインデント」位置に2行目の文字の先頭が来ています（インデントの設定では、1行目だけ開始位置を左に設定できるようになっています。この文字配置方法を「ぶら下げ」と呼びます）。しかし、これらは2つ目のタブの行頭に合わせたほうが整然として、また読みやすくなると思います。

　箇条書きや段落番号を設定すると、段落記号と文字の間に、自動的に「タブ」が入力されます。タブマークは、ルーラーの4文字目の位置になるのですが、ぶら下げインデントが自動設定されると、項目の文字位置と2行目以降の文字位置が揃って、タブマークが省略されます。

　その場合、各段落の2行目の文章を、1行目の文章の位置に揃える必要があります。最初にぶら下げインデントの位置を、タブマークの位置にドラッグして移動させます。すると、自動で入力されている「段落記号の後ろのタブ」の文字位置が、タブマークの位置になります。

　同じ段落内にタブが2回入力されたので、タブマークも2つになります。最初のタブを止めるためのタブマークを、ルーラーの4文字目の位置をクリックして設定。最初のタブは箇条書きのためのタブマークで文字が揃い、2つ目のタブは、ぶら下げインデントと同じところにあるタブマークで文字が揃うはずです。

　この操作をすると、段落内の文字量が増減しても、2行目以降の文字はキチンと揃うようになります。

「ぶら下げインデント」で文字位置を調整するというわけです。

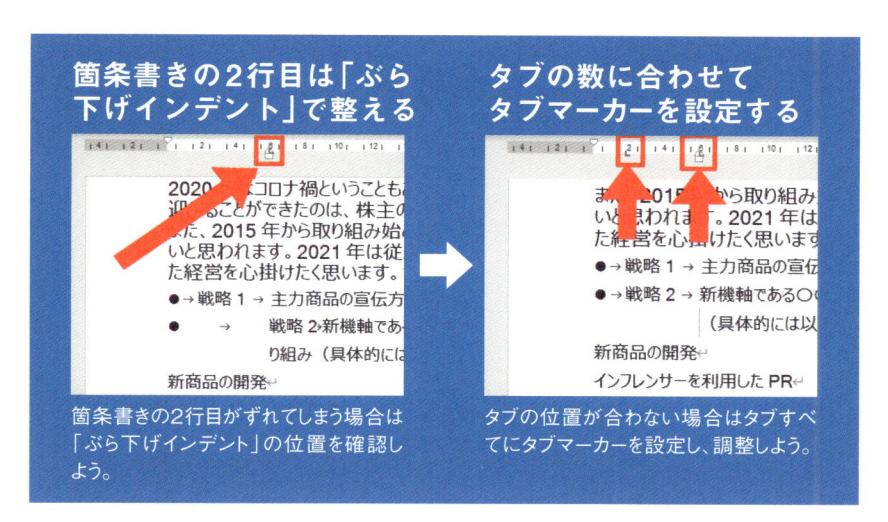

箇条書きの2行目は「ぶら下げインデント」で整える

箇条書きの2行目がずれてしまう場合は「ぶら下げインデント」の位置を確認しよう。

タブの数に合わせてタブマーカーを設定する

タブの位置が合わない場合はタブすべてにタブマーカーを設定し、調整しよう。

　ルーラーを使った箇条書きと段落番号の設定方法が基本ですが、「Tab」キーで、箇条書きを設定する方法も覚えておきましょう。

まず、メニューバーの「ホーム」タブの「段落」グループにある「箇条書き」をクリックし、「行頭文字ライブラリ」から、行頭につける文字（行頭文字）を選択します。

　文書内に、選んだ文字（ここでは仮に「●」）が表示され、「箇条書き」のダイアログボックスの中に、「文書の行頭文字」として設定されます。

　この●の続きから、箇条書きの内容を入力します。「Enter」キーで改行すると、自動的に下の行にも行頭文字が表示されます。

　次に下の行に文書の内容を入力していきます。箇条書きの「階層」（内容を入力する位置）を変更する際は、キーボードの左側、上から３段目に位置する「Tab」キーを押します。

　内容を入力して「Enter」キーを押し、改行すると、下の段の同じ階層に文頭が揃います（この文頭にも行頭文字をつけたい場合は、再び、「行頭文字ライブラリ」から選択します）。

　テキストの開始位置を左に戻す場合は、「Shift」キーを押しながら「Tab」キーを押します。これで文字列の開始位置が左側に移動します。箇条書きの作成を終了するときは、「Enter」キーを２回押します。

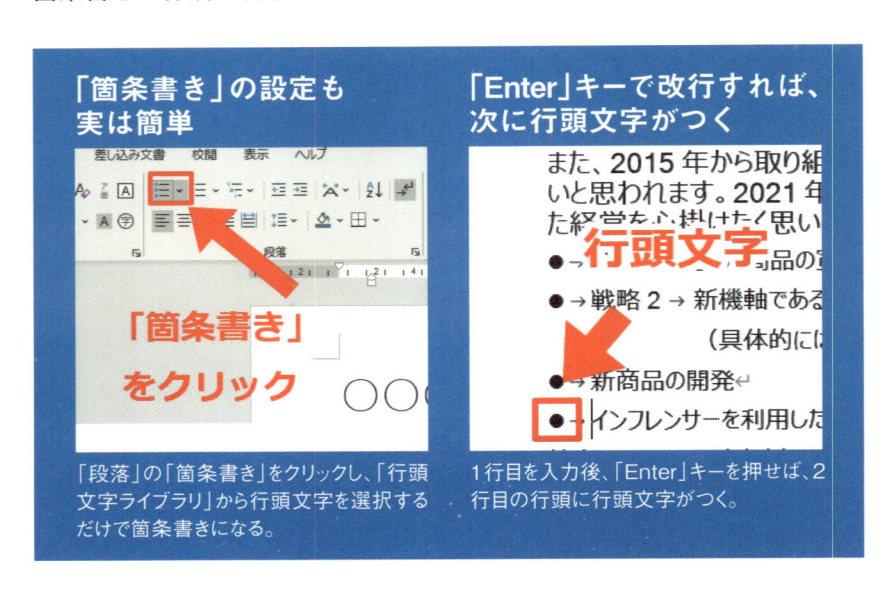

「箇条書き」の設定も実は簡単

「箇条書き」をクリック

「段落」の「箇条書き」をクリックし、「行頭文字ライブラリ」から行頭文字を選択するだけで箇条書きになる。

「Enter」キーで改行すれば、次に行頭文字がつく

行頭文字

1行目を入力後、「Enter」キーを押せば、2行目の行頭に行頭文字がつく。

次に「段落番号」を設定してみましょう。

箇条書きにおいて、階層を分けて項目を列記するときは、ナンバリングされた「段落番号」を使うことも少なくありません。

設定手順は「箇条書き」の書式を指定する場合と基本的に同じです。

メニューバーの「ホーム」タブの「段落」グループにある「段落番号」をクリックしましょう。「番号ライブラリ」から、行頭につける番号（いろいろなタイプの数字だけでなく、カタカナやアルファベットなどの記号もあります）を選択します。すると、文書内に選んだ番号が表示されます。箇条書きしたい内容は、このあとに続けて入力していきます。

内容の入力が終わったら「Enter」キーで改行します。すると、自動的に次の項目の行頭につける番号（あるいは記号）が、下の行にも表示されます。

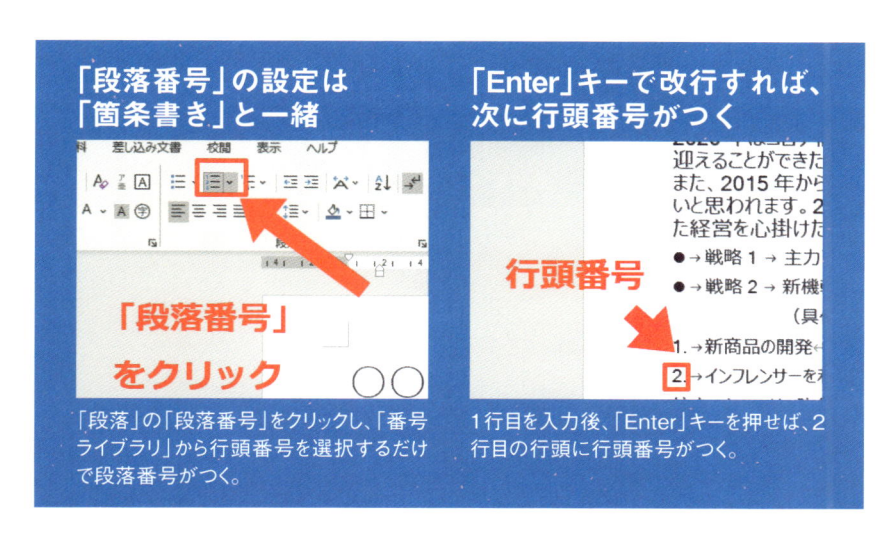

「段落番号」の設定は「箇条書き」と一緒

「段落番号」をクリック

「段落」の「段落番号」をクリックし、「番号ライブラリ」から行頭番号を選択するだけで段落番号がつく。

「Enter」キーで改行すれば、次に行頭番号がつく

行頭番号

1行目を入力後、「Enter」キーを押せば、2行目の行頭に行頭番号がつく。

Wordには、文字列の配置や位置を変更する機能があります。この機能を使うと、段落を好きな位置に揃えて配置できるのです。

この文字揃えには、基本の「両端揃え」のほか、「中央揃え」「右揃え」「左揃え」があります。最初に文字を入力する場合、文字列は左端の文頭側に揃っています。この状態が両端揃えです。設定するときは、「ホーム」タブの「段落」グループ2段目、左から4番目を選びます。文字

列の配置が、どのように変わるかをよく見ておきましょう。

　中央揃えにするときは、「段落」グループ2段目、左から2番目をクリックします。文字列は中央に配置されます。

　右揃えのときは、「段落」グループ2段目、左から3番目をクリックします。文字列は右側に配置されます。左揃えのときは、「段落」グループ2段目、一番左です。文字列は、両端揃えと同じく左側に配置されます。

　左揃えと両端揃えは、どちらもテキストが左に配置されますが、左揃えは文章の右側がズレて凸凹になってしまいます。一方、両端揃えは文字列の左右がキチンと揃います。

　Wordでは、基本的に「両端揃え」を使用しましょう。

　書式を変更したあとでも、「ホーム」タブの「フォント」グループ上段などにある「書式のクリア」ボタンをクリックすると、設定は初期状態の両端揃えに戻ります。

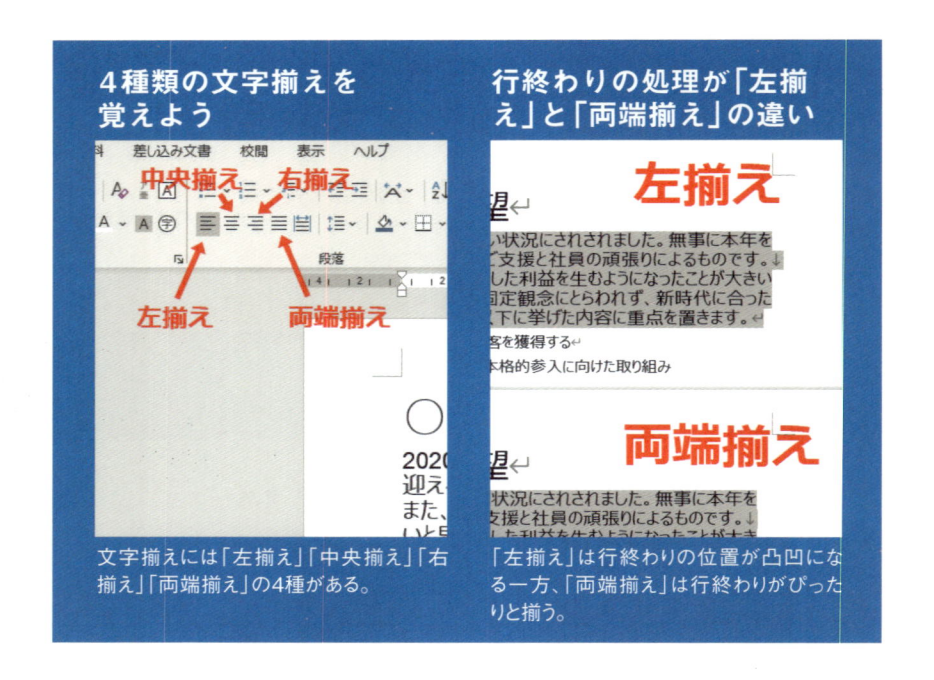

4種類の文字揃えを覚えよう	行終わりの処理が「左揃え」と「両端揃え」の違い
文字揃えには「左揃え」「中央揃え」「右揃え」「両端揃え」の4種がある。	「左揃え」は行終わりの位置が凸凹になる一方、「両端揃え」は行終わりがぴったりと揃う。

　文字幅を自由に調整し、文字を揃える設定には「均等割り付け」という機能があります。「均等割り付け」を使用すると、行の幅にあわせて文字を均等に配置できます。段落の文字幅も揃えることができ、箇条書きの項目の左右幅を揃えることができます。あとから内容を変更しても、文字間の調整は不要になります。

　設定するときは、文章を選択し、「ホーム」タブの「段落」グループ2段目、左から5番目の「均等割り付け」をクリックします。すると、「文字の均等割り付け」ダイアログボックスが表示されます。段落に対し文字列を等間隔で配置することができます。標準は40文字ですが、もちろん文字数を指定することもでき、アルファベットや漢字などが混合していても、段落の両端を揃えることができます。

　このとき、行末の文字を均等割り付けにする場合、改行のマークは一緒に選択しないで設定するようにしましょう。なお、似たような機能に「段落の均等割り付け」がありますが、こちらは文書の左右幅いっぱいに文字列が広がってしまうので注意が必要です。

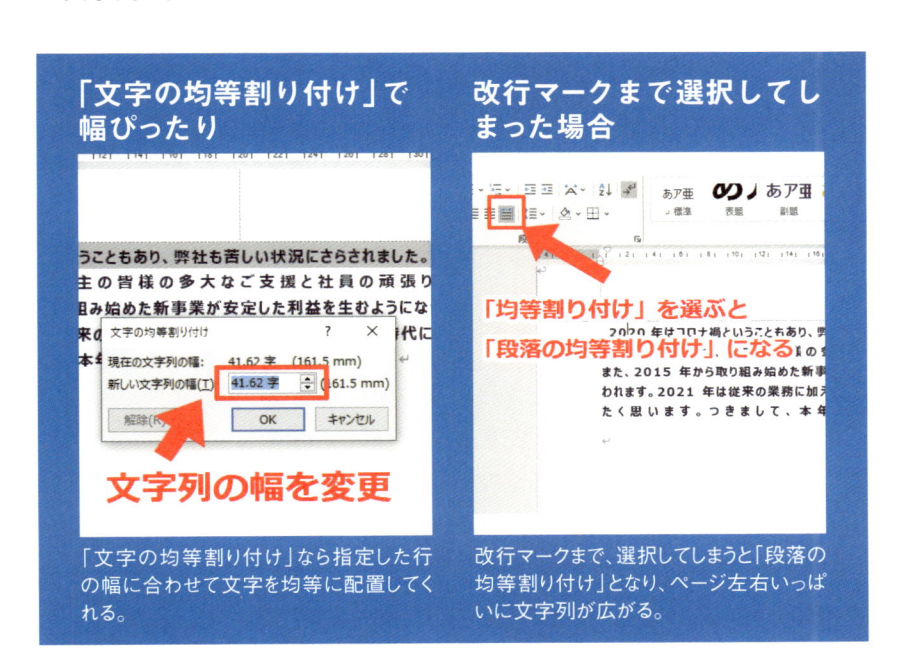

「文字の均等割り付け」で幅ぴったり

文字列の幅を変更

「文字の均等割り付け」なら指定した行の幅に合わせて文字を均等に配置してくれる。

改行マークまで選択してしまった場合

「均等割り付け」を選ぶと「段落の均等割り付け」になる

改行マークまで、選択してしまうと「段落の均等割り付け」となり、ページ左右いっぱいに文字列が広がる。

表や画像を思い通りに入れるコツ

内容が伝わりやすい文書は、テキストだけでなく、具体的な表や数値、フローチャート、写真などが効果的に配置されています。

テキストで長々と説明するよりも、たった1枚の写真を挿入することで、企画のイメージを正確に伝えることができるのです。

しかし、どんなに画像や表がわかりやすくても、それらがレイアウト上に無造作に入れられており配置のバランスが悪いと、全体の見た目がゴチャゴチャして見づらいものになってしまいます。

手持ちの画像をありったけに挿入すればよいというものではありません。まず、効果的に情報を伝える画像を、最低限の枚数、チョイスする必要があります。

まずはサンプルを基に作成してみよう

読みやすい文書のレイアウトで重要なのは、段落と画像の位置関係です。Wordでは、挿入される図版は、すべて段落に紐づけされ、関係してきます。

たとえば、段落の文字が1文字でも大きくなると、Wordは、それに合わせて自動的に行間を広げます。ところがこの機能は文字だけでなく、画像も「行内」で扱ってしまうので、図版がある行の間隔が大きく開いてレイアウトが崩れてしまうのです。

ここでは通常のA4サイズで作る、企画書や資料などのビジネス文書を例に考えてみましょう。

画像を、文書のレイアウトに、思い通りに入れるコツは何でしょうか。

もちろん最初に、文書の用途の想定、つまりコンセプトをしっかり決めておくのは肝心ですが、悩んだときは、既存の社内の企画書や社外の書類など、これまで作成された書類を参考にするのが、一番の早道です。

Wordには、こうしたレイアウトのサンプルとなる、テンプレートが収録されています。

テンプレートを見るときは、「メニューバー」の「ファイル」タブから「新規」を選びます。「使用できるテンプレート」が表示されたら、メニューの中から、文書やパンフレット、ニューリリース用のサンプル・デザインのテンプレートを選ぶことができます。

テンプレートを、そのまま文書作りに利用してもかまいませんし、それを参考にして、オリジナルのレイアウトを作成してもいいでしょう。

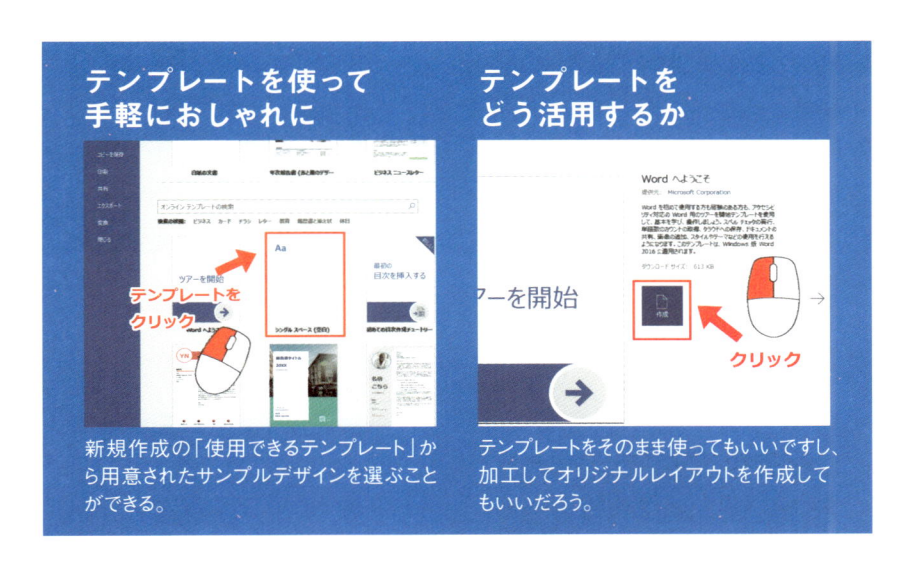

新規作成の「使用できるテンプレート」から用意されたサンプルデザインを選ぶことができる。

テンプレートをそのまま使ってもいいですし、加工してオリジナルレイアウトを作成してもいいだろう。

画像を挿入する

どうやって画像を文書に挿入したらよいのでしょうか。Wordでは、パソコンのハードディスク上にある、自分で作成した表や画像やインターネットからダウンロードしてきた画像を「挿入」し、文書内の好き

な場所に配置することが可能です。

　方法はいたって簡単です。文書内の画像を入れたい場所をクリックして、カーソルを移動させ、メニューバーの「挿入」タブの右下にある「画像」をクリックします。

　画像を PC 上のどこの保存場所から選ぶか、ダイアログボックスが表示されます。使う画像を保存している PC 上の場所を、左側のメニューから選びます。インターネットからダウンロードして保存した画像は、「ダウンロード」フォルダに入っています。

　使用画像を選んだら、右下の「挿入」をクリックします。すると画像や表が、カーソルの位置に大きく表示されます。

　続いてサイズを変更します。画像の周りを囲んでいる枠線と白い丸があります。四隅の白い丸にマウスを合わせて内側にドラッグすると、それに合わせて画像が小さくなります。

　作業が終わったら、画像の外側をクリックしましょう。枠線と白い丸が消え、画像が文書に配置されました。もう一度サイズを変更したいときは、画像の内側をクリックすると、枠線と白い丸が表示されます。

　モニター上など、文書を表示している画面の外側から、任意の画像をドラッグして、挿入したい箇所に引っ張ってくるという方法もあります。

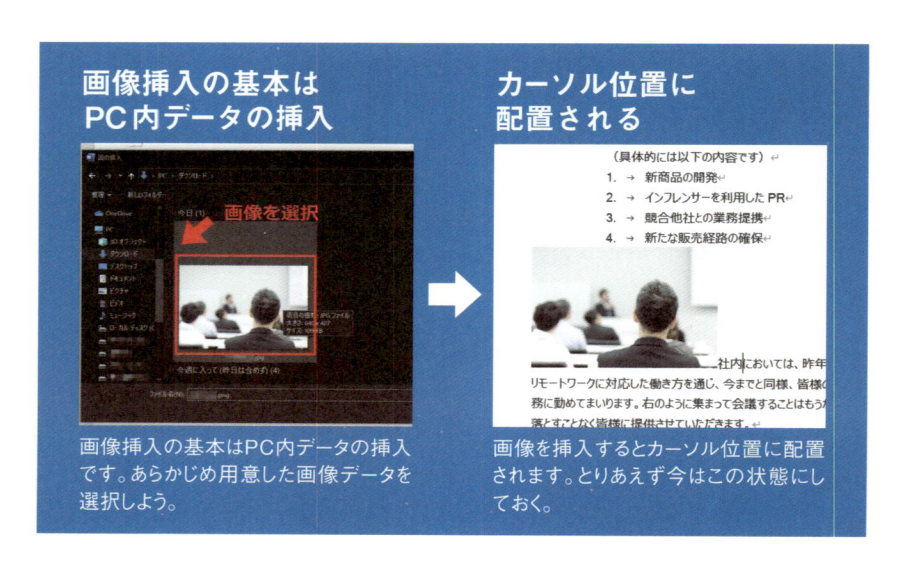

画像挿入の基本は PC内データの挿入

画像挿入の基本はPC内データの挿入です。あらかじめ用意した画像データを選択しよう。

カーソル位置に 配置される

画像を挿入するとカーソル位置に配置されます。とりあえず今はこの状態にしておく。

画像を挿入したくても、特定の製品などの説明でない限り、元から画像がないことが多いでしょう。プレゼンの際、資料に必要な画像が用意できない場合もあります。

そういう場合は、メニューバーの「挿入」タブにある「図」グループの中に、「図形」や「アイコン」「3Dモデル」「グラフ」のテンプレート集があります。この中から、選んだ画像をそのまま挿入したり、画像や表を作り替えたりして使用することができます。

また、もっと違ったものが必要なら、「オンライン画像」を使ってみましょう。これは、Microsoftの検索エンジンである「Bing」でイメージ検索された画像をダウンロードして使うことができる機能です。「図」グループの中の「オンライン画像」ボタンをクリックして、オンライン画像の検索画面を表示しましょう。必要な画像の語句を入力して検索し、挿入したい画像を選択します。「挿入」ボタンをクリックすると、文書のカーソルのある場所に、その画像が挿入されます。

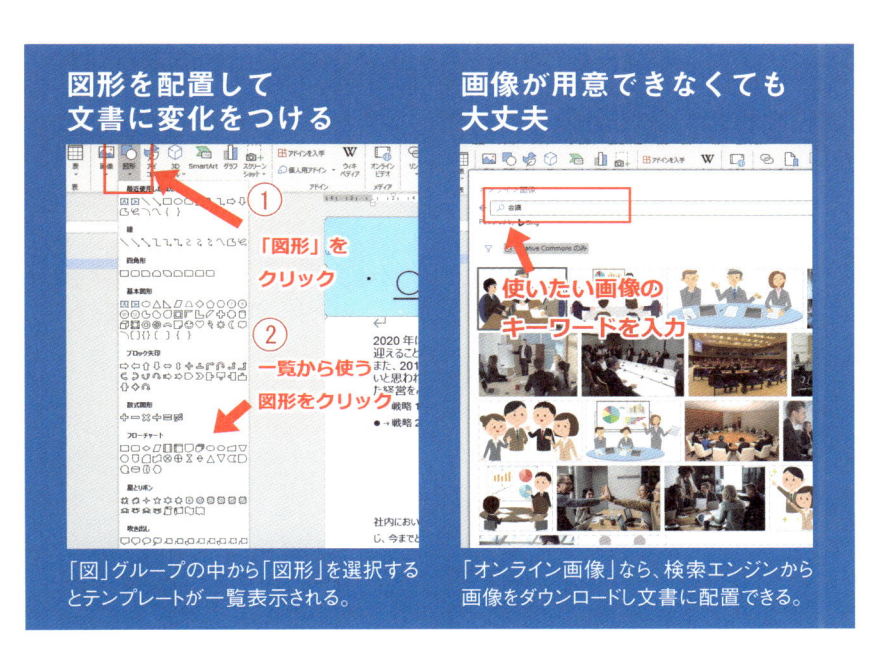

図形を配置して文書に変化をつける

① 「図形」をクリック

② 一覧から使う図形をクリック

「図」グループの中から「図形」を選択するとテンプレートが一覧表示される。

画像が用意できなくても大丈夫

使いたい画像のキーワードを入力

「オンライン画像」なら、検索エンジンから画像をダウンロードし文書に配置できる。

表を作成する

Wordはあくまで文書作成ソフトです。表の作成に特化したソフトウェアは「Excel」ですが、表や囲み枠を使った、Excelにも劣らないような見栄えの「表」をWordでも作成することができます。

まず、「表」の骨組みを作ってみましょう。メニューバー「挿入」タブの「表」ボタンをクリックします。マス目表示されたら、その上でポインターを移動します。今回は4行×4列の表を作成してみます。

マス目上で、「4行×4列」を選択し、クリックすると指定した「表」が作成できます。表の中に項目を入力します。

入力スペースに余裕を持たせたいときは、「セル」の枠にマウスポインターを合わせてドラッグします。セルの下枠をドラッグすると長さが変わり、左右の枠をドラッグすると横幅が変更できます。

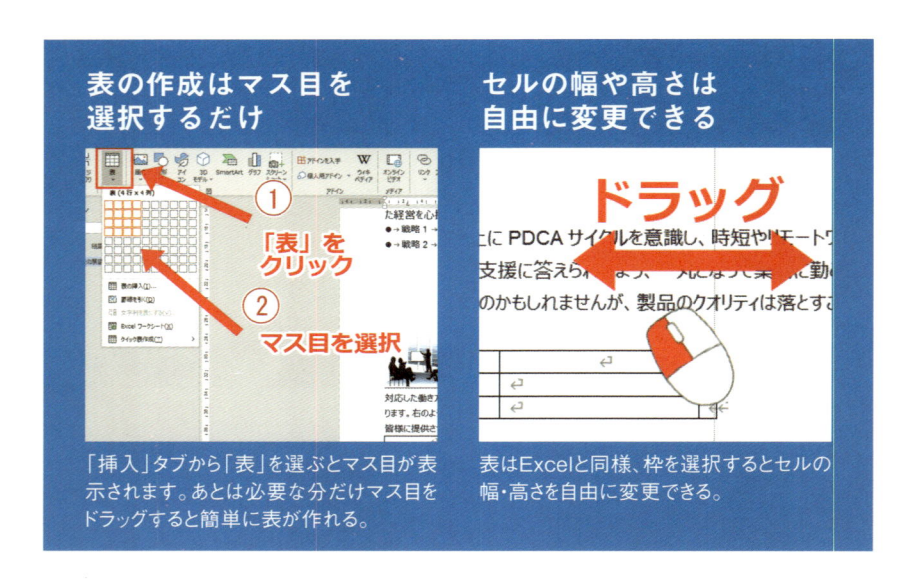

「挿入」タブから「表」を選ぶとマス目が表示されます。あとは必要な分だけマス目をドラッグすると簡単に表が作れる。

表はExcelと同様、枠を選択するとセルの幅・高さを自由に変更できる。

項目の背景に色をつけることも可能です。項目全体を選択し「デザイン」タブの「塗りつぶし」から色を選択しましょう。項目の内部が指定した色に変更されました。

表内の文字色も「ホーム」タブの「文字の色」から選べます。背景色とのバランスが重要ですが、背景色が濃い場合、白色がいいでしょう。

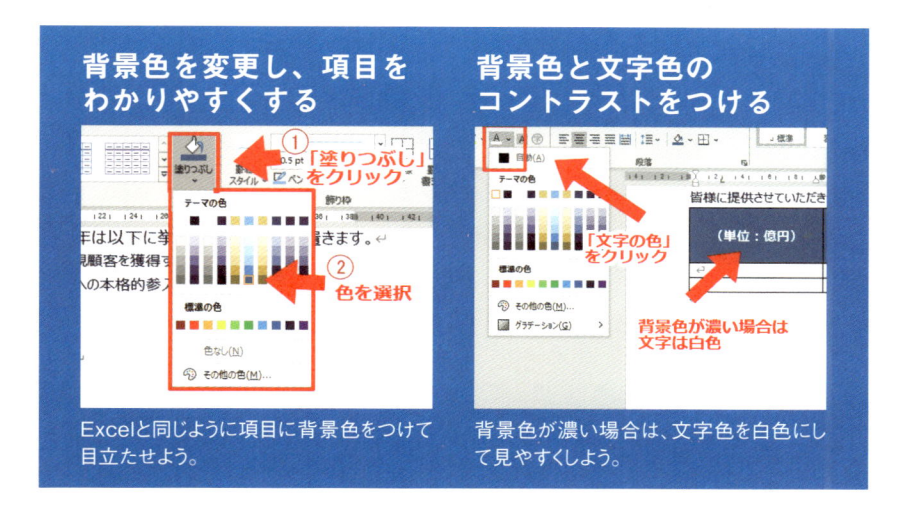

背景色を変更し、項目をわかりやすくする

Excelと同じように項目に背景色をつけて目立たせよう。

背景色と文字色のコントラストをつける

背景色が濃い場合は、文字色を白色にして見やすくしよう。

文字の位置を変えたいときは、メニューバーの「レイアウト」タブにある「文字の位置」をクリックします。上下左右9種類から位置を選択することができます。「列」や「行」を追加したい場合は、「表ツール」の「レイアウト」タブから、「挿入」をクリックしましょう。

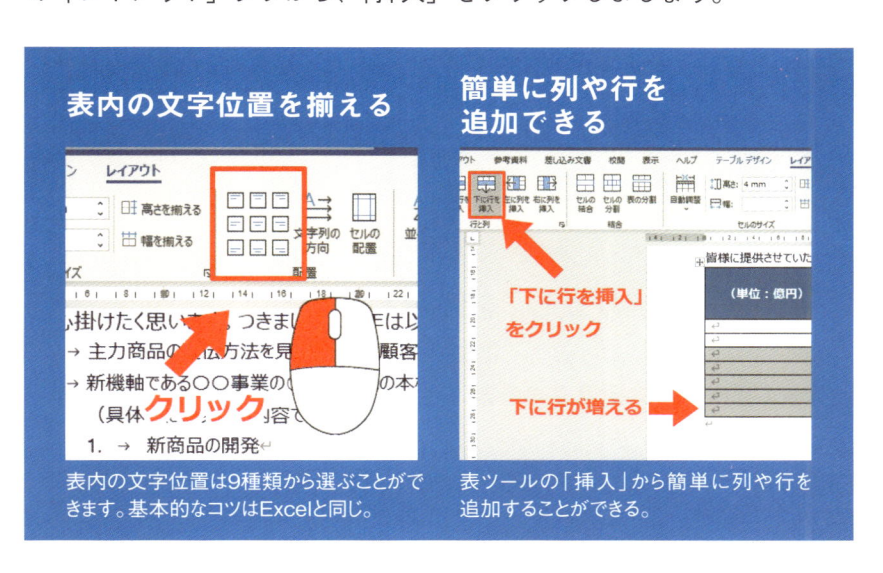

表内の文字位置を揃える

表内の文字位置は9種類から選ぶことができます。基本的なコツはExcelと同じ。

簡単に列や行を追加できる

表ツールの「挿入」から簡単に列や行を追加することができる。

作成した複数のセルを1つにまとめる「セルの結合」機能や、「セルの分割」機能で分割でき、それを一部分だけ消したりする複雑な分割も可能です。この「結合」「分割」の機能を使うと、文書で使いたい表を自在に作ることができるのです。

　結合させるセルを選び、「表ツール」の「レイアウト」タブをクリックし、中央の「セルの結合」をクリックすると結合されます。また、メニューバー「表ツール」にある「レイアウト」タブから、「セルの分割」を選択。「セルの分割」ダイアログボックスを表示します。ダイアログボックスの「列数」の上下ボタンを押し、列数・行数を指定し、「OK」ボタンをクリックすると表が分割されます。

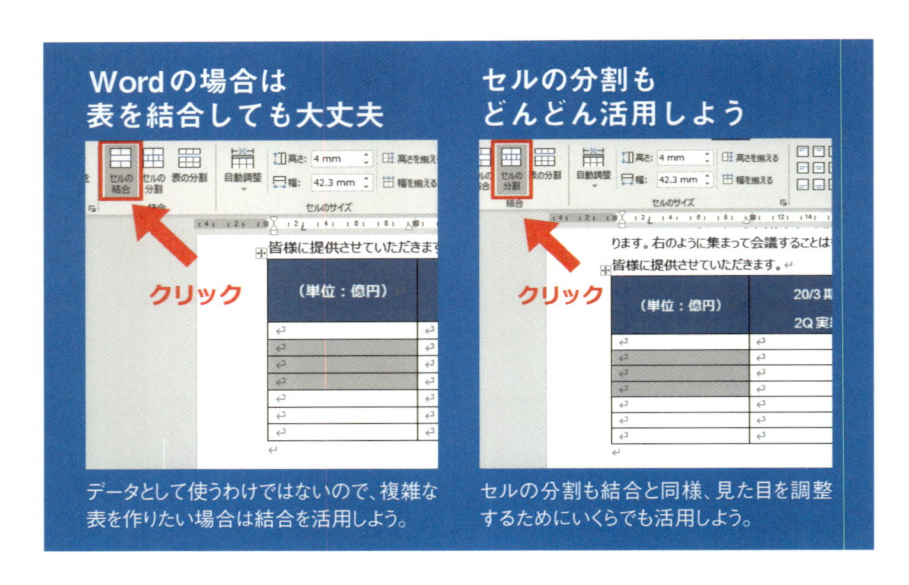

データとして使うわけではないので、複雑な表を作りたい場合は結合を活用しよう。

セルの分割も結合と同様、見た目を調整するためにいくらでも活用しよう。

「文字列の折り返し」を理解する

　Wordでは図版の配置方法を選ぶことができ、その設定方法は大きく分けて「行内」と「文字列の折り返し」の2つです。通常、Word文書は、画像を挿入した直後は「行内」が設定されているので、移動しようとしても動かせません。

レイアウトに影響を与えずに画像を動かすには、「文字列の折り返し」の設定が必要です。

文字列の折り返しは、挿入する図を選択すると右上に表示される「レイアウトオプション」から変更します。種類は以下の7つです。

1. 図の左右に文字を入れない「上下」。
2. 文字背面に図を透かして入れる「背面」。
3. 余白など、段落に関係なく自由に配置する「前面」。
4. 図を選択したときに表示される枠に沿って文字を折り返させる「四角」。
5. 図に輪郭に沿わせる「狭く」
6. 図の輪郭内部にも文字を表示する「内部」
7. 画像を文字列と同じように扱う「行内」

「文字列の折り返し」を理解し、画像を自在に配置する

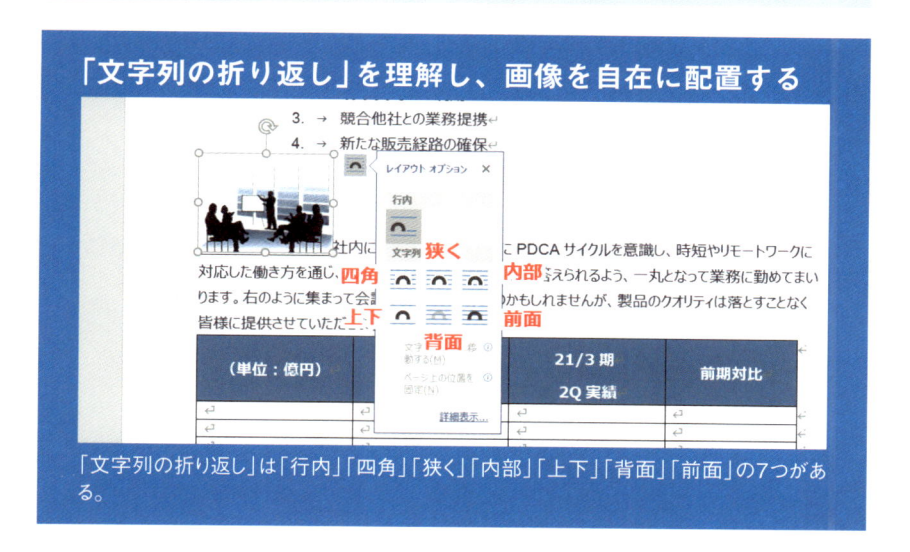

「文字列の折り返し」は「行内」「四角」「狭く」「内部」「上下」「背面」「前面」の7つがある。

画像の右に「折り返し」マークが出ない場合は、「書式」タブから表示することができます。

「文字列の折り返し」の種類を「行内」以外に設定すると、画像をページ右などへ自由に移動できるようになります。

ビジネス文書に画像を配置するときは、特殊な例を除いて「四角」を使うのが一般的といえます。「四角」を選ぶと、画像を文書内のどこに移動しても、自動的に文字列がよけて回り込んでくれるので、文字列が読みづらくなることはありません。

　また、文字列と画像の間隔が狭い場合は、レイアウトオプション右下の「詳細表示」をクリックし、「レイアウト」ダイアログボックスを表示しましょう。メニューから「文字列の折り返し」タブをクリックして「文字列との間隔」に数値を入力すると、文字列と画像の間の距離を変えることができます。「四角」は「文字列との間隔」を上下左右、すべて調整することが可能なので、画像の周りの文字列との間隔を自在に広げたり狭めたりできます。

　他の折り返しの選択肢である「上下」や「背面」、「前面」は、文字列が欠けてしまい、読みづらくなってしまいます。

　「狭く」「内部」も画像の形に沿って、すぐそばまで文字列を配置できますが、ビジネス文書の読みやすさには関係のない利点なので、使う必要はありません。

　また、「文字列の折り返し」は、図を右クリックして、ショートカットメニューを表示させて設定することもできます。

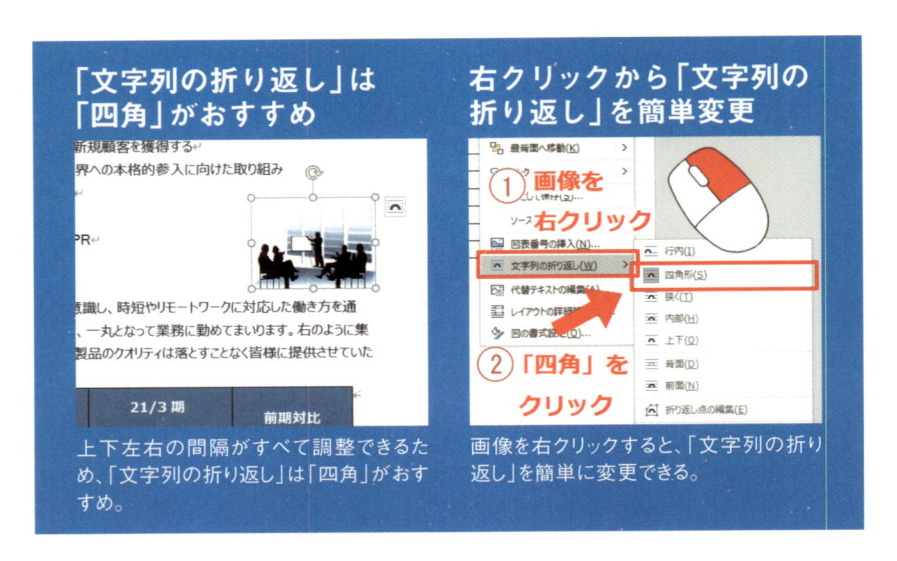

上下左右の間隔がすべて調整できるため、「文字列の折り返し」は「四角」がおすすめ。

画像を右クリックすると、「文字列の折り返し」を簡単に変更できる。

アンカー記号で思い通りの場所へ

　画像や表を配置した文書の編集をしていると、文字列を削除したはずなのに、離れた位置にある画像や表も消えてしまうことがあります。実は、画像や表は「段落」と紐づけられており、削除した段落が画像と紐づけられていたことから起きるトラブルです。

　画像や表が、どの段落と紐づいているかを確認するためには、文書左端にある「アンカー記号」という錨マークの編集記号を見ていきます。「文字列の折り返し」を設定し、文書の中で画像を動かせるようになると、文書内に「アンカー記号」が表示されます。「行内」に配置された画像は、その段落内にあるので、アンカーは表示されません。

　「アンカー記号」が表示されていない場合、画像をクリックすると、文字列の前後に「アンカー記号」が表示されます。段落を削除すると、そこにアンカーがあった画像も消えてしまうわけです。

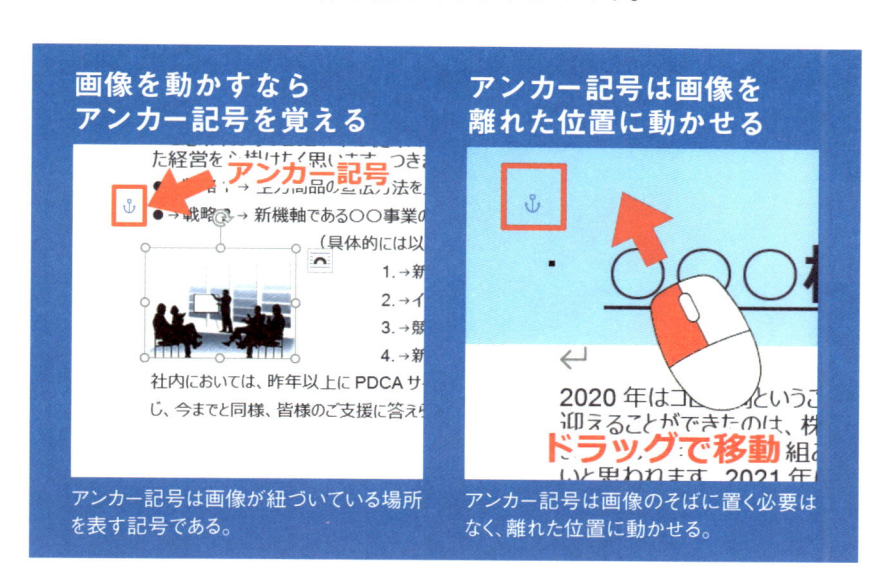

アンカー記号は画像が紐づいている場所を表す記号である。

アンカー記号は画像のそばに置く必要はなく、離れた位置に動かせる。

　ですので、段落は削除したいが、画像は残したい場合、「アンカー記号」をドラッグして紐づけ先を変えればよいのです。

反対に「アンカー記号」がある行を選択すると、どんなに位置が離れていても、紐づいた画像が選択されます。「アンカー記号」を移動させた際は予期せず画像を削除しないよう注意しましょう。

　画像と文字との連動を断つ方法もあります。

　画像を右クリックして、「図の書式設定」ダイアログボックスを表示します。「レイアウト」タブを表示し、「詳細設定」をクリックします。「折り返しの種類と配置」で、「行内」以外を選択したあと、「配置」タブのダイアログボックスが開いたら、「オプション」の「文字列と一緒に移動する」のチェックボックスを外し、「OK」をクリックしましょう。「図の書式設定」画面に戻るので、もう一度、「OK」をクリックして閉じます。この設定変更で、画像と文字列との連動はなくなり、文字列を移動しても画像が影響を受けることはなくなりました。

　ただし、画像と段落の紐づけがなくなったわけではないので、簡単な対処法として、削除する可能性が低いと思われる文書のタイトル行にアンカーを固定します。再び「レイアウトの詳細設定」ダイアログボックスを表示し、「配置」タブで「文字列と一緒に移動する」のチェックを外したら、「アンカーを段落に固定する」にチェックを入れましょう、これでタイトル以外の本文を消しても画像は残ることになります。

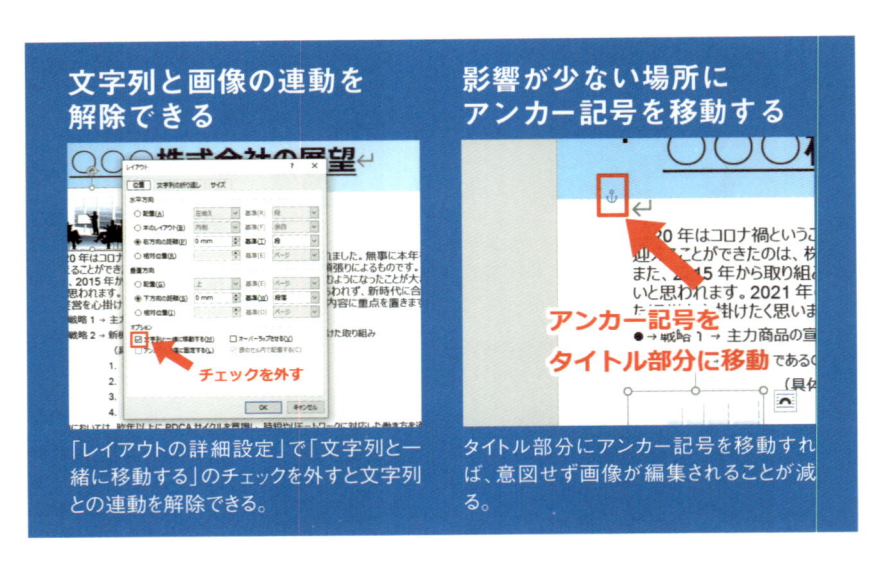

文字列と画像の連動を解除できる	影響が少ない場所にアンカー記号を移動する
「レイアウトの詳細設定」で「文字列と一緒に移動する」のチェックを外すと文字列との連動を解除できる。	タイトル部分にアンカー記号を移動すれば、意図せず画像が編集されることが減る。

校正機能で
入力ミスを撲滅

　どんなに細心の注意を払って入力をしたと思っても、完成した文書には必ず何かしらのミスが発生するものです。

　日本語の誤字脱字だけでなく、英単語のスペルが間違っていたり、単語の表記の仕方がまちまちだったり、半角全角の文字が混在していたり、と読み返すたびに、改訂点、変更点は見つかるでしょう。

　しかし、自分の書いた文章のミスを見つけ、修正するのは一苦労です。誰かに確認してもらうのが一番ですが、それが難しい場合もあるでしょう。また、少し時間が経ってから、気分を入れ替えて校正するという方法もありますが、無駄に時間がかかってしまうばかりです。

　そんなときに活用したいのが、Word の校正機能です。Word には、文書の間違いを指摘、修正する校正機能が備わっています。Word で文書を作成すると、テキスト上の「英単語のスペルミス」「同一単語の表記ゆれ」「同一単語の半角全角」「入力ミス」など、問題がありそうな文字には下に赤や緑の波線が引かれます。また、校正のチェックに引っかかった理由は、右側のダイアログボックスに表示されます。

Wordの機能で誤字脱字をなくす

　Word の校正機能を使うには、「校閲」タブから「文章校正」グループの「スペルチェックと文章校正（またはエディター）」をクリックします。「スペルチェックと文章校正（またはエディター）」ダイアログボックスが表示され、ミスと思われる内容に応じて「入力ミス」や「辞書にない単語」などが表示され、下に「修正候補の一覧」が表示されます。

修正候補リストをクリックすると自動的に修正が行われます。

　文字の表記を統一したい場合は、修正候補の文字を選択。「すべて修正」をクリックすると、指定の文字の表記を統一できます。

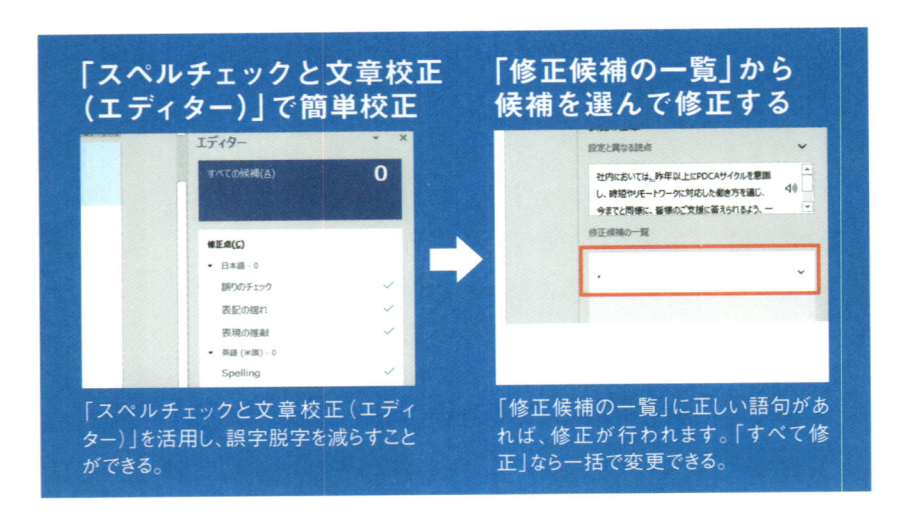

「スペルチェックと文章校正（エディター）」を活用し、誤字脱字を減らすことができる。

「修正候補の一覧」に正しい語句があれば、修正が行われます。「すべて修正」なら一括で変更できる。

　修正をしたあとは、波線は消えますが、あえて「問題」を無視して、そのまま生かすこともできます。文章を書いたら、推敲、校正、校閲をしっかり行うクセをつけましょう。

置換で表現を変える

　すべての入力が終了したあと、1つの単語を別の表現に変更して入れ替えたい！そんな修正も多々、発生します。

　しかし文書がページ1、2枚くらいの量ならまだしも、小冊子くらいの大量の資料だと、作業はいくらやってもキリがありませんし、見落としも増えてしまいます。

　この場合は、「置換」機能を使用しましょう。これは指定した文字列を検索し、別の文字列に置き換える機能です。

　「Ctrl」キーと「H」キーを押し、「検索と置換」のダイアログボックス

を表示します。「検索する文字列」に置換したい文字列を入力します。「置換後の文字列」に変更後の文字を入力し、「すべて置換」をクリックすると、テキスト内にある膨大な文字列から、置換したい文字列を一括で変更することができるのです。また、ダイアログボックスで「置換」をクリックすると、1つずつ修正することもできるので、一部だけ変更しないということも可能です。

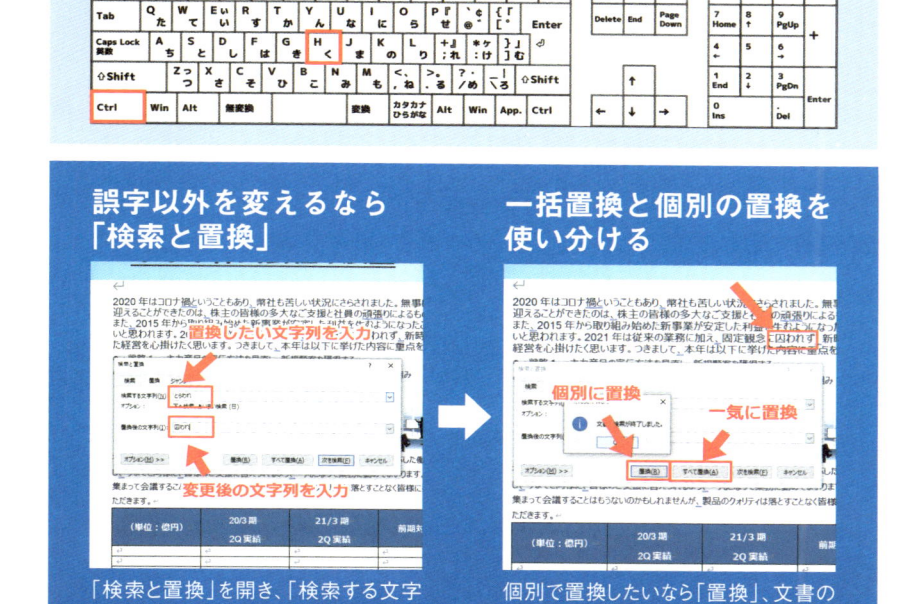

「Ctrl」キー ＋ 「H」キー ＝ 「検索と置換」のダイアログボックスを表示する

誤字以外を変えるなら「検索と置換」

「検索と置換」を開き、「検索する文字列」と「置換後の文字列」を入力しよう。

一括置換と個別の置換を使い分ける

個別で置換したいなら「置換」、文書のすべてを置換するなら「すべて置換」を選ぼう。

スペルチェックで英文誤字をなくす

「スペルチェックと文章校正（またはエディター）」には、その名の通り文字校正機能以外にもスペルチェック機能があります。この機能を使

うと、英文のスペルが間違っていた場合、文字列に波線が表示され、正しい候補に修正できます。使用方法は通常の校正機能と同様に「スペルチェックと文章校正（またはエディター）」をクリックしましょう。スペルチェックの場合は「スペルチェックと文章校正：英語（米国）」と表示されます。ちなみにショートカットキーは「F7」キーです。

たとえば、文書内で「Dog」を「Dgo」、「Cat」を「Cta」と間違えて入力したとしましょう。「F7」キーを押すと、「スペルチェック」のダイアログボックスの中に、「辞書にない単語」変更の候補が表示されます。修正したい候補を選んで「変更」をクリックすると、正しい文字列に変更されます。また、「無視」をクリックすると、現在の文字列はそのままに入力することができます。

ダイアログボックスの「すべて変更」をクリックすると、文書内の指定された文字列を一括で変換できますが、変えたくない単語まで変わってしまう可能性もあるので、注意が必要です。また、文書中に自動で波線がついた場合は、文字を右クリックすると、変更候補のみが表示され、候補をクリックすると、選択した単語が修正されます。

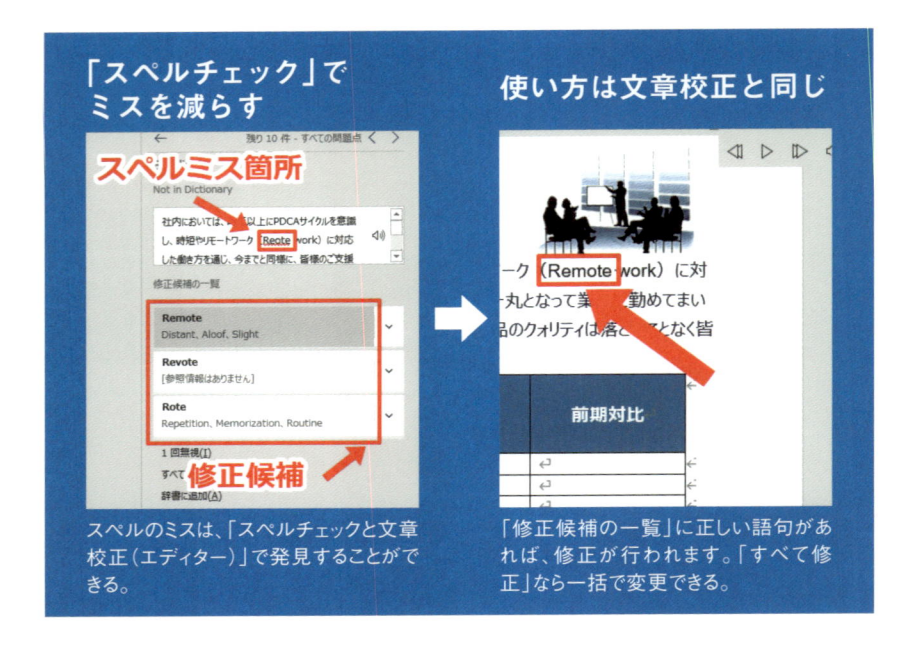

「スペルチェック」でミスを減らす

スペルミス箇所

修正候補

スペルのミスは、「スペルチェックと文章校正（エディター）」で発見することができる。

使い方は文章校正と同じ

「修正候補の一覧」に正しい語句があれば、修正が行われます。「すべて修正」なら一括で変更できる。

校正のレベルを調整してさらに間違いを減らす

　オプション設定で「文章校正」を変更すると、校正作業で何をチェックするのか決めることができ、使い勝手のいい校正機能になります。Wordの「スペルチェックと文章校正（またはエディター）」の「設定」をクリックして、校正の詳細を設定しましょう。

　この設定画面ではさまざまな設定の変更ができますが、ここでは、「文章のスタイル」をしてみましょう。「文章のスタイル」とは文章の語尾や表現などを表し、校正のレベルは「くだけた文」「通常の文」「通常の文（校正用）」「公用文（校正用）」の順でチェックが厳しくなります。普段の入力は「くだけた文」にしておき、校正する際に「通常の文（校正用）」に変更するのがよいでしょう。

　また、校正機能ではありませんが、文書作成をするときに、文字数を指定したい場合には、「校閲」タブの「文字カウント」をクリックするか、最下部のステータスバーを右クリックしましょう。「文字カウント」にチェックを入れると、文章の単語数や文字数を確認することができます。

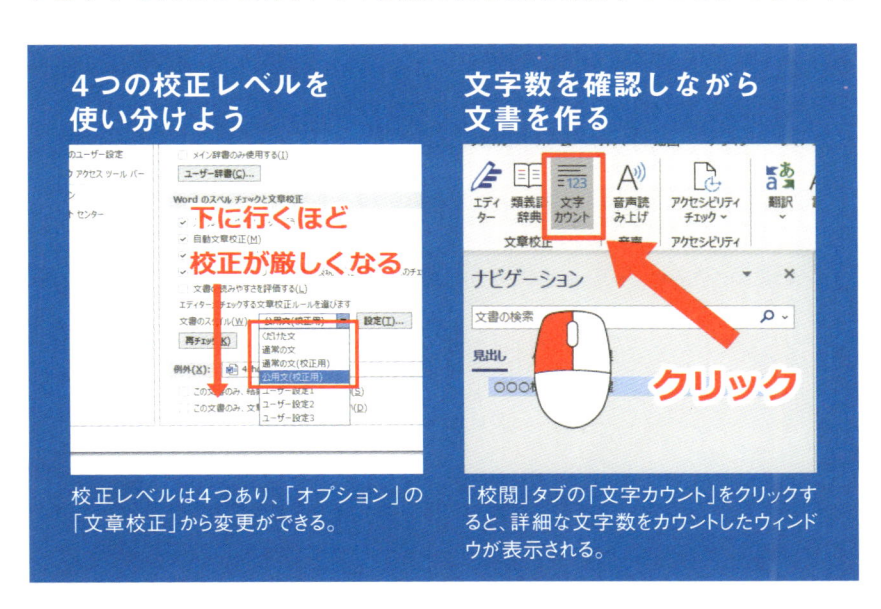

4つの校正レベルを使い分けよう

校正レベルは4つあり、「オプション」の「文章校正」から変更ができる。

文字数を確認しながら文書を作る

「校閲」タブの「文字カウント」をクリックすると、詳細な文字数をカウントしたウィンドウが表示される。

「音声読み上げ」で自然な文章に

　テキストを校正したくても、「自分の文章を読むのが苦手」という人は、音声で聞いてみてはいかがでしょうか。

　Word や Excel にはテキストを音声合成（TTS：Text-To-Speech）で再生する「音声読み上げ」機能があります。使い方は簡単。「校閲」タブの「音声読み上げ」グループの「読み上げ」をクリックするか、ショートカットキーの「Ctrl」キーと「Alt」キー、「Space」キーを同時に押して「音声読み上げ」機能を起動しましょう。

　操作メニューをクリックすると、音声が再生されます。カーソルがある位置から再生が始まり、読み上げている文字列はグレーで表示されます。段落戻しや段落送りができるほか、再生速度や音声の種類が変更できます。見るだけではわからなかったミスが見つかるかもしれません。

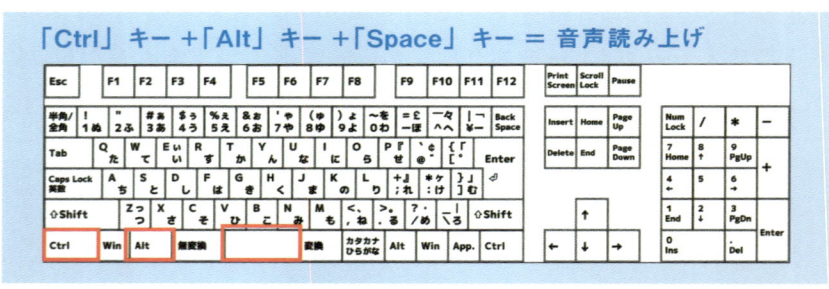

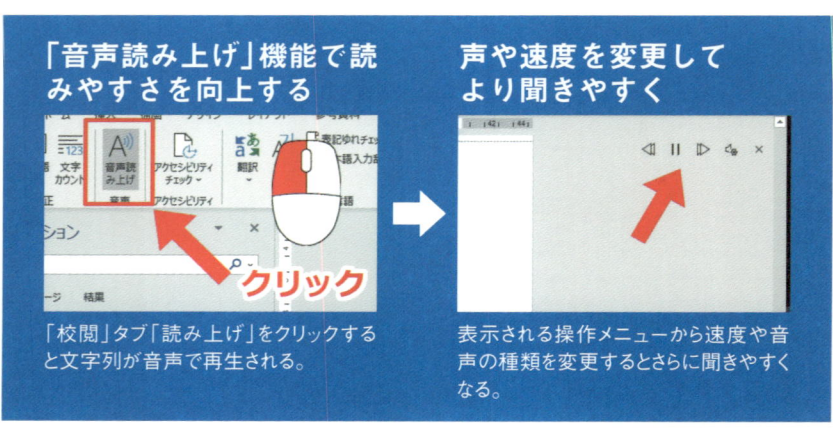

「校閲」タブ「読み上げ」をクリックすると文字列が音声で再生される。

表示される操作メニューから速度や音声の種類を変更するとさらに聞きやすくなる。

ほかの人と共有編集する資料のための必須ルール

　昨今のビジネスシーンにおける文書は、1つの文書・資料を1人で完成させるのではなく、複数の人数で情報を共有し、推敲を重ねるというスタイルが増えています。その場合、共有ファイルは、誰が見て、誰が編集したかなどが重要なポイントになってきます。文書は、「自分だけが扱う」という考えではなく、他者との連携を考慮しておくと、どんな局面においても、使い勝手のよい資料にすることができるのです。

　たとえば1つの企画書を作成するため、社内だけでなく、社外の人とも執筆、チェック、修正など、何度もやりとりをして、最終的な形に仕上げることがあります。やりとりをスムーズにするには、「どこをどう修正したいのか」を他者に伝えるため、変更履歴やコメントを使用しましょう。情報の追加、指示や修正を文字で伝えることで、あやふやな口頭で説明するよりも、的確に変更することができます。

変更履歴を残して的確に修正する

　自社が提携先からの技術供与を受けて新商品を開発する場合などは、社内プレゼン用に企画書や資料を作ることになります。

　提携先からもらった資料や聞き取りをした情報を使ってテキストを作り、社内の会議にかける前に、そのテキストを上司や提携先に送ってチェック。校閲が入り戻ってきたテキストを、追加情報を基に修正してバージョンアップ。再び、テキストを上司や提携先にチェックしてもらい、OKをもらえるまでこれを繰り返す……これが一般的なファイル共有による文書作成の流れでしょう。

ここでおすすめなのが、Word の「変更履歴」の機能を使うことです。変更履歴をつけると、誰が、いつ、どこをどう直したのかわかるようになります。すると、変更の優先順位、時系列といった修正ポイントが可視化でき、重複などの不要な修正を減らすことができるのです。

「校閲」タブの「変更履歴」グループから「変更履歴の記録」をクリックすると、その後の作業が変更履歴として記録されます。記録を中止する場合は、もう一度「変更履歴の記録」をクリックします。ただし、変更箇所を上書きすると、確認したり元に戻したりできなくなります。

　また、外部に出してはいけない内部での調整が外部に漏れてしまうと大きな問題になりかねませんので、共有の際に変更履歴の有無は確認しておきましょう。

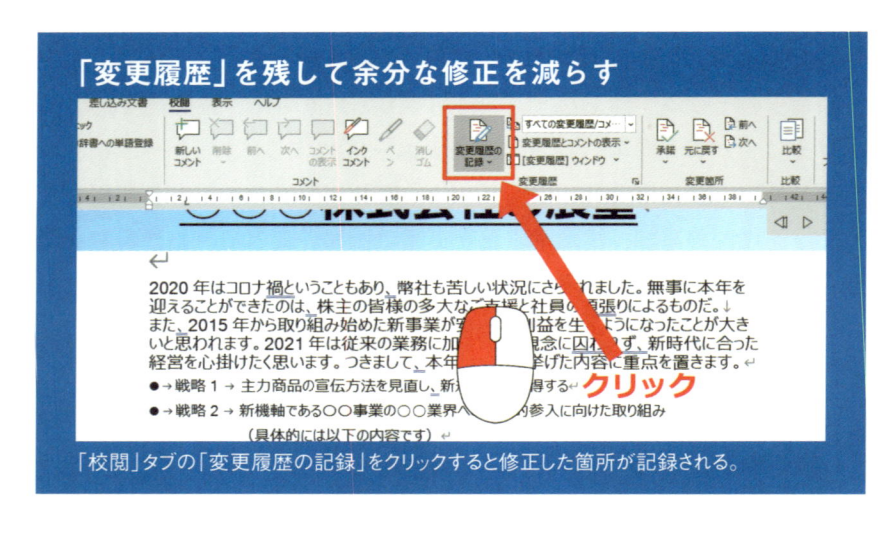

「校閲」タブの「変更履歴の記録」をクリックすると修正した箇所が記録される。

　文書が完成したら、「校閲」タブ、「変更箇所」グループの「承諾」ボタンから「表示されたすべての変更を反映」をクリックします。

　すると校閲で加えられた変更点が、すべて自動で修正されます。

　指定された変更点を、元の文字、テキストに戻す場合は、「変更箇所」グループから、「表示されたすべての変更を元に戻す」ボタンをクリックします。変更点は、すべて自動で元に戻ります。

　便利な機能ですが、これら変更履歴の処理機能をクリックすると、表

されている、いないにかかわらず、すべての変更履歴が一括で処理されてしまうので、注意しましょう。変更履歴の箇所を右クリックして、ショートカットメニューを表示すると、個別に変更を反映できます。

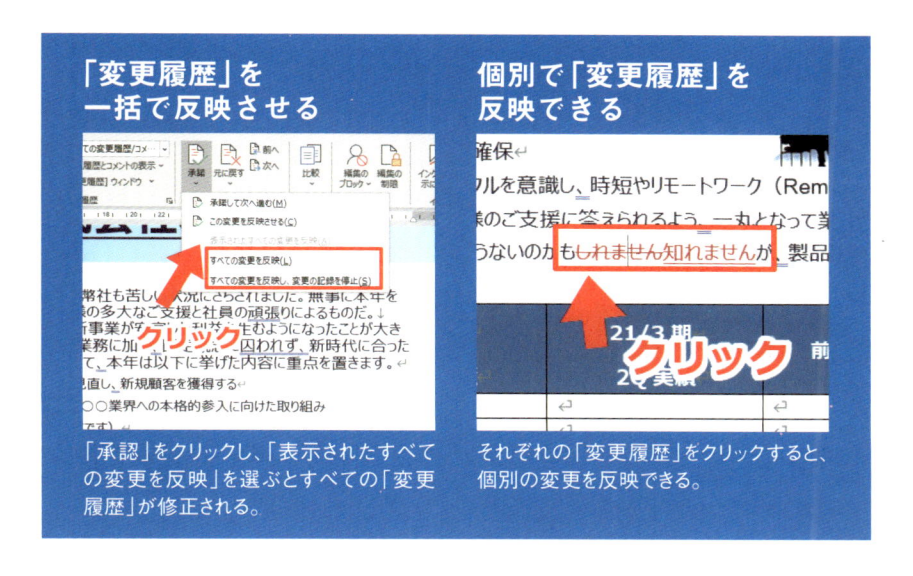

「変更履歴」を一括で反映させる

「承認」をクリックし、「表示されたすべての変更を反映」を選ぶとすべての「変更履歴」が修正される。

個別で「変更履歴」を反映できる

それぞれの「変更履歴」をクリックすると、個別の変更を反映できる。

コメントで意見を伝える

　変更履歴をつけながら修正作業を続けていくと、チェック人数が増えるにつれ、修正の重要度がわかりにくくなります。また、確認作業に時間を取られてしまうと効率が悪くなります。そんな、相手に何かを伝えたい場合に便利な機能が「コメント」機能です。

「コメント」機能とは文字列に対し、吹き出しのようにコメントを残す機能です。まずは、文書にコメントをつけてみましょう。コメントをつけたい文字列を選択し、「校閲」タブの「コメント」グループから「新しいコメント」をクリックしましょう。吹き出しが表示されたコメント領域に、メッセージを入力します。

　また、右クリックで表示されるショートカットメニューからも「コメント」機能を使うことができます。

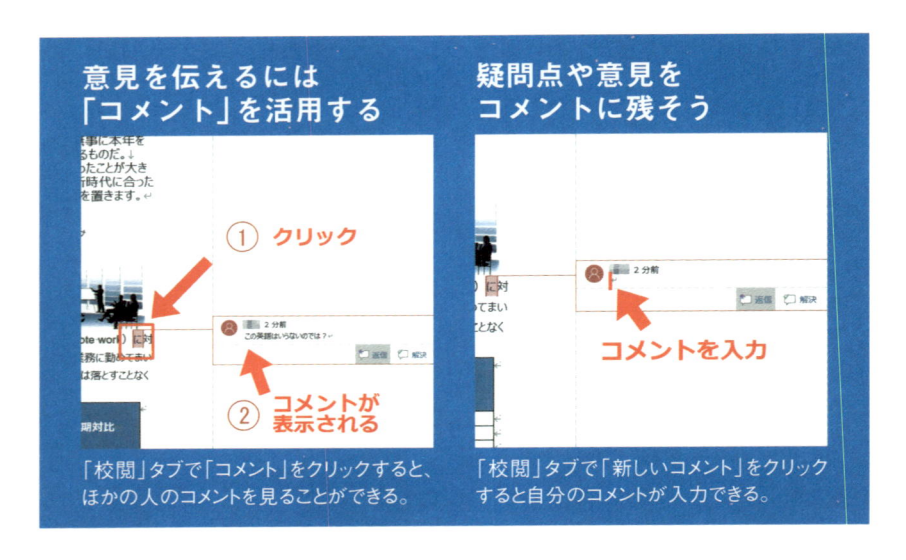

意見を伝えるには
「コメント」を活用する

① クリック

② コメントが
表示される

「校閲」タブで「コメント」をクリックすると、
ほかの人のコメントを見ることができる。

疑問点や意見を
コメントに残そう

コメントを入力

「校閲」タブで「新しいコメント」をクリック
すると自分のコメントが入力できる。

　選択しているコメントの「返信」をクリックするとそのコメントに対し、さらにコメントできます。コメントはスレッド形式で一覧することが可能です。また、「解決」をクリックすると、解決済みのコメントとして扱われ、コメントは非表示になります。コメントを削除したい場合はコメントを選択し、右クリックで表示されるメニューか「校閲」タブの「削除」をクリックしましょう。

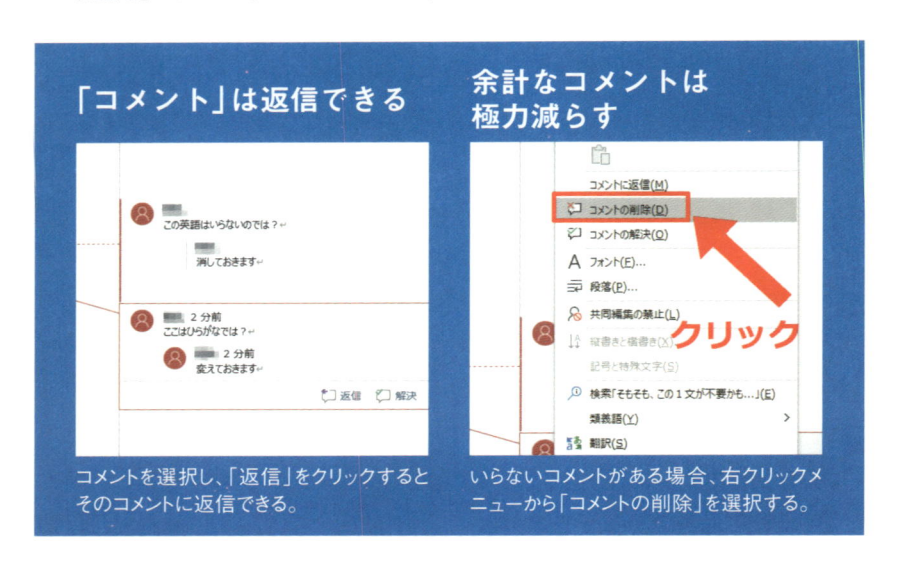

「コメント」は返信できる

余計なコメントは
極力減らす

クリック

コメントを選択し、「返信」をクリックすると
そのコメントに返信できる。

いらないコメントがある場合、右クリックメ
ニューから「コメントの削除」を選択する。

余分なページを
増やさないためのワザ

　Wordで文書を作り、いざ印刷してみると、ほぼ白紙のようなページができてしまうことがあります。

　仕方なく、その空白を余った画像や表で埋めてしまったりした経験は誰にでもあるはずです。また、すでに印刷され、白紙ページがホッチキスで留められたあとに、会議の参加者に指摘されることもあるでしょう。

　文書や資料は、全ページにきっちり文章が入っていたほうがスマートです。1、2行だけが次ページに送られて、ほぼ白紙のようなページができると、用紙の無駄にもなってしまいます。

　こうした事態は、簡単な操作で回避できます。ぜひ事前に処置しておきましょう。

ほぼ白紙のようなページを出さないために

　実は白紙ページができてしまうのは、Wordの機能の性質上、仕方のないことなのです。

　印刷レイアウト表示にしていれば、パソコンのモニター上では、ページごとに区切られているように表示されます。

　ところが、Wordは、最初から明確なページ数を規定して、ページ数をカウントしているわけではなく、1ページに入力できる文字数の上限を超えたらページを増やし、ページ数をカウントしているだけなのです。そのため、Wordにはページ番号を指定して削除する機能もありません。

　こうしたWordの特性を理解しておくと、紙を1枚も無駄にしない文書作成が実践できます。

まず、Wordでの、不要なページを削除したいときの基本操作を見ておきましょう。ページすべてを削除する場合で削除したいページ数が少ないときは、削除したいページの先頭にカーソルを移動し、左側の余白をドラッグして選択します。あとは「BackSpace」キー、もしくは「Delete」キーを押して、行やページを削除するだけです。

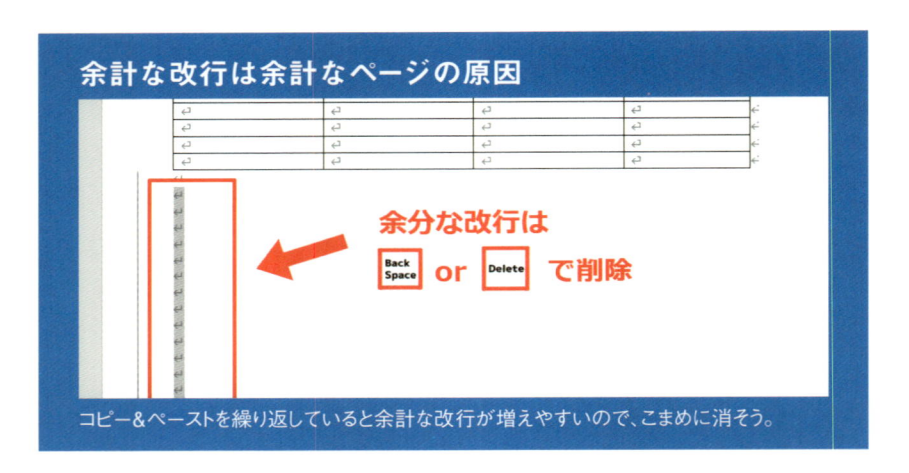

余計な改行は余計なページの原因

余分な改行は Back Space or Delete で削除

コピー&ペーストを繰り返していると余計な改行が増えやすいので、こまめに消そう。

　たくさんのページを一度に削除したい場合は、最初に削除したいページの先頭にカーソルを合わせ、「F8」キーをクリックしましょう。

　すると、「拡張選択モード」になり、クリックだけで範囲を選択できる状態になります。なお、「F8」キーをもう1回押すと単語単位での選択、2回で段落、3回で文書すべてが選択されます。

　続いて「F5」キーを押すと、「検索と置換」ダイアログボックスが開きます。「ジャンプ」タブにある「ページ番号」の入力欄に、削除したいページ番号に1を加えた数を入力します。たとえば、5ページまで削除したいなら「6」を入力します。入力後、「ジャンプ」をクリックしましょう。

　最初にカーソルを合わせたのが2ページなら、2〜5ページが選択された状態になります。もし、選択範囲を間違えたら「Esc」キーを押すと、「拡張選択モード」が解除されます。

　選択範囲が決定したら、「BackSpace」キー、もしくは「Delete」キーを押すことで、指定したページ範囲が、一気に削除されます。

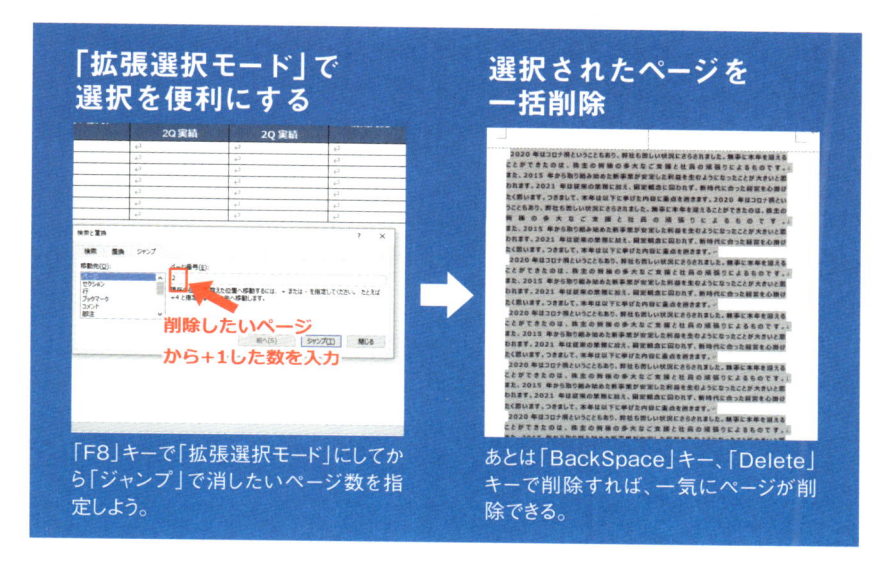

「拡張選択モード」で選択を便利にする

「F8」キーで「拡張選択モード」にしてから「ジャンプ」で消したいページ数を指定しよう。

選択されたページを一括削除

あとは「BackSpace」キー、「Delete」キーで削除すれば、一気にページが削除できる。

資料末の余計な改行で
白ページが印刷されないように

　Wordは、改行マークが1つあふれるだけで、1ページと認識してしまうので、そのまま印刷すると真っ白なページが印刷されてしまいます。余計な改行による空白ページが印刷されないように、事前に設定しておきましょう。空白ページができる原因は、主に「テキストの最後につけてしまった空の段落」や「任意指定のページ区切り」「セクション区切り」によるものです。

　設定の操作を行う前に「ホーム」タブの右下「編集記号の表示 / 非表示」をクリックすると、編集記号が表示され、わかりやすくなります。

　まず、「テキスト最後にある空の段落」を削除しましょう。何も入力されていない空の段落記号にカーソルを移動し、「Delete」キーを押して削除します。

「任意指定のページ区切り」を設定していると、空白部分に「…改ページ…」と表示されます。「ページ区切り」（「挿入」タブの「ページ」グループにあります）は、任意の位置から次のページに移動させたい場合

は便利ですが、空白もできやすくなります。この場合は、「…改ページ…」の前にカーソルを移動させ、「Delete」キーを押して削除します。

「セクション区切り」は、ページ単位や文書の書式設定を分割し、文書を区切る機能です（「レイアウト」タブの「ページ設定」グループに「区切り」ボタンがあります）。この場合は表示されている「……」か「…セクション区切り…」の前にカーソルを移動させ、「Delete」キーを押して削除します。

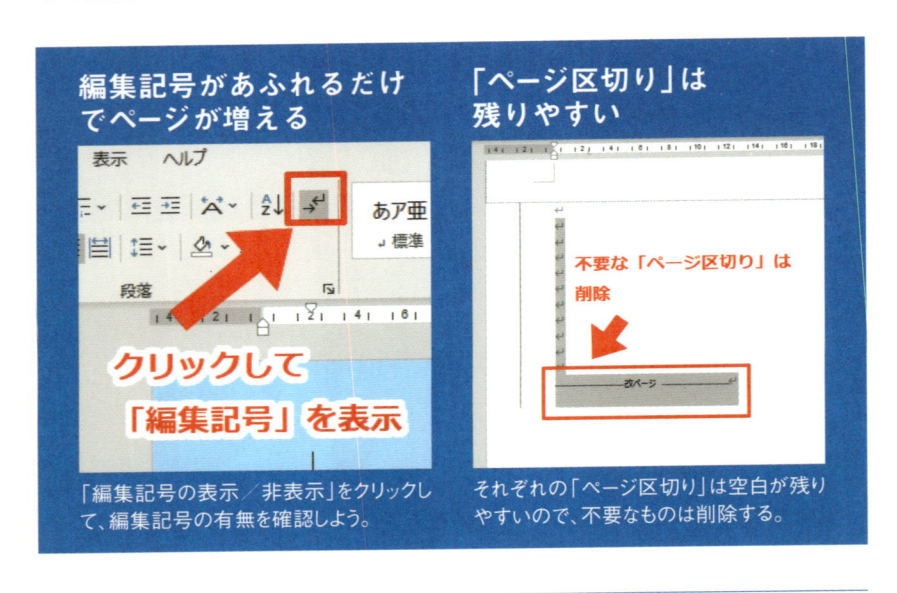

編集記号があふれるだけでページが増える

クリックして「編集記号」を表示

「編集記号の表示／非表示」をクリックして、編集記号の有無を確認しよう。

「ページ区切り」は残りやすい

不要な「ページ区切り」は削除

それぞれの「ページ区切り」は空白が残りやすいので、不要なものは削除する。

画像や表があふれて起きる空白ページ

　ページ最後にある表などが収まり切れないと、空白ページができてしまいます。表や画像のあふれは、編集記号の表示で確認することができますが、この空白は「BackSpace」キーや「Delete」キーでも削除できません。この場合は「行数」や「行間」を調整して対処しますが、ほかのページのレイアウトも崩れてしまうので、「セクション区切り」を挿入し、あふれているページだけを調整しましょう。

　表のページの文頭にカーソルを移動し、「ページレイアウト」タブの

「ページ設定」グループの「区切り」ボタンをクリック。「セクション区切り」の「現在の位置から開始」を選択し、前ページ文末にセクション区切りを挿入します。続いて「ページ設定」グループの「ページ設定」ダイアログボックスを表示。「設定対象」が「このセクション」になっていることを確認しましょう。文字数と行数の指定で「行数だけを指定する」をチェックしたら、行数に現在よりも大きい数値を入力して「OK」をクリックします。すると、表のあとにできた空白改行がページ内に収まります。

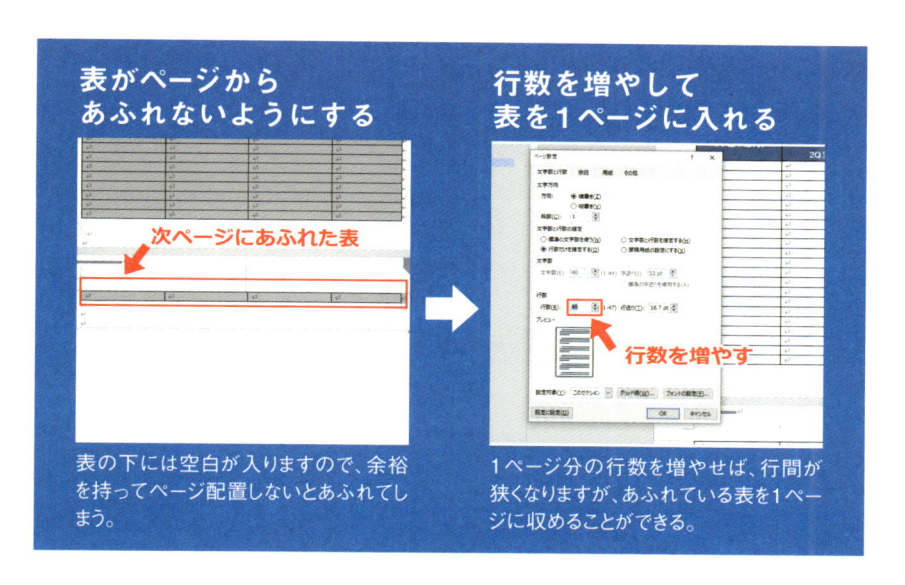

**表がページから
あふれないようにする**

次ページにあふれた表

表の下には空白が入りますので、余裕を持ってページ配置しないとあふれてしまう。

**行数を増やして
表を1ページに入れる**

行数を増やす

1ページ分の行数を増やせば、行間が狭くなりますが、あふれている表を1ページに収めることができる。

ほんの数行オーバーする場合は行数を増やして対応

　ようやく完成した文書を印刷すると、数行だけ次ページにはみ出してしまった……そんなとき、最初からテキストを修正するのは面倒すぎます。

　そこで、表や画像のあふれと同様、行間を少し縮め、1ページの行数を増やして調整すれば、ページ内に収まることもあります。また、数文字であれば文字間を縮め、文字数を増やすという手段もあります。

「ページ設定」のダイアログボックスを表示したら、「文字数と行数」

タブの「文字数と行数の指定」の「文字数と行数を指定する」にチェックを入れます。すると、「文字数」と「行数」の入力欄が有効になるので、行から数文字あふれる場合は「文字数」を増やし、ページから数行あふれる場合は「行数」を増やします。

　たった1行あふれるだけであれば、1ページ分選択すればよいですが、数行あふれた場合は、収まるまで徐々にページを増やして調整するか、すべてのページの行数を増やすことになります。しかし、使っているフォントの種類によっては、レイアウトが保てる標準設定の行数の上限があります。たとえば「游明朝」では、行数を38行以上に設定すると、行間が広がってレイアウトが崩れてしまいます。

　そのときは行間が広がった範囲を選択して、行間を固定値、間隔を17.75Pに設定します。これは「ページ設定」ダイアログボックスの「行送り」と同じ値です。

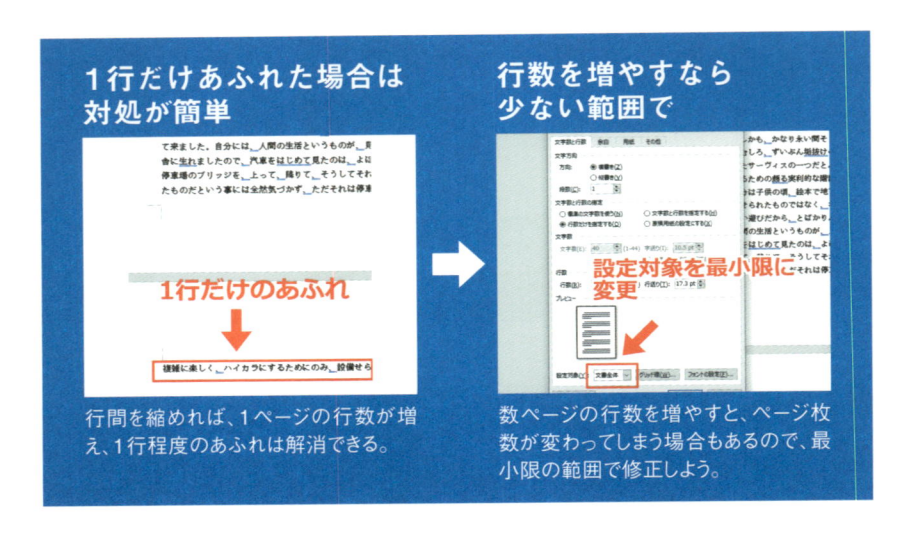

1行だけあふれた場合は対処が簡単

行間を縮めれば、1ページの行数が増え、1行程度のあふれは解消できる。

行数を増やすなら少ない範囲で

設定対象を最小限に変更

数ページの行数を増やすと、ページ枚数が変わってしまう場合もあるので、最小限の範囲で修正しよう。

　文字間隔を縮めて文字数を増やすと、大きくページ数が変動する可能性もあるので、特定段落のみで文字間隔を調整しましょう。

　「ホーム」タブから「フォント」グループのダイアログボックス表示ボタンをクリックして、ダイアログボックスを開きます。「文字間隔」を「狭く」、間隔を「0.5pt」に変更します。すると、文字の間が狭くなり、は

み出した文字を 1 行に入れることができるのです。

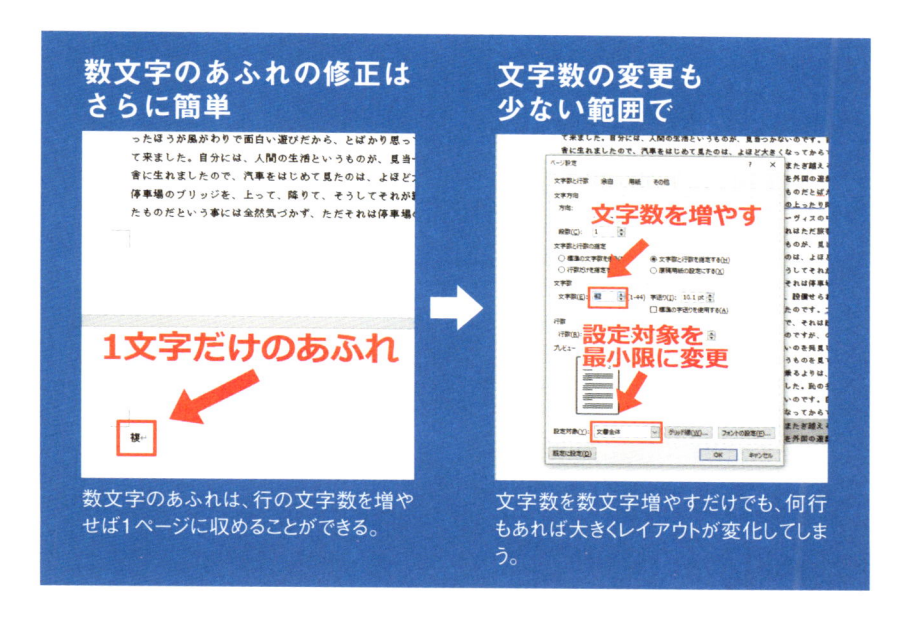

数文字のあふれの修正はさらに簡単

1文字だけのあふれ

数文字のあふれは、行の文字数を増やせば1ページに収めることができる。

文字数の変更も少ない範囲で

文字数を増やす

設定対象を最小限に変更

文字数を数文字増やすだけでも、何行もあれば大きくレイアウトが変化してしまう。

「1ページ分圧縮」を使う

実は Word には「1 ページ分圧縮」という機能もあります。

通常は表示されていないので、まずは、クイックアクセスツールバー（タイトルバー）に追加します。クイックアクセスツールバー右端の「クイックアクセスツールバーのユーザー設定」ボタンをクリックし、メニューで表示された「その他のコマンド」をクリックします。「Word のオプション」画面の、「コマンドの選択」から「すべてのコマンド」を選択し、「区切り」のメニューから「1 ページ分圧縮」を選択します。「追加」ボタンをクリックすると右欄に表示されるので、「OK」をクリックします。すると、クイックアクセスツールバー右端に「1 ページ分圧縮」ボタンが表示されます。

あとは、1 ページに収めたい範囲を選択し、「1 ページ分圧縮」をクリックすると、テキストは自動的に 1 ページに収まるようになります。

BEFORE

・**○○○○株式会社の展望**

2020 年はコロナ禍ということもあり、弊社も苦しい状況にさらされました。無事に本年を迎えることができたのは、株主の皆様の多大なご支援と社員の頑張りによるものです。また、2015 年から取り組み始めた新事業が安定した利益を生むようになったことが大きいと思われます。2021 年は従来の業務に加え、固定観念にとらわれず、新時代に合った経営を心掛けたいと思います。つきまして、本年は以下に挙げた内容に重点を置きます。

戦略 1 主力商品の宣伝方法を見直し、新規顧客を獲得する
戦略 2 新機軸である○○事業の○○業界への本格的参入に向けた取り組み（具体的には以下の内容です）
新商品の開発
インフルエンサーを利用した PR
競合他社との業務提携
新たな販売経路の確保

社内においては、昨年以上に PDCA サイクルを意識し、時短やリモートワーク（Remotework）に対応した働き方を通じ、今までと同様、皆様のご支援に答えられるよう、一丸となって業務に勤しんでいります。右のように集まって会議することはもうないのかもしれませんが、製品のクオリティは落とすことなく皆様に提供させていただきます。

2020 年度決算概要

（単位：億円）	20/3 期 20 実績	21/3 期 20 実績	前期対比
収益	3150	3055	△95
売上総利益	450	400	△50
営業活動に係る利益	112	90	△22
金融収益・費用	8	6	△2
持分法による投資損益	3	2	△1
税引前四半期利益	111	85	△26
親会社の所有者に帰属する四半期利益	70	50	△20

AFTER

<u>○○○○株式会社の展望</u>

　2020 年はコロナ禍ということもあり、弊社も苦しい状況にさらされました。無事に本年を迎えることができたのは、株主の皆様の多大なご支援と社員の頑張りによるものです。また、2015 年から取り組み始めた新事業が安定した利益を生むようになったことが大きいと思われます。2021 年は従来の業務に加え、固定観念に囚われず、新時代に合った経営を心掛けたく思います。つきまして、本年は以下に挙げた内容に重点を置きます。

- → 戦略１ → 主力商品の宣伝方法を見直し、新規顧客を獲得する
- → 戦略２ → 新機軸である○○事業の○○業界への本格的参入に向けた取り組み

　　　（具体的には以下の内容の通りです）

1. → 新商品の開発
2. → インフルエンサーを利用した PR
3. → 競合他社との業務提携
4. → 新たな販売経路の確保

社内においては、昨年以上に PDCA サイクルを意識し、時短やリモートワーク（Remote work）に対応した働き方を通じ、今までと同様、皆様のご支援に答えられるよう、一丸となって業務に勤めてまいります。右のように集まって会議することはもうないのかもしれませんが、製品のクオリティは落とすことなく皆様に提供させていただきます。

2020 年度決算概要

（単位：億円）	20/3 期 2Q 実績	21/3 期 2Q 実績	前期対比
収益	3150	3055	△95
売上総利益	450	400	△50
営業活動に係る利益	112	90	△22
金融収益・費用	8	6	△2
持分法による投資損益	3	2	△1
税引前四半期利益	111	85	△26
親会社の所有者に帰属する四半期利益	70	50	△20

POINT

① **ざっくりとレイアウトを考える**
どんなものが作りたいかイメージを固めるため、
簡単なラフを描いてから実際に作成を始める。

② **用紙設定から考える**
あとから用紙設定をするとレイアウトが崩れるので、
新規作成時から用紙に合わせた設定に変える。

③ **余白設定を変更する**
用紙に合わせた設定であっても、いまいちなこともあるので、
「やや狭い」など、設定を変えてみる。

④ **フッターを正しい位置に入れる**
フッターが文書にかぶってしまった場合、「下からのフッター位置」
の値を小さくする。

⑤ **段落内改行を使いこなす**
改行は通常の改行と「段落内改行」があり、
「段落内改行」なら前の行が箇条書きでも箇条書きにならない。

⑥ **行間を調整する**
行間が広がりすぎた場合は、行間を縮める。

⑦ **箇条書きを設定する**
列記する場合は箇条書きにする。

⑧ **複雑な箇条書きは「タブマーク」を駆使する**
タブマークに「ぶら下げインデント」を合わせてから、
タブマークをもう1つ指定し、そこに合わせる。

⑨ **段落番号を使う**
列記の中でも数や順番が重要な場合、段落番号にする。

⑩ **文字の揃えは「両端揃え」**
「左揃え」は、文末が凸凹になり、「両端揃え」は文末が揃う。
初期設定では「両端揃え」になっている。

⑪ **まずはテンプレートを参考にする**
Word に収録されているテンプレートを使ったり、
それを基に加工しながら作成したりし、デザインセンスを磨く。

⑫ **画像を「オンライン画像」から探す**
画像はパソコン上から選択するのが基本だが、
オンラインでも選ぶことができる。

⑬ **簡単な表はWordで作る**
わざわざ Excel を開かなくても表は作れる。

⑭ **表の項目に色をつける**
項目に色をつけたほうが、項目がわかりやすい。

⑮ **表の文字に色をつける**
表の文字色を変えることができる。
背景色が濃い場合、白色が見やすい。

⑯ **表の文字の位置を変える**
Excel の表を参考に位置を整える。

⑰ **列や行を追加する**
入れたい情報に合わせて表のセルを増やす。

⑱ **画像は「四角」で配置する**
画像の「文字列の折り返し」が行内だと自由に移動ができない。
「四角」を選ぶと調整できる間隔が広い。

POINT

⑲ アンカー記号はタイトルのそばに
アンカー記号を消してしまうと画像が消えるので、
アンカー記号は文字の増減に関係ない場所へ移動する。

⑳ 文章校正でミスを減らす
文章校正のレベルを変更することができ、
しっかり設定しておけば、Word の校正機能でミスが見つかる。

㉑ 英文は「スペルチェック」で校正する
「スペルチェックと文章校正」で英文のミスを見つけることができる。

㉒「検索と置換」で表現を変える
「検索と置換」ならたくさんの単語を一気に変えられる。

㉓「音声読み上げ」で確認する
読む以外でも文章の内容が確認できる。

㉔ 変更履歴を残し、共有をスムーズに
変更履歴を残すと、誰がどんな変更をしたかわかる。
一括変更や無視、個別変更などが選べる。

㉕ コメントで意見を伝える
疑問点や指摘はコメントでやりとりする。

㉖ 余分な改行は削除する
「改行」だけのページは「BackSpace」や「Delete」で削除する。
ジャンプ機能で数ページにわたる文章も削除できる。

㉗ あふれた表は行数を増やして入れる
行数を増やすと、あふれていたセルが移動し、
表が 1 ページに収まる。

㉘ あふれた行はページ内の行数を増やして入れる

少しなら行数を増やすことができるが、セクション区切りなどを入れ、
指定範囲を最小限にする。

㉙ あふれた文字はページ内の文字数を増やして入れる

文字数を増やすことであふれた文字を収めることができるが、
範囲が広いと大幅にレイアウトが変わってしまう。

㉚ 「1ページ分圧縮」 を使う

元々タブなどに表示されていない機能だが、
この機能なら1ページ分に圧縮できる。

おわりに

　私は非常に負けず嫌いです。

　勝負事に執着し、「ちくしょう！」とむきになることがよくあります。そうした先に、「どうすればうまくいくのか？」とひたすらに考え、「なるほど……見切った！」という悟りの境地にたどり着くのが常です。

　また、私はせっかちで、見切ることができないとイライラしてしまいます。あとから考えると、「もう少しゆっくり取り組んでいたらよかったのにな……」と、足をとめてじっくり取り組む大切さを痛感して反省することも多いのです。もし、取り組み方を少し変え、悠長に過ごしていれば、私の生き方も、少しは変わっていたかもしれません。

　そんな私ですが、脳梗塞にかかって、はや3年経ちました。
　脳梗塞については、拙著『マウス禁止！たった1秒のパソコン仕事術』に書いた通りなので、関心のある方はそちらをご覧いただきたいのですが、あれほど苦手だったキーボードの指づかいが、多少はうまく動かせるようになってきました。さらに、高次脳機能障害によって、しばらく考えてからでないと言葉が話せないということもありましたが、今では少し時間はかかるものの、ある程度話せるようになってきました。時に挫折感を味わうこともありますが、あと1年、2年経てば元通りになるのではないでしょうか。

コンペへの参加と勝利

　思えば、私が初めてコンペというものに加わったのは、今から20年ほど前のことでした。

　当時私はパソコン雑誌の編集長。

　某大手IT企業が誇る数万社の顧客に対し、有益で役に立つ情報を定期的に発行したい、ということで企画が立ち上がり、その白羽の矢が、私の雑誌に立ちかけたのです。

　ところが、そうは問屋がおろしません。

　「コンペということになった。申し訳ないが、相手を納得させる提案がないといけなくなってね……」

　営業担当の者から、いきなりこう言われたのです。

　「で、相手は？」

　「あのリクルートなんだ。就職情報誌の編集長のNさんなんだがね、途中から割り込んできて、『一度提案させてほしい』と言ったらしい。まったく迷惑な話だよ」

　実は、このNさんは、私と同期入社の知人。双方勝手を知り尽くした昔からのライバルなのです。負けず嫌いの私ですから、「誰がNなんかに負けるものか！」という気持ちが、自ずと出てきました。

　コンセプトは、「リクルートに圧倒的大差で勝つ！」——これでもかというほど多くのアイデアを盛り込んでプレゼンを行い、おかげで勝つことができました。

　初めてのコンペ体験は、コンペへの初勝利となり、同時に「コンペとはこういうものか……。なるほど、見切った！」という瞬間でもありました。

「要するに～べき」が大事

「圧倒的大差で勝つ」というコンセプト自体、最初に考えることはまずありません。考えを巡らせた末、コンペに勝つために満たすべきポイントだったのです。つまり、このコンセプトが、「要するに～べき」＝「勝つポイント」という結論なのです。

　こういう性分に育ったのも、上司にダラダラと要領の得ない相談をして、叱られた経験があったからです。そういうとき返ってくる言葉は決まっています。

「お前は何がやりたいの？」
「要するに、どうしたいの？」

　しかし、叱られることは予想の上。
「うっ……」と言葉につまらないよう、あらかじめ考えておいた結果ですから、あとは「要するに～べき」を見つけ出せばよいのです。
　リクルートから学んだことは、大切な普遍的真理として私の中に今なお残っているのだなと、感謝の念でいっぱいです。

　この本は、読んだみなさんが、「なるほど、そういうことか！」と文書作成の際のポイントやコツがわかるよう、念頭において執筆しました。あなたの企画書や提案書が、「よくわかる。シンプルで明快だ！」と評価アップにつながることを、心より祈っています。

中山真敬

著者プロフィール

中山真敬（なかやま・まさたか）

1965年、兵庫県生まれ。89年、東京大学法学部卒業後、株式会社リクルート入社。同社退職後、フリーランスとして活躍。パソコン誌・ビジネス誌などの編集長を歴任した後、ユア・ブレーンズを設立。編集・出版活動のほか、経営コンサルティング、人材育成等を行っている。70万部超のベストセラー『たった3秒のパソコン術』（三笠書房知的生きかた文庫）のほか、『入社1年目のエクセル仕事術』（秀和システム）、『一瞬で片づく！ずるいパソコン仕事術』『一瞬で片づく！超ずるいエクセル仕事術』『マウス禁止！たった1秒のパソコン仕事術』（すべて宝島社）など著書多数。

たった1秒で見た目が変わる！ Excel&Wordの資料をスマートに見せる本

2021年2月23日　第1刷発行

著　者　　中山真敬

発行人　　蓮見清一

発行所　　株式会社宝島社
　　　　　〒102-8388 東京都千代田区一番町25番地
　　　　　電話（営業）03-3234-4621
　　　　　電話（編集）03-3239-0926
　　　　　https://tkj.jp

印刷・製本　　サンケイ総合印刷株式会社